CARTAS DE UM RESILIENTE

SÊNECA

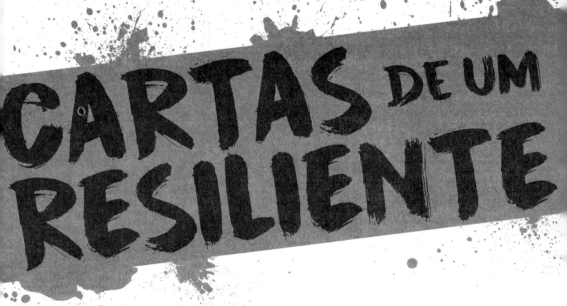

CARTAS DE UM RESILIENTE

LIVRO 2

ASSUMIR O COMANDO DA PRÓPRIA VIDA E EVITAR AS DISTRAÇÕES

TRADUÇÃO DE
ALEXANDRE
PIRES VIEIRA

COPYRIGHT © ALEXANDRE PIRES VIEIRA, 2022
COPYRIGHT © FARO EDITORIAL, 2022

Todos os textos de Sêneca são domínio público.

Todos os direitos reservados.
Nenhuma parte deste livro pode ser reproduzida sob quaisquer meios existentes sem autorização por escrito do editor.

Diretor editorial **PEDRO ALMEIDA**
Coordenação editorial **CARLA SACRATO**
Revisão **BARBARA PARENTE E THAÍS ENTRIEL**
Projeto gráfico e diagramação **SAAVEDRA EDIÇÕES**
Capa **OSMANE GARCIA FILHO**

Dados Internacionais de Catalogação na Publicação (CIP)
Angélica Ilacqua CRB-8/7057

Sêneca
　　　Cartas de um resiliente: assumir o comando da própria vida e evitar as distrações / Sêneca; tradução de Alexandre Pires Vieira. — São Paulo: Faro Editorial, 2022.
　　　224 p. (vol. 2)

ISBN 978-65-5957-108-6
Título original: Epistulae morales ad Lucilium

1. Filosofia 2. Desenvolvimento pessoal I. Título II. Vieira, Alexandre Pires

21-5469　　　　　　　　　　　　　　　　　　　　CDD 100

Índice para catálogo sistemático:
1. Filosofia

1ª edição brasileira: 2022
Direitos de edição em língua portuguesa, para o Brasil, adquiridos por **FARO EDITORIAL**

Avenida Andrômeda, 885 – Sala 310
Alphaville – Barueri – SP – Brasil
CEP: 06473-000
www.faroeditorial.com.br

SUMÁRIO

07 Apresentação

09 I. Sobre vários aspectos da virtude
22 II. Sobre a doença e a resistência ao sofrimento
26 III. Sobre sabedoria e ócio
30 IV. Sobre estar quieto e Inquietação
32 V. Sobre o momento adequado para fazer a derradeira viagem
39 VI. Sobre o Bem Supremo
49 VII. Sobre os negócios como inimigo da filosofia
53 VIII. Sobre filósofos e reis
57 IX. Sobre a Virtude como refúgio de distrações mundanas
66 X. Sobre as doenças da alma
70 XI. Aprendendo Sabedoria na Idade Avançada
79 XII. Sobre tomar a própria vida
84 XIII. Sobre o poder curativo da mente
92 XIV. Sobre as recompensas da pesquisa científica
97 XV. Sobre decepções mundanas
100 XVI. Sobre benefícios e sua retribuição
109 XVII. Sobre o medo natural da morte
117 XVIII. Sobre a embriaguez
124 XIX. Sobre coletar ideias
128 XX. Sobre silogismos vazios
138 XXI. Sobre a vila de Cipião
144 XXII. Alguns argumentos em favor da vida simples
154 XXIII. Sobre estudos liberais e vocacionais
166 XXIV. Sobre as partes da filosofia
173 XXV. Sobre o papel da filosofia no progresso do homem
187 XXVI. Sobre a lição a ser aprendida do incêndio de Lião
193 XXVII. Sobre a vida feliz

203 Notas

APRESENTAÇÃO

Neste volume de *Cartas de um resiliente*, Sêneca sugere que devemos assumir o comando de nossas próprias vidas, evitar as distrações e não desperdiçar o nosso tempo.

Nessas cartas, o filósofo reflete a respeito das mais profundas contradições da condição humana que acompanham a sociedade, referindo-se constantemente à brevidade da vida e à natureza fugaz do tempo.

Lúcio Aneu Sêneca apresenta alguns dos seus principais propósitos como filósofo, tais como articular sua posição filosófica, defender o estoicismo e estimular os leitores ao contato com obras filosóficas. Ele também escreve para criticar as práticas sociais e os valores da sociedade romana. Além disso, rejeita e critica a ideia de que a morte é um mal, que a riqueza é um bem, que o poder político é valioso e que a raiva é justificada.

A visão estoica de moralidade se distingue da visão de outras escolas filosóficas helenísticas e clássicas devido ao seu compromisso com a ideia de que um indivíduo possui autoridade absoluta em relação à sua felicidade. Os estoicos rejeitam a ideia de que a felicidade (eudaimonia) de uma pessoa é determinada, pelo menos em parte, por coisas fora do seu controle.

Sem dúvida, Sêneca se enxerga como um estoico. Mesmo assim, ele parece disposto a discordar dos estoicos a respeito de determinados assuntos, quando considera que um argumento mais claro ou melhor está disponível. Na Carta 33, por exemplo, Sêneca sustenta que segue os ensinamentos dos estoicos, mas afirma que as pessoas que descobriram verdades importantes no passado não são seus mestres (*domini*), mas sim seus guias (*duces*).

Sêneca também se dispõe a fazer concessões aos principais adversários do estoicismo: os epicuristas. Sua postura, sobretudo em relação a Epicuro, fez com que Sêneca fosse descrito mais como um filósofo "eclético" do que um estoico. Sua disposição de se basear na filosofia de Epicuro deu a impressão de ser uma traição ao seu compromisso com o estoicismo. A resposta de Sêneca a essa acusação se encontra também na Carta 33: seu foco está na verdade. Em alguns casos, ele acredita que o epicurista descobriu a verdade.

Em *Cartas de um resiliente*, o conteúdo apresenta muitos temas do interesse de filósofos e não filósofos. Ademais, o bom senso prevalece em grande parte da narrativa. Como o próprio Sêneca resume: "Nenhum homem é bom por acaso. A virtude é algo que deve ser aprendido. O prazer é vil, mesquinho, deve ser considerado inútil, compartilhado até mesmo por animais — o mais ínfimo e o mais mesquinho também busca o prazer. Glória é uma coisa vazia e fugaz, mais leve do que o ar. (...) A morte não é um mal, porque você precisa perguntar? Só a morte é o privilégio igualitário da humanidade".

A perspectiva filosófica de Sêneca deve ser contextualizada em termos de suas circunstâncias específicas. Como muitos filósofos romanos de sua época, ele estava mais interessado na filosofia moral do que nos outros dois ramos da filosofia, ou seja, a dialética e a lógica. O foco de Sêneca na filosofia moral apresenta uma ênfase prática clara. Embora as discussões e as controvérsias teóricas estejam muito presentes nas *Cartas de um resiliente* e em outras obras, a questão principal é a maneira pela qual o estoicismo pode ser aplicado à vida de uma pessoa.

Cartas de um resiliente é uma obra que contém uma quantidade considerável de material, incluindo desde discussões aparentemente mundanas (por exemplo, cartas a respeito de multidões, força bruta e cérebros, festivais e jejuns, banhos públicos e mestres e escravos) até discussões avançadas referentes à teoria estoica. Sêneca costuma fazer uso de algo da vida cotidiana para direcionar a discussão para uma questão ética ou alguma recomendação moral.

Em seus escritos, Sêneca apresenta discussões teóricas e conselhos práticos, enfatizando que ambos são distintos, mas interdependentes. Em relação à teoria, ele considera as discussões filosóficas um bálsamo para as feridas da vida. Quanto à prática, Sêneca acredita que os conselhos ajudam o leitor a desenvolver a coragem necessária para encarar a realidade e lidar com ela da melhor maneira possível.

I.
SOBRE VÁRIOS ASPECTOS DA VIRTUDE

Saudações de Sêneca a Lucílio.

01. Acabei de ver meu ex-colega de escola, Clarano, pela primeira vez em muitos anos. Você não precisa esperar que eu acrescente que ele é um homem velho. Mas asseguro-lhe que o encontrei são em espírito e robusto, embora ele esteja lutando com um corpo frágil e fraco. Pois a Natureza agiu de forma injusta quando lhe deu um pobre domicílio para uma alma tão rara. Ou talvez foi porque ela queria nos provar que uma mente absolutamente forte e feliz pode estar escondida sob qualquer exterior. Seja como for, Clarano supera todos esses obstáculos e, por desprezar o próprio corpo, chegou a um estágio onde pode desprezar outras coisas também.

02. O poeta que cantou:

| Valor mostra mais agradável em uma forma que é justa | gratior et pulchro veniens e corpore virtus. [1] |

está, na minha opinião, enganado. Pois a virtude não precisa de nada para compensá-la, é sua própria glória e santifica o corpo em que habita. De qualquer modo, comecei a considerar Clarano sob uma luz diferente: ele parece-me simpático e bem construído tanto em corpo como na mente.

03. Assim como um grande homem pode nascer em um casebre, pode também uma linda e grande alma nascer em um corpo feio e insignificante. Por esta razão, a natureza parece criar alguns homens deste selo com o objetivo de provar que a virtude nasce em qualquer lugar. Se tivesse sido possível produzir almas puras e nuas, desprovidas de corpo, ela o teria feito. Como é, a natureza faz uma coisa ainda maior, pois ela produz certos homens que, embora impedidos em seus corpos, ainda assim rompem a obstrução de qualquer obstáculo.

04. Creio que Clarano foi produzido como um exemplo, para que possamos entender que a alma não é desfigurada pela feiura do corpo, mas, pelo contrário, que o corpo é embelezado pela beleza da alma. Agora, apesar de Clarano e eu termos passado muito poucos dias juntos, tivemos muitas conversas, as quais vou em seguida verter e transmitir a você.

05. No primeiro dia, investigamos este problema: como todos os bens podem ser iguais sendo tríplice a respectiva natureza?[2] Pois alguns deles, de acordo com os nossos princípios filosóficos, são primários, como a alegria, a paz e o bem-estar de um país. Outros são de segunda ordem, moldados de um material infeliz, como a resistência ao sofrimento e o autocontrole durante uma doença grave. Rezaremos abertamente pelos bens da primeira classe; para a segunda classe, oraremos somente se a necessidade surgir. Há ainda uma terceira variedade como, por exemplo, um andar modesto, um semblante calmo e honesto, e um comportamento que se adapte ao homem de sabedoria.

06. Agora, como podem estes tipos de bens serem iguais quando os comparamos, se você conceder que devemos orar por um e evitar o outro? Se fizermos distinções entre eles, devemos retornar ao Sumo Bem e considerar qual é a sua natureza: a alma que olha para a verdade, que é hábil no que deve ser buscado e no que deve ser evitado, estabelecendo padrões de valor não de acordo com a opinião, mas de acordo com a natureza, uma alma que penetra o mundo inteiro e dirige seu olhar contemplativo sobre todos os seus fenômenos, prestando atenção estrita aos pensamentos e ações, igualmente grande e vigorosa, superior às dificuldades e às lisonjas, não cedendo a nenhum dos extremos da Fortuna, acima de todas as bênçãos e aflições, absolutamente linda, perfeitamente equipada com graça, bem como com força, saudável e vigorosa, imperturbável, nunca consternada, uma alma que força alguma pode vergar ou destruir, uma que o acaso não pode exaltar nem deprimir – uma alma como esta é a própria personificação da virtude.

07. Esta seria sua aparência externa, se viesse sob um único aspecto e mostrasse uma vez só toda a sua integridade. Mas há muitos aspectos disso. Desdobram-se de acordo com a vida e ações; mas a própria virtude não se torna menor ou maior. Pois o Sumo Bem não pode diminuir nem a virtude retroceder. Em vez disso, a virtude é transformada, agora em uma qualidade e depois em outra, moldando-se de acordo com a função que está desempenhando.

08. Tudo o que ela toca leva à semelhança consigo mesma e tinge com sua própria cor. Adorna nossas ações, nossas amizades e, às vezes, casas inteiras onde entrou e pôs em ordem pela harmonia. Seja o que for que tenha tocado, imediatamente torna-o amável, notável, admirável. Portanto, o poder e a grandeza da virtude não podem elevar-se a alturas maiores, porque o incremento é negado àquilo que é superlativamente grande. Você não encontrará nada mais reto do que o reto, nada mais verdadeiro do que a verdade e nada mais moderado do que a moderação.

09. Toda virtude é ilimitada, pois limites dependem de medições definidas. A constância não pode avançar mais do que a fidelidade, a veracidade ou a lealdade. O que pode ser acrescentado ao que é perfeito? Nem se pode acrescentar nada à virtude, pois, se alguma coisa puder ser acrescentada a ela, seria necessário que ela tivesse alguma imperfeição. Honra, também, não permite adição, pois é honrado por causa das mesmas qualidades que mencionei. E então? Você acha que a correção, a justiça, a legalidade também não pertencem ao mesmo tipo e que elas são mantidas dentro de limites fixos? A capacidade de melhorar é a prova de que uma coisa ainda é imperfeita.

10. O bem, em todos os casos, está sujeito a essas mesmas leis. O interesse privado e o interesse público estão juntos; na verdade, é tão impossível separá-los quanto separar o louvável do desejável. Portanto, as virtudes são mutuamente iguais, e assim são as obras da virtude e todos os homens que são tão afortunados de possuir essas virtudes.

11. Mas como as virtudes das plantas e dos animais são perecíveis, são também frágeis, passageiras e incertas. Elas brotam e afundam novamente, e por isso não são avaliadas ao mesmo valor, mas às virtudes humanas apenas uma regra se aplica. Pois a razão correta é única e de um só tipo. Nada é mais divino do que o divino ou mais celestial do que o celestial.

12. As coisas mortais decaem, caem, são desgastadas, crescem, são esgotadas e reabastecidas. Assim, no caso delas, em vista da incerteza de sua Fortuna, há desigualdade; mas das coisas divinas, a natureza é única.

A razão, entretanto, não é nada mais do que uma porção do espírito divino colocado em um corpo humano. Se a razão é divina e o bem nunca carece de razão, então o bem é sempre divino. E além disso, não há distinção entre as coisas divinas. Consequentemente também não existe nenhuma distinção entre bens. Daí resulta que a alegria e uma corajosa e obstinada resistência à tortura são bens equivalentes, pois em ambas as situações há a mesma grandeza de alma: descontraída e alegre em um caso e combativa e pronta para a ação no outro.

13. O quê? Você não acha que a virtude daquele que bravamente ataca a fortaleza do inimigo é igual à daquele que sofre um cerco com a maior paciência? Houve grandeza em Cipião quando seu comando pôs cerco a Numância e o cingiu de tal forma que obrigou homens até então invencíveis à autodestruição. Mas grandes também são as almas dos defensores sitiados ao perceberem que não está realmente cercado quem é livre para morrer e, por isso mesmo, morrem abraçados à liberdade.[3] Do mesmo modo, as outras virtudes também são iguais entre si: tranquilidade, simplicidade, generosidade, constância, equanimidade, resistência. Porque subjacente a todas elas há uma única virtude, a qual proporciona à alma a retidão e a constância de propósitos.

14. "O que então", você pergunta, "não há diferença entre a alegria e a obstinada resistência à dor?". De forma alguma, não em relação às próprias virtudes, muito grande, no entanto, nas circunstâncias em que uma dessas duas virtudes é exibida. Em um caso, há um relaxamento natural e afrouxamento da alma, no outro, há uma dor não natural. Daí que estas circunstâncias, entre as quais uma grande distinção pode ser estabelecida, pertencem à categoria de coisas indiferentes, mas a virtude mostrada em cada caso é igual.

15. A virtude não é alterada pela questão com a qual trata. Se a matéria é dura e teimosa, não piora a virtude, se agradável e alegre, não a torna melhor. Portanto, a virtude permanece necessariamente igual. Pois, em cada caso, o que se faz é feito com igual retidão, com igual sabedoria e com igual honra. Assim, os estados de bondade envolvidos são iguais e é impossível para um homem ultrapassar esses estados de bondade, por conduzir-se melhor, seja um homem em sua alegria, ou o outro em

meio a seu sofrimento. E dois bens, quando nenhum deles pode ser melhor que o outro, são iguais.

16. Pois se as coisas que são extrínsecas à virtude podem diminuir ou aumentar a virtude, então o que é honroso deixa de ser o único bem. Se você aceitar isso, a honra perece completamente. E por quê? Deixe-me dizer-lhe: é porque nenhum ato é honrado quando é feito por um agente involuntário, quando é obrigatório. Cada ato honorável é voluntário. Misture-o com relutância, queixas, covardia ou medo e ele perde sua melhor característica: autoaprovação. O que não é livre não pode ser honrado, pois medo significa escravidão.

17. O bem moral está totalmente livre da ansiedade e é calmo, se alguma vez objeta, lamenta ou considera qualquer coisa como um mal, torna-se sujeito à perturbação e começa a chafurdar em meio à grande confusão. Pois, de um lado, a aparência de correção o atrai, por outro, a suspeita do mal o arrasta para trás, portanto, quando um homem está prestes a fazer algo honorável ele não deve considerar quaisquer obstáculos como infortúnios, embora os considere como inconvenientes, mas ele deve querer fazer a ação e fazê-la de boa vontade. Pois todo ato virtuoso é feito sem ordens ou coação; é puro e não contém mistura de mal.

18. Eu sei o que você pode me responder neste momento: "Você está tentando fazer-me acreditar que não importa se um homem sente a alegria ou se encontra-se sob tortura e esgota seu torturador?" Poderia dizer em resposta: "Epicuro também sustenta que o sábio, embora esteja sendo queimado no touro de Fálaris,[4] clamará: é agradável e não me preocupa em absoluto". Por que você precisa se admirar, se eu afirmo que aquele que repousa num banquete e a vítima que resiste firmemente à tortura possuem bens iguais, quando Epicuro mantém uma coisa que é mais difícil de acreditar, ou seja, que é agradável ser assado desta maneira?

19. Mas a resposta que eu dou é que há grande diferença entre alegria e dor; se me pedem para escolher, vou procurar a primeira e evitar a última. A primeira está de acordo com a natureza, a segunda é contrária a ela. Enquanto são classificadas por este padrão, há um grande abismo entre elas; mas quando se trata de uma questão da virtude envolvida, a virtude em cada caso é a mesma, quer venha através da alegria ou através da tristeza.

20. A vexação, a dor e outros inconvenientes não têm consequências, pois são vencidos pela virtude. Assim como o brilho do sol escurece todas as luzes menores, também a virtude, por sua própria grandeza, quebra e abranda todas as dores, aborrecimentos e erros. Onde quer que seu brilho chegue, todas as luzes que brilham sem a ajuda da virtude são extintas e os inconvenientes, quando entram em contato com a virtude, não desempenham um papel mais importante do que uma nuvem de tempestade no mar.

21. Isto pode ser provado para você pelo fato de que o bom homem apressar-se-á sem hesitação a qualquer ação nobre. Mesmo que seja confrontado com o carrasco, o torturador e o pelourinho, ele persistirá, não quanto ao que ele deve sofrer, mas quanto ao que deve fazer, desempenhando tão prontamente uma ação honrosa quanto se estivesse na presença de um homem bom; ele considerará vantajoso para si mesmo, seguro e propício. E ele manterá o mesmo ponto de vista sobre uma ação honrosa, ainda que seja carregada de tristeza e dificuldades, como sobre um homem de bem que é pobre, doente ou desaproveitado no exílio.

22. Agora, compare um homem de bem extremamente rico com um homem que não tem nada, exceto que em si mesmo tem todas as coisas: eles serão igualmente bons, embora experimentem Fortuna desigual. Este mesmo padrão, como tenho observado, deve ser aplicado tanto às coisas quanto aos homens. A virtude é tão louvável se ela habita num corpo sadio e livre, como se em alguém que está doente ou em escravidão.

23. Portanto, quanto à sua própria virtude, não a louvará mais se a Fortuna a favorecer concedendo-lhe um corpo sadio, do que se a Fortuna lhe der um corpo que é mutilado em algum membro, pois isso significaria classificar inferiormente um mestre porque ele está vestido como um escravo. Pois todas aquelas coisas sobre as quais a Fortuna tem influência – bens materiais, dinheiro, posses, posição – são fracas, inconstantes, propensas a perecer e de posse incerta. Por outro lado, as obras da virtude são livres e insubmissas, nem mais dignas de serem procuradas quando a Fortuna as trata com bondade, nem menos dignas quando alguma adversidade pesa sobre elas.

24. A amizade, no caso dos homens, corresponde à desejabilidade, no caso das coisas. Você não gostaria, eu imagino, de amar um bom homem, se ele fosse rico, mais do que se fosse pobre, e não amaria uma pessoa forte e musculosa mais do que uma pessoa delgada e de constituição delicada. Assim, nem procurará nem amará uma coisa boa que seja divertida e tranquila mais do que uma que é cheia de perplexidade e labuta.

25. Ou, se você fizer isso, você vai, no caso de dois homens igualmente bons, gostar mais de quem é limpo e bem-asseado do que daquele que é sujo e despenteado. Você chegaria ao ponto de se importar mais com um homem bom que é são em todos os seus membros e sem defeito, do que com alguém que é fraco ou cego. Gradualmente sua exigência alcançaria tal ponto que, de dois homens igualmente justos e prudentes, você escolheria aquele que tem cabelos longos e ondulados! Sempre que a virtude em cada um é igual, a desigualdade em seus outros atributos não é aparente. Pois todas as outras coisas não são essenciais, mas apenas acessórios.

26. Qualquer homem julgaria seus filhos de modo tão injusto a fim de se preferir um filho saudável a um doente, ou um filho alto, de estatura incomum, a outro de pouca ou de baixa estatura? Os animais selvagens não mostram nenhum favoritismo entre sua prole; eles se deitam para amamentar todos igualmente. Aves fazem a distribuição justa de seus alimentos. Ulisses apressa-se de volta às rochas de sua Ítaca tão ansiosamente quanto Agamenon acelera até as majestosas muralhas de Micenas. Pois nenhum homem ama a sua terra natal porque ela é grande, ele a ama porque é sua.

27. E qual é o propósito de tudo isso? Que você saiba que a virtude considera todas as suas obras sob a mesma luz, como se fossem seus filhos, mostrando a mesma bondade a todos e ainda mais profunda bondade àqueles que encontram dificuldades. Pois mesmo os pais inclinam-se com mais afeição aos filhos por quem sentem piedade. A virtude, também, não necessariamente ama mais profundamente aquelas de suas obras que vê em problemas e sob pesados fardos, mas, como bons pais, ela lhes dá mais de seus cuidados de acolhimento.

28. Por que nenhum bem é maior do que qualquer outro bem? É porque nada pode ser mais apropriado do que aquele que é apropriado e nada mais nivelado do que aquilo que está nivelado. De duas coisas iguais a uma terceira você não poderá dizer que uma delas é "mais igual" do

que a outra! Por isso mesmo nada pode haver de mais moral do que a própria moralidade.

29. Assim, se todas as virtudes são iguais por natureza, as três variedades de bens são iguais. Isto é o que quero dizer: há uma igualdade entre sentir alegria com autocontrole e sofrer cor com autocontrole. A alegria em um caso não ultrapassa no outro a firmeza da alma que afoga o gemido quando está nas garras do torturador; são desejáveis os bens do primeiro tipo, enquanto os do segundo são dignos de admiração e, em cada caso, não são menos iguais, porque qualquer inconveniente atribuído a este último é compensado pelas qualidades do bem, que é muito maior.

30. Qualquer homem que os julgue desiguais está se afastando das próprias virtudes e está examinando meras exterioridades. Os bens verdadeiros têm o mesmo peso e o mesmo volume. O tipo espúrio contém muito vazio, quando são pesados, percebemos sua deficiência embora pareçam imponentes e grandiosos ao olhar.

31. Sim, meu caro Lucílio, o bem que a verdadeira razão aprova é sólido e eterno, fortalece o espírito e exalta-o, para que ele esteja sempre nas alturas. Mas as coisas que são irrefletidamente elogiadas e são bens na opinião da multidão meramente nos enchem de alegria vazia. E, novamente, aquelas coisas que são temidas como se fossem males apenas inspiram ansiedade na mente dos homens, pois a mente é perturbada pela aparência do perigo, assim como os animais também o são perturbados.

32. Portanto, é sem razão que ambas as coisas distraiam e piquem o espírito: um não é digno de alegria nem o outro de medo. Somente a razão é imutável e se apega a suas decisões. Pois a razão não é escrava dos sentidos, mas uma governante sobre eles. A razão é igual à razão, como uma linha reta para outra; portanto a virtude também é igual à virtude. A virtude não é nada mais do que razão correta. Todas as virtudes são razões. As razões são razões, se são razões certas. Se elas estão certas, elas também são iguais.

33. Como a razão é, assim também são as ações; portanto, todas as ações são iguais. Pois, uma vez que se assemelham à razão, também se assemelham umas às outras. Além disso, considero que as ações são iguais entre si, na medida em que são ações honradas e corretas. Haverá, naturalmente, grandes diferenças de acordo com a variação do material,

como se torna agora mais amplo e depois mais estreito, agora glorioso e depois inferior, agora múltiplo no alcance e depois limitado. No entanto, o que é melhor em todos esses casos é igual; eles são todos honrados.

34. Da mesma forma, todos os homens bons, na medida em que são bons, são iguais. Há, de fato, diferenças de idade, um é mais velho, outro mais jovem; de constituição física, uns são belos, outros, feios; de condições de vida, este homem é rico, aquele homem é pobre; este é influente, poderoso e conhecido pelas cidades e povos, aquele homem é desconhecido para a grande maioria e anônimo. Mas todos, em relação àquilo que importa – serem homens de bem – são iguais.

35. Os sentidos não decidem sobre coisas boas e más, eles não sabem o que é útil e o que não é útil.[5] Eles não podem registrar sua opinião a menos que sejam confrontados com um fato. Eles não podem ver o futuro nem se lembrar do passado e eles não sabem o que resulta do quê. Mas é a partir desse conhecimento que uma sequência ou sucessão de ações é tecida e uma unidade de vida é criada, uma unidade que prosseguirá em um curso reto. A razão, portanto, é o juiz do bem e do mal, o que é estrangeiro e externo, ela considera como escória e o que não é nem bom nem mau, ela julga como apenas acessório, insignificante e trivial. Pois todo o seu bem reside na alma.

36. Mas há certos bens que a razão considera primordiais, aos quais ela se dirige deliberadamente. Estes são, por exemplo, a vitória, filhos honestos e o bem-estar da pátria. Alguns outros considera secundários, estes se tornam manifestos apenas na adversidade, por exemplo, a equanimidade em suportar uma doença grave ou exílio. Certos bens são indiferentes, estes não são mais de acordo com a natureza do que contrários à natureza, como, por exemplo, um andar discreto e uma postura decente em uma cadeira. Pois sentar é um ato que não é menos de acordo com a natureza do que ficar em pé ou andar.

37. Os dois tipos de bens que são de ordem superior são diferentes: os primários são de acordo com a natureza, como a alegria derivada do comportamento obediente de seus filhos e do bem-estar de seu país. Os secundários são contrários à natureza, como a força moral em resistir à tortura ou na aceitação da sede quando a doença torna os órgãos vitais febris.

38. "O que então", você diz, "alguma coisa que é contrária à natureza pode ser um bem?". Claro que não, mas aquela em que esse bem eleva-se a sua origem é por vezes contrária à natureza. Por estarem feridos, esvaindo-se sobre uma fogueira, aflitos com má saúde tais coisas são contrárias à natureza; mas é de acordo com a natureza que um homem preserva uma alma indomável em meio a tais aflições.

39. Para explicar brevemente o meu pensamento, o material com o qual o bem se relaciona às vezes é contrário à natureza, mas um bem em si mesmo nunca é contrário, pois nenhum bem existe sem razão e a razão está de acordo com a natureza. "O que, então", você pergunta, "é a razão?". É seguir a natureza. "E o que", você diz, "é o maior bem que o homem pode possuir?". É conduzir-se de acordo com o que a natureza deseja.

40. "Não há dúvida", diz o opositor, "de que a paz proporciona mais felicidade quando não é atacada do que quando é recuperada a custo de grande matança. Também não há dúvida de que a saúde que não foi comprometida, oferece mais felicidade do que a saúde que foi restituída à solidez por meio da força, por assim dizer, e pela resistência ao sofrimento, depois de doenças graves que ameaçaram a vida em si. E, da mesma forma, não há dúvida de que a alegria é um bem maior do que a luta de uma alma para suportar até o fim os tormentos das feridas ou da tortura."

41. De modo algum, nada mais falso! Pois coisas que resultam do risco admitem ampla distinção, uma vez que são avaliadas de acordo com sua utilidade aos olhos daqueles que as experimentam, mas em relação aos bens, o único ponto a ser considerado é se eles estão de acordo com a natureza. E isso é igual no caso de todos os bens. Quando em uma reunião do senado nós votamos em favor da proposta de alguém, não pode ser dito "A está mais de acordo com a proposta do que B." Todos votam pela mesma proposta. Eu faço a mesma declaração com respeito às virtudes, todas elas estão de acordo com a natureza; e eu o faço em relação aos bens igualmente, estão todos de acordo com a natureza.

42. Um homem morre jovem, outro na velhice e outro ainda na infância, tendo desfrutado nada mais do que um simples vislumbre na vida. Todos eles foram igualmente sujeitos à morte, embora a morte tenha permitido

a um avançar mais ao longo do caminho da vida, tenha cortado a vida do segundo em sua flor e quebrado a vida do terceiro em seu início.

43. Alguns recebem sua sentença na mesa do jantar. Outros prolongam seu sono na morte. Alguns são eliminados durante conjunção carnal. Agora, compare essas pessoas com aquelas que foram perfuradas pela espada, ou levadas à morte por cobras, ou esmagadas em um desabamento, ou torturadas até a morte pela torção prolongada de seus tendões. Algumas dessas partidas podem ser consideradas melhores, outras piores; mas o ato de morrer é igual em tudo. Os métodos de acabar com a vida são diferentes; mas o fim é um e o mesmo. A morte não tem graus maiores ou menores, pois tem o mesmo limite em todos os casos, o fim da vida.

44. A mesma coisa é verdade, asseguro-lhe, em relação aos bens. Você encontrará um em circunstâncias de puro prazer, outro em meio à tristeza e amargura. Uma pessoa controla bem os favores da Fortuna, a outra supera seus ataques. Cada um é igualmente um bem, embora um viaje em uma estrada plana e fácil e o outro, em uma estrada áspera. E o fim de todos eles é o mesmo: eles são bens, eles são dignos de louvor, eles acompanham a virtude e a razão. A virtude faz iguais entre si todas as coisas que toca.

45. Você não precisa duvidar que este é um dos nossos princípios; encontramos nos trabalhos de Epicuro dois bens, dos quais é composto o seu Bem Supremo ou bem-aventurança, isto é, um corpo livre de dor e uma alma livre de perturbação.[6] Estes bens, se estiverem completos, não aumentam, pois como pode o que é completo aumentar? O corpo é, suponhamos, livre da dor, que aumento pode haver a essa ausência de dor? A alma é serena e calma, que aumento pode haver para esta tranquilidade?

46. Assim como o tempo bom, purificado no mais puro brilho, não admite um grau ainda maior de clareza, também um homem, quando cuida de seu corpo e de sua alma, tecendo a textura de seu bem de ambos, tem condição perfeita e atingiu a meta de suas orações se não há comoção em sua alma ou dor em seu corpo. Quaisquer que sejam os encantos que receba em relação a estas duas coisas não aumentam o seu Supremo Bem; eles simplesmente condimentam-no, por assim dizer, e acrescentam tempero a ele. Pois o bem absoluto da natureza do homem fica satisfeito com a paz no corpo e a paz na alma.

47. Posso mostrar-lhe neste momento nos escritos de Epicuro uma lista graduada dos bens, muito semelhante com a lista da nossa própria escola. Pois há algumas coisas, ele declara, que prefere receber, tais como descanso corporal livre de qualquer inconveniente e relaxamento da alma enquanto se deleita na contemplação de seus próprios bens. E há outras coisas que, embora preferisse que não acontecessem, mesmo assim elogia e aprova, por exemplo, o tipo de resignação, em momentos de má saúde e sofrimento grave, os quais Epicuro exibiu naquele último e mais abençoado dia de sua vida. Pois ele nos diz que teve que suportar a excruciante agonia de uma bexiga doente e de um estômago ulcerado, sofrimento tão aguçado que não permitiria aumento da dor. "E ainda," ele disse, "aquele dia não foi menos feliz."[7] E nenhum homem pode passar tal dia em felicidade a menos que possua o Bem Supremo.

48. Portanto, encontramos, até mesmo em Epicuro, bens que seriam melhor não experimentar; que, no entanto, porque circunstâncias assim o decidem, devem ser acolhidos e aprovados e colocados ao nível dos bens mais elevados. Não podemos dizer que o bem que preencheu uma vida feliz, o bem pelo qual Epicuro deu graças nas últimas palavras que pronunciou, não é igual ao maior.

49. Permita-me, excelente Lucílio, pronunciar uma palavra ainda mais ousada: se qualquer mercadoria pudesse ser maior do que outras, eu preferiria aquelas que parecem acres às que são brandas e sedutoras, e as declararia maiores. Pois é uma conquista maior superar as barreiras do caminho do que manter a alegria dentro dos limites estreitos.

50. Exige o mesmo uso da razão, estou plenamente consciente, um homem suportar a prosperidade bem e também suportar a desgraça corajosamente. O homem que dorme em frente às muralhas sem medo de perigo quando nenhum inimigo ataca o acampamento pode ser tão corajoso quanto o homem que, quando os tendões de suas pernas são cortados, se levanta de joelhos e não solta suas armas. Mas é para o soldado manchado de sangue, e que retorna da frente, que os homens clamam: "Bem feito, herói!" E por isso, eu devo conceder maior louvor aos bens que foram julgados e mostraram coragem e que lutaram contra a Fortuna.

51. Devo hesitar em dar maior elogio à mão mutilada e seca de Múcio do que à mão inofensiva do homem mais corajoso do mundo? Lá estava Múcio,[8] desprezando o inimigo e desprezando o fogo e observando sua mão enquanto pingava sangue sobre o fogo no altar de seu inimigo, até que Porsena, invejando a fama do herói a quem ele impingiu o castigo, ordenou que o fogo fosse removido contra a vontade de sua vítima.

52. Por que não devo considerar este bem entre os bens primários e julgá-lo como muito maior do que aqueles outros bens que são desacompanhados de perigo e não foram testados pela Fortuna? Pois é uma coisa mais rara superar um inimigo com uma mão perdida do que com uma mão armada. E então? Você diz, "você deseja esse bem para si mesmo?". Claro que sim. Pois esta é uma coisa que um homem não pode alcançar a menos que também a possa desejar.

53. Deveria eu desejar, em vez disso, que me permitam esticar os meus membros para que os meus escravos façam massagens, ou que uma mulher, ou um travesti afeminado, puxe as articulações dos meus dedos? Não posso deixar de acreditar que Múcio teve mais sorte porque manipulou as chamas tão calmamente como se estivesse estendendo a mão para o massagista. Ele havia aniquilado todos os seus erros anteriores, terminou a guerra desarmado e mutilado e, com aquele toco de uma mão, ele conquistou dois reis.

Mantenha-se Forte. Mantenha-se Bem.

II.
SOBRE A DOENÇA E A RESISTÊNCIA AO SOFRIMENTO

Saudações de Sêneca a Lucílio.

01. Se eu posso começar com uma observação comum, a primavera está se revelando gradualmente; mas embora seja preparação para o verão, quando se esperaria clima quente, está bastante frio, e ainda não se pode ter certeza disso. Pois ela desliza frequentemente para trás, para o tempo do inverno. Você deseja saber o quão incerto ainda é? Eu ainda não estou seguro para um banho que pode ser absolutamente frio, mesmo neste momento eu tremo de frio. Você pode dizer que esta não é maneira de mostrar tolerância, quer ao calor ou ao frio. Muito verdadeiro, querido Lucílio, mas na minha idade, raramente alguém fica satisfeito com o frio natural. Eu mal posso deixar de ter frio no meio do verão. Assim, eu passo a maior parte do tempo embrulhado, metido em abafos.

02. E agradeço a velhice por me manter preso à minha cama. Por que não devo agradecer à velhice por isso? Aquilo que eu não deveria querer fazer, não tenho a capacidade de fazer. A maioria das minhas conversas é com livros. Sempre que suas cartas chegam, imagino que estou com você e tenho a sensação de que estou prestes a falar a minha resposta em vez de escrevê-la. Portanto, vamos juntos investigar a natureza de seu problema como se estivéssemos conversando um com o outro.

03. Você me pergunta se todo bem é desejável. Você diz: "Se é bom ser corajoso sob a tortura, ir à tortura com um coração forte, suportar a doença com resignação, segue-se que essas coisas são desejáveis. Mas não vejo que nenhuma delas valha a pena ser desejada. De qualquer forma, eu ainda não conheço ninguém que tenha feito uma promessa por ter sido cortado em pedaços pela vara ou retorcido pela gota ou se feito mais alto pela roda de tortura".

04. Meu caro Lucílio, você deve distinguir entre estes casos, então você compreenderá que há algo neles que é desejável. Eu prefiro estar livre da tortura, mas se chegar o momento em que deva ser suportada, desejo que eu possa conduzir-me com bravura, honra e coragem. É claro que eu prefiro que a guerra não ocorra, mas se a guerra ocorrer, desejo que eu possa suportar nobremente as feridas, a fome e tudo o que a exigência da guerra traz. Nem estou tão louco quanto a desejar a doença, mas se eu tiver que sofrer uma doença, desejo que eu não faça nada que mostre falta de contenção e nada que seja covarde. A conclusão é, não que as dificuldades sejam desejáveis, mas que a virtude é desejável, pois nos permite pacientemente suportar dificuldades.

05. Alguns de nossa escola pensam que, de todas essas qualidades, não é desejável uma resistência intrépida, embora não seja desprezada, porque devemos procurar pela oração unicamente o bem que é puro, pacífico e fora do caminho dos problemas. Pessoalmente, eu não concordo com eles. E por quê? Primeiro, porque é impossível que qualquer coisa seja boa sem ser também desejável. Porque, novamente, se a virtude é desejável e se nada que é bom carece de virtude, então tudo o que é bom é desejável. E, finalmente, porque uma resistência corajosa mesmo sob tortura é desejável.

06. Neste ponto, eu lhe pergunto: a bravura não seria desejável? No entanto, a bravura despreza e desafia o perigo. A parte mais bela e admirável da bravura é que ela não se acovarda da tortura, avança para encontrar ferimentos e às vezes nem evita a lança, mas recebe-a com o peito aberto. Se a bravura é desejável, também é a resistência paciente da tortura, pois isso é uma parte da bravura. Apenas discrimine essas coisas, como sugeri, então não haverá nada que possa confundir você. Pois não é a mera resistência à tortura, mas a corajosa resistência, que é desejável. Eu, portanto, desejo a resistência corajosa e isso é virtude.

07. "Mas," você diz, "quem desejou tal coisa para si mesmo?". Algumas orações são abertas e sinceras, quando os pedidos são oferecidos especificamente, outras orações são expressas indiretamente, quando incluem muitos pedidos sob um título. Por exemplo, desejo uma vida de honra. Agora, uma vida de honra inclui vários tipos de conduta, pode incluir o barril em que Régulo[9] estava confinado, ou a ferida de Catão que foi rasgada por sua própria mão, ou o exílio de Rutílio, ou a xícara de veneno que removeu Sócrates da prisão para o céu. Consequentemente, ao orar por uma vida de honra, ore também por aquelas coisas sem as quais, em algumas ocasiões, a vida não pode ser honrada.

| Oh, três vezes e quatro vezes mais Quem debaixo das altas muralhas de Troia Conheceu a morte feliz diante dos olhos dos seus! | O terque quaterque beati, Quis ante ora patrura Troiae sub moenibus altis Contigit oppetere![10] |

Que diferença há entre desejar esta sorte a alguém ou confessar que ela é desejável?

08. Décio sacrificou-se pela república, ele esporou seu cavalo e correu para o meio do inimigo, buscando a morte. Depois veio o segundo Décio, rivalizando com o valor de seu pai, reproduzindo as palavras que se haviam tornado sagradas e familiares, se atirou ao ponto de luta mais pesada, ansioso apenas para que seu sacrifício pudesse trazer um presságio de sucesso e considerando uma morte nobre como uma coisa a ser desejada. Você duvida, então, se é melhor morrer glorioso e realizar alguma ação de valor?

09. Quando alguém suporta tortura bravamente, está usando todas as virtudes. A resistência talvez seja a única virtude que está a vista e mais manifesta, mas a bravura está lá também, e resistência e resignação e paciência são seus ramos. Lá, também, há planejamento, pois sem planejamento nenhum projeto pode ser empreendido. É o planejamento que aconselha alguém a suportar tão bravamente como possível as coisas que não pode evitar. Há também firmeza, que não pode ser deslocada de sua posição, que a força de ferramenta nenhuma pode fazer abandonar o seu propósito. Existe toda a inseparável companhia das virtudes, cada ato honrado é a obra de uma só virtude, mas está de acordo com o julgamento de todo o concílio. E o que é aprovado por todas as virtudes, embora pareça ser obra de uma só, é desejável.

10. O quê? Você acha que só são desejáveis aquelas coisas que chegam até nós em meio a prazer e facilidade e que nós adornamos nossas portas

em acolhimento? Há certos bens cujas características são proibitivas. Há certas orações que são oferecidas por uma multidão, não de homens que se alegram, mas de homens que se curvam reverentemente e adoram.

11. Não foi assim que Régulo orou para que chegasse a Cartago? Vestir-se com a coragem de um herói e afastar-se das opiniões do homem comum? Forme uma concepção apropriada da imagem da virtude, uma coisa que excede a beleza e a grandeza, esta imagem não deve ser adorada por nós com incenso ou guirlandas, mas com suor e sangue.

12. Detenha-se a contemplar Marco Catão, deitado sobre o peito santificado, suas mãos irrepreensíveis despedaçando as feridas que não foram suficientemente profundas para matá-lo! O que, por favor, deveria dizer a ele? "Espero que tudo seja como você quiser", ou "Lamento sua infelicidade!", ou "Boa Fortuna em sua empreitada"?

13. A este respeito, lembro-me do nosso amigo Demétrio, que chama de "mar morto" essa existência fácil, não perturbada pelos ataques da Fortuna. Se você não tem nada para despertá-la e levá-la à ação, nada que irá testar sua resolução por ameaças e hostilidades, se você se reclina em conforto inabalável, isso não é tranquilidade, é apenas uma calma rasa.

14. O estoico Átalo costumava dizer: "Eu prefiro que a Fortuna me mantenha em seu acampamento em vez de no luxo, se sou torturado, mas suporto corajosamente, tudo está bem, se morrer, mas morrer corajosamente, também está bem". Ouça Epicuro, ele irá dizer-lhe que isso é realmente agradável. Jamais aplicarei uma palavra afeminada a um ato tão honroso e austero. Se eu for para a fogueira, devo ir invicto.

15. Por que não consideraria isto desejável? Não porque o fogo me queime, mas porque não me vence! Nada é mais excelente ou mais belo do que a virtude, tudo o que fazemos em obediência às suas ordens é um bem e é, portanto, desejável!

Mantenha-se Forte. Mantenha-se Bem.

III.
SOBRE SABEDORIA E ÓCIO

Saudações de Sêneca a Lucílio.

01. Eu me rendo ao seu plano; retirar-se e esconder-se em ócio.[11] Mas ao mesmo tempo esconder seu ócio também. Ao fazer isso, você pode ter certeza de que estará seguindo o exemplo dos estoicos, se não os seus preceitos.[12] Mas você estará agindo de acordo com seus preceitos também, assim satisfará tanto a si mesmo quanto a qualquer estoico que você quiser.

02. Nós estoicos não incitamos os homens a assumir a vida pública em todos os casos ou em todos os momentos ou sem qualquer reserva[13]. Além disso, quando atribuímos ao nosso sábio o campo da vida pública que é digno dele, ou seja, o universo, ele não está separado da vida pública, mesmo que se retire; talvez tenha abandonado apenas um pequeno canto e tenha passado para regiões maiores e mais vastas; e quando é posto nos céus, compreende quão humilde era o lugar em que se colocava quando sentava na Cadeira Curul[14] ou ao tribunal. Coloque isso no coração, o homem sábio nunca é mais ativo nos negócios do que quando as coisas divinas, assim como as coisas humanas, atingem seu âmbito de competência.

03. Volto agora ao conselho que estou determinado a lhe dar – que você mantenha sua aposentadoria em segundo plano. Não há necessidade de prender um cartaz sobre si mesmo com as palavras: "Filósofo e Quietista". Dê ao seu propósito algum outro nome; chame-o de má saúde e fraqueza corporal ou mera preguiça. Pois se vangloriar de nossa aposentadoria é egoísmo vazio.

04. Certos animais escondem-se confundindo as marcas de suas pegadas na redondeza de suas tocas. Você deveria fazer o mesmo. Caso contrário, sempre haverá alguém perseguindo seus passos. Muitos homens passam por aquilo que é visível e perscrutam coisas ocultas e dissimuladas, uma sala trancada convida o ladrão. As coisas que estão ao ar livre parecem baratas, o arrombador passa pelo que está exposto à vista. Este é o caminho do mundo e o caminho de todos os homens ignorantes: eles desejam irromper em coisas ocultas. Portanto, é melhor não se gabar da aposentadoria.

05. No entanto, é uma espécie de bazófia fazer muito de seu esconderijo e de sua retirada da visão dos homens. Fulano de tal retirou-se em Taranto, aquele outro homem se encerrou em Nápoles, esta terceira pessoa por muitos anos não cruzou a soleira de sua própria casa. Anunciar a aposentadoria é captar uma multidão, só consegue com isso atrair os olhares de todos.

06. Quando você se afasta do mundo, seu objetivo é conversar consigo mesmo, não ter homens falando sobre você. Mas o que você deve falar? Faça exatamente o que as pessoas gostam de fazer quando falam sobre seus vizinhos, fale mal de si mesmo quando está sozinho; então você vai se acostumar a falar e ouvir a verdade. Acima de tudo, no entanto, pondere sobre o que você sente ser a sua maior fraqueza.

07. Cada homem conhece melhor os defeitos físicos de seu próprio corpo. E assim se alivia o estômago com o vômito, outro o alimenta com o comer frequente, outro drena e purga seu corpo pelo jejum periódico. Aqueles cujos pés são visitados pela dor[15] abstêm-se do vinho ou do banho. Em geral, os homens que são descuidados em outros aspectos saem de seu caminho para aliviar a doença que frequentemente os aflige. Assim é com as nossas almas, há nelas certas partes que estão, por assim dizer, na lista de doentes e para essas partes a cura deve ser aplicada.

08. O que, então, estou fazendo com o meu tempo livre? Estou tentando curar minhas próprias feridas. Se eu lhe mostrasse um pé inchado ou uma mão inflamada ou alguns tendões enrugados em uma perna murcha, você me permitiria ficar quieto em um lugar e aplicar loções ao membro doente. Mas meu problema é maior do que qualquer um desses, e eu não posso mostrá-lo a você. O abcesso, ou úlcera, está profundamente dentro do meu peito. Rezem, orem, não me elogiem, não digam: "Que grande homem, aprendeu a desprezar todas as coisas, condenando as loucuras da vida do homem, ele escapou!" Não tenho condenado nada além de mim mesmo!

09. Não há nenhuma razão pela qual você deva desejar vir a mim com objetivo de progredir. Você está enganado se acha que vai receber qualquer ajuda vinda deste lado, não é um médico que habita aqui, mas um homem doente. Eu prefiro que você diga, ao deixar minha presença: "Eu costumava pensar que ele era um homem feliz e erudito. Tinha aguçado os ouvidos para ouvi-lo, mas tenho sido defraudado. Eu não vi ou ouvi nada do que ansiava e do que voltei para ouvir". Se você sentir e falar assim, algum progresso foi feito. Eu prefiro que você perdoe, em vez de invejar a minha aposentadoria.

10. Então você diz: "É o ócio, Sêneca, que você está recomendando a mim? Você está cedendo às máximas de Epicuro?" Eu recomendo a aposentadoria para você, mas só quando você puder usá-la para atividades maiores e mais nobres do que aquelas que você renunciou, bater nas portas arrogantes dos influentes, fazer listas alfabéticas de velhos sem filhos, exercer a mais alta autoridade na vida pública, esse tipo de poder o expõe ao ódio, é de curta duração e, se você o classifica em seu verdadeiro valor, é de mau gosto.

11. Um homem estará muito adiante de mim quanto à sua influência na vida pública, outro em salário como oficial do exército e na posição que resulta disso, outro na multidão de seus clientes, mas vale a pena ser superado por todos esses homens, contanto que eu mesmo possa superar a Fortuna. E eu não sou oponente digno para ela na multidão, lá ela tem o maior apoio.

12. Que em dias anteriores você tivesse estado disposto a seguir este propósito! Será que assim não estaríamos discutindo a vida feliz apenas à vista da morte! Mas, mesmo agora, não tenhamos demora. Pois neste momento podemos tomar a palavra da experiência, que nos diz que há muitas coisas supérfluas e hostis, para isso deveríamos há muito tempo ter tomado a palavra da razão.

13. Façamos o que os homens costumam fazer quando estão atrasados em começar e desejam compensar o tempo perdido aumentando a sua velocidade: vamos aplicar o esporão. Nossa idade atual é a melhor possível para essas atividades, pois o período de fervura nos é passado agora. As

falhas que eram descontroladas no primeiro calor da juventude estão agora enfraquecidas e apenas um pouco mais de esforço é necessário para extingui-las.

14. "E quando", você pergunta, "ou como, tirará você proveito de uma lição que estuda quase ao deixar esta vida?". Precisamente desta maneira: pois eu vou partir um homem melhor. Você não precisa pensar, no entanto, que qualquer momento da vida é mais equipado para a obtenção de uma mente sã do que aquele que conquistou a si mesmo por muitas provações e por muitos arrependimentos por erros do passado e teve suas paixões atenuadas, atingiu um estado de sabedoria. Este é realmente o momento de ter adquirido este bem; aquele que alcançou a sabedoria em sua velhice, alcançou-a por seus anos.

Mantenha-se Forte. Mantenha-se Bem.

IV.
SOBRE ESTAR QUIETO E INQUIETAÇÃO

Saudações de Sêneca a Lucílio.

01. Eu não gosto que você mude de terra e debande a saltitar de um lugar a outro. Minhas razões são, primeiro, que tal emigração frequente signifique um espírito instável. E o espírito não pode, através do retiro, crescer em harmonia, a menos que tenha cessado sua curiosidade e suas andanças. Para ser capaz de manter seu espírito sob controle, você deve primeiro parar a peregrinação constante do corpo.

02. A minha segunda razão é que os remédios que são mais úteis são aqueles que não são interrompidos. Você não deve permitir que sua tranquilidade ou o esquecimento a que você consignou sua vida anterior sejam perturbados. Dê a seus olhos tempo para desaprender o que eles viram e a seus ouvidos para se acostumar a palavras mais saudáveis. Sempre que você se move ao exterior encontrará, mesmo quando passa de um lugar para outro, coisas que trarão de volta seus anseios antigos.

03. Assim como aquele que tenta livrar-se de um amor antigo deve evitar todo lembrete da pessoa que antes era querida (pois nada cresce tão facilmente como o amor), da mesma forma, aquele que quer deixar de lado o seu desejo por todas as coisas que costumava desejar tão apaixonadamente, deve afastar olhos e ouvidos dos objetos que abandonou. As emoções logo retornam ao ataque.

04. Em cada turno, elas vão notar diante de seus olhos um objeto digno de sua atenção. Não há mal que não ofereça incentivos. A avareza promete dinheiro; luxúria, variado sortimento de prazeres; a ambição, um manto púrpura[16] e aplausos e a influência que resulta dos aplausos, e tudo que essa influência pode fazer.

05. Vícios o tentam pelas recompensas que oferecem, mas na vida de que falo, você deve viver sem ser pago. Dificilmente bastará uma vida inteira para subjugar nossos vícios e fazê-los aceitar o jugo, inchados por longas indulgências. Ainda mais difícil se golpearmos nosso breve intervalo por qualquer interrupção. Mesmo cuidado e atenção constantes dificilmente podem trazer uma empreitada à conclusão completa.

06. Se você vai dar ouvidos ao meu conselho, pondere e pratique isto: como acolher a morte, ou mesmo, se as circunstâncias recomendarem esse curso, convidá-la. Não há diferença se a morte vem a nós ou se nós vamos à morte. Faça-se crer que todos os homens ignorantes estão errados quando dizem: "É uma coisa mais bela morrer a própria morte."[17] Mas não há homem que não morra sua morte natural. E mais, você pode refletir sobre este pensamento: ninguém morre exceto em seu próprio dia. Você não está jogando fora nada de seu próprio tempo; porque o tempo que lhe sobra não pertence a você.

Mantenha-se Forte. Mantenha-se Bem.

V.
SOBRE O MOMENTO ADEQUADO PARA FAZER A DERRADEIRA VIAGEM

Saudações de Sêneca a Lucílio.

01. Depois de um longo espaço de tempo, revisitei sua amada Pompeia. Fui assim trazido de novo face a face com os dias da minha juventude. E me pareceu que eu ainda podia fazer, não, que tinha feito há pouco tempo atrás, todas as coisas que eu fiz lá quando jovem.

02. Navegamos ao largo da vida, Lucílio, como se estivéssemos em uma viagem e, para citar nosso poeta Virgílio, como no mar:

| As terras e as cidades são deixadas para trás | Terraeque urbesque recedunt,[18] |

Mesmo assim, nesta jornada onde o tempo voa com a maior velocidade, colocamos abaixo do horizonte primeiro a nossa infância e depois a nossa juventude, e depois o espaço que se situa entre a juventude e a meia-idade e as fronteiras em ambos e, em seguida, os melhores anos da própria velhice. Por fim, começamos a ver a fronteira geral da raça humana.

03. Tolos que somos, acreditamos que este é um recife perigoso quando na verdade é o porto, onde devemos algum dia atracar, em que nunca podemos recusar entrar; e se um homem chegou a este porto em seus primeiros anos, não tem mais direito de reclamar do que um marinheiro que fez uma viagem rápida. Pois alguns marinheiros, como você sabe, são enganados e retidos por ventos fracos e ficam cansados e doentes da calma letargia; enquanto outros são levados rapidamente para casa por ventos constantes.

04. Você pode considerar que a mesma coisa nos acontece: a vida levou alguns homens com a maior rapidez para o porto, o porto que eles eram obrigados a alcançar, mesmo que demorassem no caminho, enquanto a outros ela tem afligido e assediado. Pois a essa vida, como você sabe, nem sempre devemos nos apegar. Pois meramente viver não é um bem, mas, sim, viver bem. Por conseguinte, o sábio viverá tanto quanto for necessário, não tanto quanto puder.

05. Ele vai considerar em que lugar, com quem e como deve conduzir a sua existência e o que está prestes a fazer. Ele sempre reflete sobre a qualidade e não sobre a quantidade de sua vida. Assim ele se liberta quando há muitos eventos em sua vida que lhe dão problemas e perturbam sua paz de espírito. E este privilégio é dele, não só quando a crise está sobre ele, mas também quando a Fortuna parece o estar traindo. Então ele olha com cuidado e vê se deve ou não deve terminar sua vida por causa disso. Ele sustenta que não faz diferença para ele se sua decolagem é natural ou autoinfligida, se ela vem mais tarde ou mais cedo. Ele não a considera com medo, como se fosse uma grande perda, porque nenhum homem pode perder muito quando ainda uma gotícula permanece. Num líquido vertido a conta-gotas, quem se interessa por uma gota a mais ou a menos?

06. Não se trata de morrer mais cedo ou mais tarde, mas de morrer bem ou mal. E morrer bem significa escapar do perigo de viver mal. É por isso que eu considero as palavras do conhecido Telésforo[19] como as mais afeminadas. Esta pessoa foi jogada em uma jaula por seu tirano e alimentado lá como algum animal selvagem. E quando certo homem o aconselhou a pôr fim à sua vida pelo jejum, ele respondeu: "Um homem pode esperar alguma coisa enquanto tiver vida".

07. Isso pode ser verdade; mas a vida não é para ser comprada a qualquer preço. Não importa quão grandes ou garantidas certas recompensas possam ser, não me esforçarei para alcançá-las ao preço de uma vergonhosa confissão de fraqueza. Devo acreditar que a Fortuna tem todo o poder sobre a pessoa que vive, em vez de acreditar que ela não tem poder sobre alguém que sabe como morrer?

08. No entanto, há momentos em que um homem, ainda que a morte certa paire sobre ele e saiba que a tortura lhe está reservada, irá se abster de dar auxílio à própria punição, entretanto, para si, daria uma mão. É loucura morrer por medo de morrer. O carrasco está acerca de você;

espere por ele. Por que antecipar-se a ele? Por que assumir a gestão de uma tarefa cruel que pertence a outrem? Você inveja o privilégio de seu carrasco ou simplesmente o alivia de sua tarefa?

09. Sócrates poderia ter terminado sua vida jejuando. Ele poderia ter morrido por fome em vez de por veneno. Mas, em vez disso, passou trinta dias na prisão esperando a morte, não com a ideia de "tudo pode acontecer" ou "tão longo intervalo dá espaço para esperanças", mas para mostrar-se submisso às leis e fazer de seus últimos momentos uma edificação para seus amigos. O que teria sido mais tolo do que desprezar a morte e ainda temer veneno?

10. Escribonia, uma mulher do tipo severo e ponderado, era uma tia de Drusus Libão.[20] Este jovem era tão estúpido quanto bem-nascido, com ambições mais elevadas do que qualquer pessoa poderia esperar nessa época, ou de um homem como ele em qualquer época. Quando Libão foi removido do senado em sua liteira, embora certamente com um grupo muito reduzido de seguidores, porque todos os seus parentes o abandonaram, pois ele não era mais um criminoso, mas apenas um corpo, ele começou a considerar se deveria cometer suicídio ou aguardar a morte. Escribonia disse-lhe: "Que prazer você tem em fazer o trabalho do outro?" Mas ele não seguiu seu conselho; ele colocou mãos violentas sobre si mesmo. E estava certo, afinal, pois quando um homem está condenado a morrer em dois ou três dias pelo prazer de seu inimigo, ele estará realmente "fazendo a obra de outro homem" se continuar a viver.

11. Portanto, não se pode fazer uma declaração geral sobre a questão se, quando um poder além do nosso controle nos ameaça com a morte, devemos antecipar a morte ou esperar por ela. Pois há muitos argumentos para nos puxar em qualquer direção. Se uma morte é acompanhada pela tortura e a outra é simples e fácil, por que não agarrar a segunda? Assim como seleciono o meu navio quando eu estou prestes a viajar ou minha casa quando me proponho a tomar uma residência, então eu vou escolher a minha morte quando estiver prestes a afastar-me da vida.

12. Além disso, se uma vida prolongada não significa necessariamente uma melhor, pelo contrário, uma morte prolongada significa necessariamente uma situação pior. Não há ocasião em que a alma deva estar em melhor disposição do que no momento da morte. Deixe a alma partir

ao se sentir impelida a ir; quer procure a espada ou a forca ou algum veneno que ataque as veias, deixe-a prosseguir e arrebentar os laços de sua escravidão. Todo homem deve tornar sua vida aceitável para os outros, além de si mesmo, mas sua morte somente para si mesmo. A melhor forma de morte é a que gostamos.

13. São tolos os que refletem assim: "Uma pessoa dirá que minha conduta não foi corajosa o suficiente, outra, que era demasiado teimoso, um terceiro, que um tipo particular de morte teria demonstrado mais espírito". O que você deve realmente refletir é: "O que tenho em consideração é um propósito com o qual a opinião dos homens não tem nenhuma importância!" Seu único objetivo deve ser escapar da Fortuna o mais rápido possível, caso contrário, não faltarão pessoas que vão pensar mal do que você fez.

14. Você pode encontrar homens que professam a sabedoria e ainda assim defendem que não se deve oferecer violência à própria vida e consideram anátema para um homem ser o meio de sua própria destruição. Devemos esperar, dizem eles, pelo fim decretado pela natureza. Mas aquele que diz isso não vê que está bloqueando o caminho para a liberdade. A melhor coisa que a lei divina nos concedeu foi que nos permitiu uma entrada na vida, mas muitas saídas.

15. Devo aguardar a crueldade da doença ou do homem, quando eu posso partir em meio à tortura e livrar-me de meus problemas? Esta é a única razão pela qual não podemos nos queixar da vida, ela não segura ninguém contra a sua vontade. A humanidade está bem situada, porque nenhum homem é infeliz, exceto por sua própria culpa. Viva, se assim desejar, se não, você pode retornar ao lugar de onde veio.

16. Muitas vezes, você foi medicado para aliviar dores de cabeça. Você teve veias cortadas com a finalidade de reduzir o seu peso. Se você furar seu coração, não é necessário um ferimento escancarado, um bisturi ou uma lança abrirá o caminho para essa grande liberdade e tranquilidade que pode ser comprada ao custo de uma picada de agulha. O que, então, nos torna preguiçosos e indolentes? Nenhum de nós pensa que algum dia deva partir desta casa da vida, exatamente como antigos inquilinos não se mudam por predileção por um lugar particular e por costume, mesmo apesar de maus-tratos.

17. Você gostaria de estar livre da limitação de seu corpo? Viva nele como se estivesse prestes a deixá-lo. Continue pensando no fato de que algum dia você será privado dessa posse, então você será mais corajoso frente à necessidade de partir. Mas como um homem tomará o pensamento de seu próprio fim, se ele anseia todas as coisas sem fim?

18. E ainda não há nada tão essencial para considerarmos. Pois nossa formação em outras coisas talvez seja supérflua. Nossas almas foram preparadas para enfrentar a pobreza, mas nossas riquezas têm se mantido firmes. Nós estamos munidos de armas para desprezar a dor, mas tivemos a sorte de possuir corpos sadios e saudáveis, e por isso nunca fomos forçados a pôr essa virtude à prova. Aprendemos a suportar corajosamente a perda daqueles que amamos; mas a Fortuna nos preservou todos a quem amamos.

19. É nesta única questão que chegará o dia em que precisamos testar nosso treinamento. Não precisa pensar que apenas os grandes homens tiveram a força de romper os laços da servidão humana. Você não precisa acreditar que isso não possa ser feito senão por um Catão, que com a mão arrancou o espírito que não tinha conseguido liberar pela espada.[21] Não, homens da mais baixa sorte escaparam por um poderoso impulso e, quando não lhes foi permitido morrer por sua própria conveniência ou se escolher os instrumentos da morte, arrebataram tudo o que estava disposto à mão e por pura força transformaram objetos que eram por natureza inofensivos em armas próprias.

20. Por exemplo, ultimamente havia em uma escola de treinamento para gladiadores de animais selvagens um germânico que estava sendo preparando para a exposição matinal. Ele se retirou para se aliviar, a única coisa que lhe era permitido fazer em segredo e sem a presença de um guarda. Enquanto estava assim ocupado, agarrou uma escova com cabo de madeira, que era devotada aos mais vis usos, e a enfiou, suja como estava, em sua garganta. Assim ele bloqueou sua traqueia e sufocou a respiração de seu corpo. Isso foi verdadeiramente um insulto à morte!

21. Sim, é verdade, não foi uma maneira muito elegante ou conveniente de morrer, mas o que é mais tolo do que ser minucioso sobre a morte? Que corajoso! Ele certamente merecia ser autorizado a escolher seu destino! Como bravamente ele teria empunhado uma espada! Com

que coragem ele teria se atirado nas profundezas do mar ou em um precipício! Limitado totalmente de recursos, ele ainda encontrou uma maneira de se equipar para a morte. Daí você pode entender que nada, a não ser a vontade, pode adiar a morte. Que cada homem julgue a ação deste fervoroso indivíduo como quiser, contanto que estejamos de acordo num ponto: que a morte mais imunda é preferível à escravidão mais higiênica.

22. Na medida em que comecei com uma ilustração tirada da vida humilde, continuarei com esse tipo de coisa. Pois os homens se exigirão mais, ao verem que a morte pode ser desprezada até pela classe mais desprezada dos homens. Os Catões, os Cipiãos e os outros cujos nomes costumamos ouvir com admiração, consideramos que estão além da esfera da imitação, mas agora vou provar que a virtude de que falo é encontrada tão frequentemente na escola de treinamento dos gladiadores como entre os líderes em uma guerra civil.

23. Recentemente um gladiador, que tinha sido enviado para a exposição da manhã, estava sendo transportado em uma carroça junto com os outros prisioneiros. Balançando a cabeça como se estivesse pesado de sono, deixou cair a cabeça até o ponto em que a prendeu nos raios da roda, então ele manteve seu corpo em posição tempo suficiente para quebrar seu pescoço pela revolução da roda. Ele escapou fazendo uso do carro que o levava ao seu castigo.

24. Quando um homem deseja irromper e tomar sua partida, nada se interpõe em seu caminho. É um espaço aberto no qual a natureza nos protege. Quando o nosso apuro é tal que permita, devemos olhar ao redor para uma saída fácil. Se você tem muitas oportunidades prontas à mão por meio das quais pode se libertar, você pode fazer uma seleção e pensar sobre a melhor maneira de ganhar a liberdade. Mas se uma chance é difícil de encontrar, em vez da melhor, arrebate o que for próximo ao melhor, mesmo que seja algo inédito, algo novo. Se não faltar a coragem para morrer não faltará a inteligência.

25. Veja como até mesmo a classe mais baixa de escravo, quando o sofrimento o incentiva, é despertada e descobre uma maneira de enganar até mesmo os guardas mais vigilantes! É realmente grande aquele que não só deu a si mesmo a ordem de morrer, mas também encontrou os

meios. Eu prometi, entretanto, mais algumas ilustrações tiradas dos mesmos jogos.

26. Durante o segundo espetáculo de naumaquia,[22] em um simulacro de luta marítima, um dos bárbaros enfiou profundamente em sua própria garganta uma lança que lhe fora dada para uso contra seu inimigo. "Por que, ó, por que," ele disse, "não escapei há muito tempo de toda esta tortura e toda esta zombaria? Por que, estando armado, eu deveria esperar a morte vir?". Esta apresentação foi ainda mais notável por causa da lição que os homens aprenderam: de que morrer é mais honroso do que matar.

27. O que, então? Se tal espírito é possuído por homens depravados e perigosos, não será possuído também por aqueles que se treinaram para enfrentar tais contingências por meditação longa e pela razão, a senhora de todas as coisas? É a razão que nos ensina que o destino tem várias maneiras de abordar tendo, no entanto, o mesmo fim, e que não faz diferença em que ponto o inevitável evento aconteça.

28. A razão também nos aconselha a morrer, se pudermos, segundo nosso gosto. Se isso não puder ser, ela nos aconselha a morrer de acordo com nossa capacidade e a aproveitar qualquer meio que se ofereça para cometer violência a nós mesmos. Se é imoral viver impetuosamente, morrer num ímpeto, pelo contrário, é nobre e admirável!

Mantenha-se Forte. Mantenha-se Bem.

VI.
SOBRE O BEM SUPREMO

Saudações de Sêneca a Lucílio.

01. Você está continuamente remetendo perguntas de ordem muito concreta para mim, esquecendo que um vasto trecho de mar nos separa.[23] Como, no entanto, o valor do conselho depende principalmente do momento em que é dado, deve necessariamente resultar que, quando a minha opinião sobre certos assuntos chegar a você, a opinião oposta seja a melhor. Pois conselhos estão em conformidade com as circunstâncias e nossas circunstâncias são carregadas ao vento, ou turbilhonadas ao vento. Consequentemente, um parecer deve ser elaborado a curto prazo. E às vezes, até mesmo assim é tarde demais, deveria "crescer enquanto é trabalhado", como diz o ditado. E eu proponho mostrar como você pode descobrir o método.

02. Sempre que você quiser saber o que deve ser evitado ou o que deve ser buscado, considere sua relação com o Bem Supremo como o propósito de sua vida. Pois tudo o que fazemos deve estar em harmonia com isso. Nenhum homem pode pôr em marcha os detalhes a menos que já tenha colocado diante de si o objetivo principal de sua vida. O artista pode ter suas tintas todas preparadas, mas ele não pode produzir nada a menos que ele já tenha decidido o que quer pintar. A razão pela qual cometemos erros é porque consideramos as partes da vida, mas nunca a vida como um todo.

03. O arqueiro deve saber o que ele está tentando atingir, então deve apontar e controlar a arma por sua habilidade. Nossos planos malogram porque não têm objetivo. Quando um homem não sabe para qual porto ele está indo, nenhum vento é certo. O acaso tem assim, necessariamente, muito peso na nossa vida, porque nós vivemos ao acaso, sem objetivos.

04. É o caso de certos homens, entretanto, que não sabem que sabem certas coisas. Assim como frequentemente procuramos aqueles que já estão ao nosso lado, também estamos aptos a esquecer que o objetivo do Bem Supremo está perto de nós. Para inferir a natureza desse Bem Supremo, não se precisa de muitas palavras ou discussões circulares, deve ser apontado com o dedo indicador, por assim dizer e não estar dissipado em muitas partes. Pois que bem há em quebrá-lo em pequenos pedaços, quando você pode dizer: "O Bem Supremo é aquilo que é honrado?" Além disso (e você pode estar ainda mais surpreso com isso), o que é honroso é o único bem, todos os outros bens são impuros e degradados.

05. Se uma vez você se convencer disso e se vier a amar a virtude devotadamente (porque o mero amor não é suficiente), tudo o que foi tocado pela virtude será repleto de bênção e prosperidade para você, não importa como seja considerado pelos outros. A submissão à tortura, se ao sofrê-la você estiver mais calmo em mente do que seu próprio torturador. Enfermidade, se você não amaldiçoar a Fortuna e não ceder à doença – em suma, todas aquelas coisas que os outros consideram como doenças tornar-se-ão manejáveis e terminarão bem, se você tiver sucesso em se manter acima delas. Que isto seja claro, que não há nada de bom senão o que é honroso, e todas as dificuldades terão um rótulo com o justo nome de "bens" uma vez que a virtude as tenha tornado honrosas.

06. Muitos pensam que nós, estoicos, estamos mantendo expectativas maiores do que a nossa sina humana admite e eles têm o direito de pensar assim. Pois eles só têm respeito ao corpo. Mas se voltar toda sua atenção para a alma logo medirá o homem pela régua de Deus. Desperte-se, ó excelente Lucílio e abandone todo este jogo de palavras dos filósofos, que reduzem um assunto glorioso a uma questão de sílabas e rebaixam e desgastam a alma ensinando fragmentos. Então você se tornará como os homens que descobriram estes preceitos, em vez daqueles que por seus ensinamentos dão o melhor para fazer a filosofia parecer difícil em vez de grandiosa.

07. Sócrates, que reduziu toda a filosofia às regras de conduta (ética) e afirmou que a sabedoria suprema consistia em saber distinguir entre o bem e o mal, disse: "Siga estas regras, se minhas palavras fizerem sentido a você, para que você possa ser feliz; e deixe que alguns homens pensem que você é um tolo. Permita que qualquer homem que assim o deseje o insulte e menospreze, mas se apenas a virtude mora com você, você não sofrerá nada. Se deseja ser feliz, se gostaria de boa-fé ser um bom homem, permita que uma pessoa ou outra despreze você". Nenhum homem pode fazer isso a menos que tenha chegado a considerar todos os bens como iguais, porque nenhum bem existe sem o que é honroso, e o que é honroso é em todos os casos igual.

08. Você pode dizer: "O que, então? Não há diferença entre o fato de Catão ser eleito pretor e seu fracasso nas eleições ou se Catão é conquistado ou conquistador na frente de batalha de Farsália? E se Catão não pudesse ser derrotado, apesar de sua facção ter encontrado a derrota, não seria esse bem igual ao que teria sido dele se tivesse voltado vitorioso para sua terra natal e providenciado a paz?" Claro que seria, pois é pela mesma virtude que a Fortuna maligna é superada e a boa Fortuna é controlada. No entanto, a virtude não pode ser aumentada ou diminuída, sua estatura é uniforme.

09. "Mas," você objetará, "Cineu Pompeu perderá o seu exército, os patrícios, os mais nobres padrões da criação do Estado e os primeiros homens do partido de Pompeu, por senado sob as armas, serão postos em fuga nessa única batalha. As ruínas daquela grande oligarquia estarão espalhadas por todo o mundo, uma divisão cairá no Egito, outra na África e outra na Hispânia...[24] E o pobre Estado não terá nem o privilégio de ser arruinado de uma vez por todas!".

10. Sim, tudo isso pode acontecer, a familiaridade de Juba com toda a topografia de seu próprio reino pode ser inútil para ele, de nada serve a bravura resoluta de seu povo ao lutar por seu rei, mesmo os homens de Útica, esmagados por seus problemas, podem vacilar em sua lealdade e a boa Fortuna, que sempre assistiu homens do nome de Cipião, pode desertar Cipião na África. Mas há muito tempo a providência fez com que Catão não encontrasse nenhum mal.

11. "Catão foi conquistado apesar de tudo!" Bem, você pode incluir isso entre os "fracassos" de Catão. Catão suportará com um coração igualmente forte qualquer coisa que o frustre de sua vitória, como ele suportou aquela que o frustrou de sua posição de pretor. O dia em que perdeu a eleição, ele passou em jogo; a noite em que pretendia morrer, passou lendo. Ele considerava, sob a mesma luz, a perda do pretoriado e a perda de sua vida. Ele se convenceu de que deveria suportar qualquer coisa que pudesse acontecer.

12. Por que ele não deveria sofrer, brava e calmamente, uma mudança no governo? Pois o que é livre do risco de mudança? Nem a terra, nem o céu, nem todo o tecido do nosso universo, embora sejam controlados pela mão de Deus. Não preservarão sempre sua ordem atual, serão desestabilizados do presente curso em dias futuros.

13. Todas as coisas se movem de acordo com os tempos designados. Elas estão destinadas a nascer, a crescer e a ser destruídas. As estrelas que você vê se movendo acima de nós e desta terra aparentemente imóvel, à qual nos apegamos e sobre a qual estamos posicionados, serão consumidas e deixarão de existir. Não há nada que não tenha sua velhice. Os intervalos são meramente desiguais em que a Natureza envia todas essas coisas para o mesmo fim. O que quer que seja cessará de ser e, no entanto, não perecerá, mas será transformado em seus elementos.

14. Para nossas mentes, este processo significa perecer, pois só vemos o que está mais próximo. Nossa mente lenta, sob lealdade ao corpo, não penetra a fronteiras além e só vê resultados imediatos. Se não fosse assim, a mente suportaria com maior coragem o seu próprio fim e o de suas posses, se ao menos pudesse esperar que a vida e a morte, como todo o universo que nos rodeia, se alternam e que tudo o que foi quebrado é reunido novamente e que a habilidade eterna da divindade que controla todas as coisas está trabalhando nessa tarefa.

15. Portanto, o sábio dirá exatamente o que um Marco Catão diria depois de revisar sua vida passada: "Toda a raça humana, tanto os que estão como os que virão, está condenada a morrer. Todas as cidades que têm dominado o mundo e todos os que foram os esplêndidos ornamentos de impérios, os homens um dia perguntarão onde estão e tudo isso será varrido por destruições de várias espécies, alguns serão arruinados por guerras, outros serão desperdiçados pela inatividade e pelo tipo de paz que termina na preguiça ou por esse vício que é repleto de destruição, mesmo para poderosas dinastias – o luxo. Todas estas planícies férteis serão enterradas por um repentino transbordamento do mar ou pelo deslizamento de terra, à medida que o solo se instala a níveis mais

baixos. Por que então eu deveria estar com raiva ou sentir tristeza, se eu anteceder a destruição geral por um pequeno intervalo de tempo?"

16. Que grandes almas cumpram os desejos da divindade e sofram sem hesitação o destino que a lei do universo ordena, pois a alma na morte ou é enviada para uma vida melhor, destinada a habitar com a divindade em meio a uma maior radiação e calma, ou então, pelo menos, sem sofrer nenhum dano a si mesma, ela será misturada com a natureza novamente e voltará para o universo. Portanto, a honrosa morte de Catão não foi menos boa do que sua vida honrada, já que a virtude não admite nenhum estiramento. Sócrates costumava dizer que a verdade e a virtude eram idênticas. Assim como a verdade não cresce, assim também a virtude não cresce, pois têm suas corretas proporções e são completas.

17. Você não precisa, portanto, se perguntar se os bens são iguais, tanto aqueles que devem ser deliberadamente escolhidos, como aqueles que as circunstâncias impuseram. Pois se uma vez adotar a visão de que são desiguais, considerando, por exemplo, a resistência corajosa da tortura como entre os bens menores, você a estará incluindo entre os males também. Você então definirá como infeliz Sócrates em sua prisão, Catão infeliz ao reabrir suas feridas e Régulo o mais mal condecorado de todos quando pagou o preço por manter a sua palavra, mesmo frente a seus inimigos. E, no entanto, nenhum homem, nem mesmo a pessoa mais fraca do mundo, se atreveria a defender essa opinião. Pois, embora tais pessoas neguem que um homem como Régulo seja feliz, contudo, elas também negam que fosse miserável.

18. Os primeiros acadêmicos[25] admitem de fato que um homem é feliz mesmo em meio a tais torturas, mas não admitem que está completamente ou totalmente feliz. Com esta visão não podemos de modo algum concordar, pois, a menos que um homem seja feliz, não alcançou o bem supremo e o bem que é supremo não admite um grau mais elevado, desde que nele se contenha a virtude, e desde que a virtude não seja diminuída pela adversidade e permaneça intacta mesmo que o corpo sofra alguma amputação: e de fato a virtude mantém-se! Pois eu entendo que a virtude é corajosa e elevada, de modo que ela é despertada por qualquer coisa que a moleste.

19. Esse espírito, que os jovens de nobre criação frequentemente assumem, quando são tão profundamente agitados pela beleza de algum objeto honrado que desprezam todos os caprichos do acaso, é seguramente infundido em nós e comunicado pela sabedoria. A sabedoria trará a convicção de que só há um bem – aquilo que é honroso, que não pode ser encurtado nem estendido, não mais do que a régua de um carpinteiro, com que as linhas retas são testadas, pode ser dobrada. Qualquer mudança na régua significa estragar a linha reta.

20. Aplicando, portanto, esta mesma figura à virtude, diremos: a virtude também é reta e não admite dobra. O que pode ser feito mais tenso do que uma coisa que já é rígida? Tal é a virtude, que julga tudo, mas nada julga a virtude. E se esta régua, a virtude, não pode ser feita mais reta, tampouco as coisas criadas pela virtude podem ser em um caso mais retas e em outros, menos. Pois elas devem corresponder necessariamente à virtude, portanto, elas são iguais.

21. "O quê?", você pergunta. "Você considera que se sentar em um banquete e se submeter à tortura é igualmente bom?" Isso lhe parece surpreendente? Você pode estar ainda mais surpreso com o seguinte: que se sentar em um banquete é um mal, enquanto se submetido à tortura é um bem, se o primeiro ato é feito vergonhosamente e o último de maneira honrosa. Não é o próprio material que torna essas ações boas ou más. É a virtude com qual são empreendidas. Todos os atos em que a virtude se revela são da mesma medida e valor.

22. Neste momento, o homem que mede as almas de todos os homens pela sua própria está agitando o punho na minha face, porque eu considero que há uma paridade entre os bens envolvidos no caso de quem passa sentença honrosamente e de quem sofre a pena honrosamente. Ou porque eu considero que há uma paridade entre os bens de quem celebra um triunfo e de quem, não derrotado em espírito, é levado frente ao carro do vencedor. Pois tais críticos pensam que o que eles mesmos não têm capacidade para fazer, não pode ser feito; eles julgam a virtude à luz de suas próprias fraquezas.

23. Por que você se maravilha se é de ajuda a um homem, e em ocasiões até lhe agrada ser queimado, ferido, morto ou preso? Para um homem luxuoso, uma vida simples é uma penalidade; para um homem

preguiçoso, o trabalho é castigo; o fanfarrão tem pena do homem diligente; para os preguiçosos, os estudos são tortura. Da mesma forma, consideramos essas coisas com que todos nós somos deficientes de disposição, tão duros e além da resistência, esquecendo que tormento é para muitos homens absterem-se de beber vinho ou serem arrancados de suas camas ao amanhecer. Essas ações não são essencialmente difíceis; somos nós próprios que somos molengas e flácidos.

24. Devemos julgar grandes coisas com grandeza de alma, caso contrário, o que é realmente nossa culpa parece ser culpa dos outros. Assim é que certos objetos que são perfeitamente retos, quando afundados em água aparecem ao espectador como dobrados ou quebrados.[26] Não importa apenas o que você vê, mas com que olhos você o vê. Nossas almas são muito fracas de visão para perceber a verdade.

25. Mas dê-me um jovem imaculado e robusto, ele pronunciará mais afortunado aquele que sustenta nos ombros inflexíveis todo o peso da adversidade, aquele que se destaca superior à Fortuna. Não é motivo de admiração que alguém não se agite quando o tempo está calmo. Reserve o seu assombro para casos onde um homem mantém-se erguido quando todos os outros afundam e mantém-se em pé quando todos os outros estão prostrados.

26. Que elemento do mal há na tortura e nas outras coisas que chamamos de dificuldades? Parece-me que há esse mal, que a mente afunda, se dobra e desmorona. Mas nenhuma dessas coisas pode acontecer ao sábio. Ele fica ereto sob qualquer carga. Nada pode subjugá-lo, nada que deva ser suportado o irrita. Pois ele não se queixa de ter sido atingido pelo que pode atacar qualquer homem. Ele conhece a própria força. Ele sabe que nasceu para suportar cargas.

27. Eu não retiro o homem sábio da categoria dos homens, nem lhe nego o sentido da dor como se ele fosse uma rocha que não tem nenhum sentimento. Eu apenas me lembro de que ele é composto de duas partes: uma parte é irracional, é aquilo que pode ser mordido, queimado ou ferido; a outra parte é racional, é aquilo que resiste resolutamente às opiniões, é corajosa e inconquistável. Nesta última, está situado o Bem Supremo do homem. Antes que isso seja completamente alcançado, a alma vacila na incerteza, somente quando é totalmente alcançado a alma torna-se perfeita e estável.

28. E assim, quando alguém acaba de começar, ou quando está a caminho das alturas e está cultivando a virtude, ou mesmo quando alguém está se aproximando do bem perfeito, mas ainda não colocou o toque final sobre ele, este alguém ainda vai retroceder às vezes e haverá certo afrouxamento do esforço mental. Porque tal homem ainda não atravessou o terreno duvidoso. Ele ainda está em lugares escorregadios. Mas o homem feliz, cuja virtude é completa, ama-se sobretudo quando sua bravura é submetida à mais severa prova e quando ele não só suporta, mas acolhe o que todos os outros homens consideram com medo, se isso é o preço que deve pagar pelo cumprimento de um dever que a honra impõe, ele prefere que os homens digam dele: "Quão nobre!" Em vez de "como tem boa sorte!".

29. E agora cheguei ao ponto em que sua espera paciente me convoca. Você não deve pensar que nossa virtude humana transcende a natureza. O homem sábio vai tremer, vai sentir dor, vai ficar pálido, pois tudo isso são sensações do corpo. Onde, então, é a morada da angústia total, daquilo que é verdadeiramente um mal? Na outra parte de nós, sem dúvida, se é a mente que essas provações arrastam para baixo, forçam uma confissão de sua servidão e causam o lamentar a sua própria existência.

30. O sábio, de fato, vence a Fortuna por sua virtude, mas muitos que professam estudar a sabedoria às vezes são assustados pelas ameaças mais insubstanciais. E nesta fase é um erro de nossa parte fazer as mesmas exigências sobre o homem sábio e sobre o aprendiz. Ainda me exorto a fazer o que recomendo, mas as minhas exortações ainda não foram seguidas. E mesmo se fosse esse o caso, não deveria eu ter esses princípios tão prontos à prática ou tão bem treinados, que iriam surgir em minha assistência a todas as crises?

31. Assim como a lã absorve certas cores imediatamente, enquanto há outras que nunca absorverá a menos que seja embebida e mergulhada nelas muitas vezes, do mesmo modo outros sistemas de doutrina podem ser aplicados imediatamente pela mente dos homens depois de terem sido aceitos, mas este sistema do qual falo, a não ser que tenha ido fundo

e se tenha impregnado por muito tempo e não tenha apenas colorido, mas completamente permeado a alma, não cumpre nenhuma de suas promessas.

32. O assunto pode ser transmitido rapidamente e em poucas palavras: "A virtude é o único bem, ao menos não há bem sem virtude e a própria virtude está situada em nossa parte mais nobre, isto é, a parte racional". E o que será essa virtude? Um julgamento verdadeiro e nunca divergente. Pois dele brotarão todos os impulsos mentais e por seu meio será esclarecida toda aparência externa que desperte nossos impulsos.

33. Será, de acordo com este conceito, julgar todas as coisas que foram tingidas pela virtude como bens – e como bens iguais entre si. Os bens corporais são, com certeza, bons para o corpo, mas eles não são absolutamente bons. Haverá certamente algum valor neles, mas eles não terão mérito genuíno, pois serão muito diferentes. Alguns serão menores, outros maiores.

34. E somos constrangidos a reconhecer que há grandes diferenças entre os próprios seguidores da sabedoria. Um homem já fez tantos progressos que ousou levantar os olhos e olhar a Fortuna no rosto, mas não persistentemente, pois seus olhos logo se abaixam, deslumbrados por seu esplendor irresistível. Outro já progrediu tanto que é capaz de encará-la, isto é, que já tenha alcançado o ápice e esteja cheio de confiança.

35. O que ainda não é perfeito deve necessariamente ser instável, uma vez progredindo, outra vez deslizando e certamente escorregará para trás, a menos que continue lutando a frente, pois se um homem se afrouxa em zelo e aplicação fiel, ele deve retroceder. Ninguém pode retomar seu progresso no ponto em que parou.

36. Portanto, sigamos e perseveremos. Resta muito mais da estrada à frente do que já deixamos para trás de nós, mas a maior parte do progresso é o desejo de progredir. Compreendo perfeitamente o que é esta tarefa. É uma coisa que desejo, e a desejo de todo o meu coração. Eu vejo que você também foi despertado e está se apressando com grande zelo para a beleza infinita. Vamos, então, nos apressar. Somente nestes termos a vida será uma bênção para nós, caso contrário, haverá atraso, e até mesmo atraso vergonhoso, enquanto nos ocupamos com coisas repugnantes. Vamos cuidar para que todo o tempo pertença a nós. Isso, no

entanto, não pode acontecer, a menos que em primeiro lugar, nossos próprios seres comecem a pertencer a nós.

37. E quando será nosso privilégio desprezar ambos os tipos de Fortuna? Quando será o nosso privilégio, depois que todas as paixões forem subjugadas e trazidas sob nosso próprio controle, pronunciar as palavras "Eu conquistei"? Você me pergunta quem eu conquistei? Nem os persas, nem os remotos medos,[27] nem qualquer raça guerreira que se encontre além da Dácia.[28] Não estes, mas a ganância, a ambição e o medo da morte que conquistou os conquistadores do mundo.

Mantenha-se Forte. Mantenha-se Bem.

VII.
SOBRE OS NEGÓCIOS COMO INIMIGOS DA FILOSOFIA

Saudações de Sêneca a Lucílio.

01. O assunto sobre o qual você me pergunta já estava claro em minha mente e não exigiu nenhum pensamento, tão completamente eu o tinha dominado. Mas não testei a minha memória por algum tempo e, portanto, não o tinha de prontidão. Sinto que sofri o destino de um livro cujas páginas estão presas por desuso; minha mente precisa ser desenrolada,[29] e tudo o que foi armazenado lá deve ser examinado de vez em quando, para que possa estar pronto para uso quando a ocasião exigir. Vamos, portanto, colocar este assunto para o presente; pois exige muito trabalho e muito cuidado. Assim que eu puder esperar permanecer por algum tempo no mesmo lugar, eu então tomarei sua pergunta à mão.

02. Pois há certos assuntos sobre os quais você pode escrever, mesmo quando viaja em um carro, e há também assuntos que precisam de uma cadeira de estudo, calma e reclusão. No entanto, eu deveria concluir algo mesmo em dias como estes, dias que são totalmente empregados, de fato, da manhã até a noite. Pois nunca há um momento em que novas ocupações não surjam. Nós as semeamos e por esta razão várias germinam. Então, continuamos adiando nossos próprios casos, dizendo: "Assim que eu terminar com isso, eu estabelecerei um trabalho árduo." Ou: "Se eu conseguir colocar este assunto problemático em ordem, deverei dedicar-me ao estudo".

03. Mas o estudo da filosofia não deve ser adiado até que você tenha tempo livre; ao contrário, tudo o mais deve ser negligenciado para que possamos atender à filosofia, pois não há tempo suficiente para isso, mesmo que nossa vida seja prolongada desde a infância até os limites extremos do tempo alocado ao homem. Faz pouca diferença se você abandona completamente a filosofia ou a estuda intermitentemente, porque ela não permanece como estava quando você a deixou, mas porque sua continuidade foi quebrada, ela volta para a posição em que estava no início, como coisas que se despedaçam quando são tensionadas. Devemos resistir aos assuntos que ocupam nosso tempo, eles não devem ser desembaraçados, mas sim colocados fora do caminho. Na verdade, não há tempo que seja inadequado para estudos úteis e ainda assim muitos homens falham em estudar em meio às circunstâncias que tornam necessário o estudo.

04. Ele diz: "Algo acontecerá para me atrasar". Não, não no caso do homem cujo espírito, não importa qual seja o seu negócio, está feliz e alerta. São aqueles que ainda estão aquém da perfeição cuja felicidade pode ser quebrada; a alegria de um homem sábio, por outro lado, é um tecido entrelaçado, não pode ser quebrada por nenhum acontecimento casual ou mudança de sorte; em todos os momentos e em todos os lugares está em paz. Pois a sua alegria não depende de nada externo e não busca nenhuma bênção do homem ou da Fortuna. Sua felicidade é algo dentro de si mesmo, ele se afastaria da própria alma se ela tivesse vindo de fora; contudo ela nasce de dentro.

05. Às vezes, um acontecimento externo lembra sua mortalidade, mas é um golpe leve e apenas roça a superfície de sua pele. Alguns problemas, repito, podem tocá-lo como um sopro de vento, mas esse Bem Supremo dele é inabalável. Isto é o que quero dizer: há desvantagens externas, como espinhas e furúnculos que irrompem sobre um corpo que é normalmente forte e sadio, mas não há uma doença profunda.

06. A diferença, digamos, entre um homem de sabedoria perfeita e outro que está progredindo em sabedoria é a mesma diferença entre um homem saudável e um que está convalescente de uma doença grave e prolongada, para quem a "saúde" significa apenas um ataque mais leve de sua doença. Se este não toma cuidado, há uma recaída imediata e um retorno ao mesmo velho problema. Mas o homem sábio não pode escorregar para trás ou escorregar em qualquer doença. Pois a saúde do corpo é uma questão temporária que o médico não pode garantir, mesmo que tenha restaurado e, muitas vezes, é retirado de sua cama para visitar o mesmo paciente que o convocou antes. A mente, entretanto, uma vez curada, é curada para sempre.

07. Vou contar-lhe o que quero dizer com saúde: se a mente está contente com o próprio eu, se tiver confiança em si mesma, se compreender que todas as coisas pelas quais os homens oram, todos os benefícios que são concedidos e pedidos, não são importantes em relação a uma vida de felicidade. Pois qualquer coisa que pode ser acrescida é imperfeita; qualquer coisa que possa sofrer perda não é duradoura. Mas deixe o homem cuja felicidade é duradoura regozijar-se no que é verdadeiramente seu[30]. Agora tudo o que a multidão se embasbaca, mais tarde decai e escoa. A Fortuna não nos dá nada que possamos realmente possuir. Mas mesmo esses presentes da Fortuna nos satisfazem quando a razão os tem temperado e misturado a nosso gosto, pois é a razão que torna para nós aceitáveis até mesmo bens externos que são desagradáveis usar se os absorvemos com avidez.

08. Átalo[31] costumava empregar a seguinte analogia: "Você alguma vez já viu um cachorro que pula com mandíbulas abertas em pedaços de pão ou carne que seu mestre atira a ele? Seja o que for que pegar, imediatamente engolirá tudo e sempre abre suas mandíbulas na esperança de algo mais. Assim é com nós mesmos, ficamos expectantes, e tudo o que a Fortuna nos lança, abocanhamos imediatamente sem nenhum prazer real, e logo ficamos atentos e frenéticos por algo mais a arrebatar". Mas não é assim com o sábio, ele está satisfeito. Mesmo que lhe seja oferecido algo, ele simplesmente o aceita descuidadamente e o deixa de lado.

09. A felicidade que ele desfruta é supremamente grande, é duradoura, é sua própria. Suponha que um homem tenha boas intenções e faça progressos, mas ainda esteja longe das alturas. O resultado é uma série de altos e baixos, ora ele é elevado ao céu, ora é trazido à terra. Para aqueles que não têm experiência e treinamento, não há limite para o curso de decadência. É o tal cair no *Caos de Epicuro*[32] – vazio e ilimitado.

10. Há ainda uma terceira classe de homens, aqueles que brincam com sabedoria, eles ainda não a tocaram, mas a têm a vista, e a têm, por assim dizer, a uma distância razoável. Eles não são precipitados, tampouco derrapam. Eles não estão em terra firme, mas já estão no porto.

11. Portanto, considerando a grande diferença entre as alturas e as profundezas e vendo que mesmo aqueles no meio são perseguidos por um fluxo e refluxo peculiar ao seu estado e perseguidos também por um enorme risco de retornar aos seus degenerados costumes, não devemos nos entregar a assuntos que ocupam nosso tempo. Eles devem ser excluídos. Se uma vez ganharem entrada, eles trarão outros ainda para tomar seus lugares. Vamos resistir a eles em seus estágios iniciais. É melhor que eles nunca comecem do que tenham que ser eliminados.

Mantenha-se Forte. Mantenha-se Bem.

VIII.
SOBRE FILÓSOFOS E REIS[33]

Saudações de Sêneca a Lucílio.

01. Parece-me errôneo acreditar que aqueles que se dedicaram fielmente à filosofia são insolentes e rebeldes, escarnecedores de magistrados ou reis ou daqueles que controlam a administração dos assuntos públicos. Pois, pelo contrário, nenhuma classe de homem é tão popular com o filósofo como o governante é; e com razão, porque os governantes não concedem a nenhum homem um privilégio maior do que sobre aqueles que têm permissão para desfrutar da paz e do ócio.

02. Portanto, aqueles que se beneficiam grandemente, no que se refere ao seu propósito de viver corretamente, pela segurança do Estado,[34] devem ter como pai o autor deste bem; muito mais, pelo menos, do que aquelas pessoas inquietas que estão sempre à vista do público, que devem muito ao governante, mas também esperam muito dele e nunca são tão generosamente agraciadas de favores a ponto de que seus anseios, que crescem por serem atendidos, sejam completamente satisfeitos. E, no entanto, aquele cujos pensamentos se focam nos benefícios vindouros, esqueceu os benefícios já recebidos; e não há mal maior na cobiça do que na ingratidão.

03. Acrescente-se ainda que nenhum homem na vida pública pensa nos muitos que ele superou; ele pensa antes naqueles por quem é superado. E esses homens acham menos agradável ver muitos atrás deles do que irritante ver alguém à frente deles. Esse é o problema com toda espécie de ambição, não olha para trás. Não é só a ambição que é inconstante, mas também todo tipo de desejo, porque sempre começa onde deveria terminar.

04. Mas aquele outro homem, reto e puro, que saiu do senado,[35] da ordem dos advogados e de todos os assuntos do estado, para se aposentar em assuntos mais nobres, aprecia aqueles que lhe permitiram fazer isso em segurança; ele é a única pessoa que retorna espontaneamente graças a eles, a única pessoa que lhes deve uma grande dívida sem o seu conhecimento. Assim como um homem honra e reverencia seus professores, por cuja ajuda ele encontrou a libertação de seus primeiros desvios, assim o sábio homenageia esses homens, também, sob cuja tutela ele pode colocar suas boas teorias em prática.

05. Mas você responde: "Outros homens também são protegidos pelo poder pessoal de um rei". Perfeitamente verdadeiro. Mas, assim como de um número de pessoas que se beneficiaram do mesmo período de tempo calmo, um homem considera que sua dívida com Netuno é maior se sua carga durante essa viagem foi mais extensa e valiosa e, assim como a promessa é paga com mais vontade pelo mercador do que pelo passageiro e, assim como entre os próprios mercadores, são dadas graças mais cordiais pelo mercador de especiarias, tecidos tingidos e objetos que valem seu peso em ouro, do que por aquele que atua com mercadorias baratas que não seriam nada além de lastro para seu navio; da mesma forma, os benefícios desta paz, que se estende a todos, são mais profundamente apreciados por aqueles que fazem bom uso dela.

06. Porque para muitos dos nossos cidadãos togados a paz traz mais problemas do que a guerra. Ou esses, você acredita, devem tanto quanto nós pela paz que desfrutam, que a gastam em embriaguez, em luxúria ou em outros vícios que valeria a pena até mesmo uma guerra para interromper? Não, a menos que você pense que o homem sábio é tão injusto a ponto de acreditar que, como indivíduo, ele não deve nada em troca das vantagens que ele desfruta com todos os outros. Tenho uma grande dívida com o sol e com a lua; e no entanto, eles não se levantam para mim apenas. Estou pessoalmente em dívida com as estações do ano e com a divindade que as controla, embora em nenhum caso elas tenham sido separadas para meu benefício exclusivo.

07. A tola ganância dos mortais faz uma distinção entre posse e propriedade e acredita que não tem propriedade de nada em que o público em geral tem uma parte. Mas nosso filósofo não considera nada mais verdadeiro que o que ele compartilha em parceria com toda a humanidade. Pois essas coisas não seriam propriedade comum, como de fato são, a menos que cada indivíduo tivesse sua quota; mesmo um interesse comum baseado na menor parte faz um sócio.

08. Novamente, os bens grandes e verdadeiros não são divididos de tal maneira que cada um tenha apenas um ligeiro interesse, eles pertencem em sua totalidade a cada indivíduo. Em uma distribuição de grãos, os homens recebem apenas o montante que foi prometido a cada pessoa; o banquete e a carne, ou tudo o mais que um homem pode levar consigo, são divididos em partes.[36] Estes bens, paz e liberdade, contudo, são indivisíveis e pertencem inteiramente a todos os homens, tanto quanto pertencem a cada indivíduo.

09. Portanto, o filósofo pensa na pessoa que lhe permite usar e gozar dessas coisas, da pessoa que o isenta quando a necessidade extrema do estado envolve as armas, o dever de sentinela, a defesa das muralhas e as múltiplas exigências da guerra; e ele dá graças ao timoneiro de seu estado. Isto é o que a filosofia ensina acima de tudo, honrosamente para confessar a dívida dos benefícios recebidos e honrosamente para pagá-los; por vezes, no entanto, o próprio reconhecimento constitui um pagamento.

10. Nosso filósofo, portanto, reconhece que tem uma grande dívida para com o governante que torna possível, por sua gestão e previsão, que ele desfrute de rico tempo livre, controle seu próprio tempo e de uma tranquilidade não interrompida por empregos públicos.

| Ó Melibeu! Um deus que este ócio me deu, Pois ele será meu deus eternamente. | O Meliboee, deus nobis haec otia fecit : Namque erit ille mihi semper deus.[37] |

11. E se esse mesmo ócio que nosso poeta deve grandemente ao homem que o facultou, embora sua maior bênção seja esta:

| Como tu podes ver, Ele me deixou transformar o meu gado em alimento, E jogar o que a fantasia agradou no junco rústico; | Ille meas errare boves, ut cernis, et ipsum Ludere quae vellem calamo permisit agresti.[38] |

Quão altamente devemos valorizar este ócio do filósofo, que é gasto entre os deuses e nos faz deuses?

12. Sim, é isso que quero dizer, Lucílio; e eu convido você para o céu por um atalho. Séxtio[39] costumava dizer que Júpiter não tinha mais poder do que o homem de bem. É claro que Júpiter tem mais dons que pode oferecer à humanidade; mas quando você está escolhendo entre dois homens bons, o mais rico não é necessariamente o melhor; no caso de dois timoneiros da mesma habilidade em controlar o leme, você chamaria de melhor aquele cujo navio é maior e mais imponente?

13. A esse respeito é Júpiter superior ao nosso bom homem? Sua bondade dura mais; mas o homem sábio não estabelece um valor inferior sobre si mesmo, apenas porque suas virtudes são limitadas por um período mais breve. Ou tome dois sábios, aquele que morreu em uma idade maior não é mais feliz do que aquele cuja virtude se limitou a menos anos. Da mesma forma, um deus não tem nenhuma vantagem sobre um homem sábio em termos de felicidade, embora tenha uma vantagem em anos. Essa virtude não é maior porque dura mais.

14. Júpiter possui todas as coisas, mas ele certamente lançou a posse delas aos outros; o único uso delas que pertence a ele é este: ele é a causa de seu uso por todos os homens. O homem sábio examina e despreza todas as posses dos outros com a mesma tranquilidade de Júpiter, e se considera com maior estima porque, enquanto Júpiter não pode usá-las, ele, o sábio, não deseja fazê-lo.

15. Acreditemos portanto em Séxtio, quando nos mostra o caminho da beleza perfeita e clama: "Este é o caminho para as estrelas e é assim que se observa a frugalidade, a contenção e a coragem!" Os deuses não são desdenhosos ou invejosos, eles abrem a porta para você, eles dão uma mão enquanto você escala.

16. Você se maravilha que o homem vá à presença dos deuses? Deus vem aos homens; ele se aproxima – ele vem para dentro dos homens. Nenhuma mente que não tenha Deus é boa. Sementes divinas estão espalhadas por todos os nossos corpos mortais; se um bom lavrador as recebe, elas brotam na semelhança da sua fonte e em paridade com aquele de onde vieram. Se, no entanto, o lavrador for incapaz, como um solo estéril ou pantanoso, ele mata as sementes e faz com que o joio cresça, em vez de trigo.

Mantenha-se Forte. Mantenha-se Bem.

IX.
SOBRE A VIRTUDE COMO REFÚGIO DE DISTRAÇÕES MUNDANAS

Saudações de Sêneca a Lucílio.

01. Sua carta me deu grande satisfação e restituiu-me um pouco as forças que me vão faltando. Também despertou minha memória, que tem estado por algum tempo indolente e sem energia. Você tem, naturalmente, razão, meu caro Lucílio, ao considerar que o principal meio de alcançar a vida feliz consiste em acreditar que o único bem está naquilo que é moral. Pois quem julga que outras coisas são boas, se coloca sob o poder da Fortuna e passa ao controle de outro; mas aquele que em todos os casos definiu o Bem pelo moral, pelo honroso, está feliz sem precisar depender de ninguém.

02. Um homem se entristece quando seus filhos morrem, outro fica ansioso quando adoece, um terceiro é amargurado quando faz algo vergonhoso ou sofre uma mácula em sua reputação. Um homem, você observará, é torturado pela paixão pela esposa de seu vizinho, outro pela paixão por si mesmo. Você vai encontrar homens que ficam completamente chateados pelo insucesso em ganhar uma eleição e outros que são realmente atormentados pelos postos que ganharam.

03. Mas a maior multidão de homens infelizes entre o exército dos mortais é aquela cuja expectativa da morte, que os ameaça continuamente, desespera. Pois não há um canto do qual a morte não possa se aproximar. Assim, como os soldados que patrulham no país do inimigo, devem olhar em todas as direções e virar a cabeça em cada som, a menos que o peito se livre desse medo, vive-se com um coração palpitante.

04. Você se lembrará prontamente daqueles que foram levados ao exílio e despojados de suas propriedades. Você também se lembrará daqueles que são pobres no meio de suas riquezas (e este é o tipo mais grave de destituição). Você se recordará dos homens que sofreram um naufrágio ou daqueles cujos sofrimentos se assemelham ao naufrágio; pois eles estavam tranquilos e sossegados, quando a raiva ou talvez a inveja da população – um golpe mais mortal para os que estão em lugares altos – os desmantelaram como uma tempestade que costuma surgir quando alguém está mais confiante de uma calma contínua, ou como um súbito golpe de relâmpago que faz com que a região ao seu redor trema. Pois bem, como qualquer um que esteja perto do relâmpago é atordoado e se assemelha a quem é atingido, assim nestes surtos súbitos e violentos, embora apenas uma pessoa seja esmagada pelo desastre, o restante é dominado pelo medo e a possibilidade de que possam sofrer faz estes homens tão abatidos como o sofredor real.

05. Todo homem é perturbado em espírito por males que vêm de repente sobre o seu próximo. Como os pássaros, que se acovardam mesmo ao zunir de uma funda vazia, somos distraídos por meros sons, bem como por golpes. Nenhum homem, portanto, pode ser feliz se ele se rende a tais fantasias tolas. Pois nada traz felicidade a menos que também traga a calma. É um tipo ruim de existência aquela que é gasta em apreensão.

06. Quem se entregou em grande parte ao poder da Fortuna fez para si mesmo uma enorme rede de inquietação, da qual não pode se libertar. Se alguém quiser conhecer um caminho para a segurança, não há senão um único caminho – desprezar os externos e contentar-se com o que é honroso. Para aqueles que consideram qualquer coisa melhor do que a virtude ou acreditam que há algum bem, exceto a virtude, estão abrindo seus braços para reunir aquilo que a Fortuna lança ao exterior e estão esperando ansiosamente seus favores.

07. Imagine agora para si mesmo que a Fortuna está realizando uma festa e está jogando honras, riquezas e influência sobre esta multidão de mortais; alguns destes presentes já foram retirados das mãos daqueles que tentam lhes arrebatar, outros foram divididos por parcerias traiçoeiras e outros ainda foram apreendidos para o grande detrimento daqueles em cuja posse eles chegaram. Alguns desses favores caíram sobre os homens enquanto estavam distraídos; outros foram perdidos por seus perseguidores porque estavam arrebatando muito ansiosamente por eles e, apenas porque eles foram avidamente tomados, foram derrubados de suas mãos. No entanto, entre todos eles não há um homem, nem mesmo aquele que teve sorte no espólio que recebeu, cuja alegria por seu saque durou até o dia seguinte. O homem mais sensato portanto, assim que vê a oferenda sendo trazida,⁴⁰ sai do local; pois ele sabe que se paga um alto preço por pequenos favores. Ninguém vai lutar com ele no caminho para fora ou golpeá-lo ao seu partir; a disputa ocorre onde os prêmios estão.

08. Da mesma forma, com os presentes que a Fortuna lança para nós; desgraçados que somos, ficamos excitados, ficamos despedaçados, desejamos ter muitas mãos, agora olhamos para trás nessa direção e agora naquela. Tudo muito lentamente, como nos parece, os presentes são jogados em nossa direção; eles apenas excitam nossos anseios, já que somente podem chegar a poucos e são esperados por todos.

09. Estamos ansiosos por interceptá-los ao caírem. Nós nos regozijamos se tivermos segurado alguma coisa; e alguns são zombados pela esperança vazia de conseguir algo; nós pagamos um preço alto pelo ganho sem valor com alguma desvantagem para nós mesmos ou então somos defraudados e ficamos à ruína. Vamos, portanto, nos retirar de um jogo como este e dar lugar à ralé gananciosa; deixe-os procurar tais "bens", que penduram suspenso acima deles, e ficarem eles mesmos ainda mais em ansiedade.

10. Quem se decidir a ser feliz deve concluir que o bem consiste apenas no que é honroso. Pois, se ele considera qualquer outra coisa como boa, ele está, em primeiro lugar, passando um julgamento desfavorável sobre a Providência, por causa do fato de que os homens honrados muitas vezes sofrem desgraças e que o tempo que nos é atribuído é curto e escasso se comparado com a eternidade que é atribuída ao universo.

11. É resultado de queixas como essas que não somos gratos em nossos comentários aos presentes do céu; queixamos porque eles nem sempre são concedidos a nós, porque eles são poucos e incertos e fugazes. Portanto, não temos a vontade nem de viver nem de morrer; somos possuídos pelo ódio à vida e pelo medo da morte. Nossos planos estão todos ao mar e nenhuma quantidade de prosperidade pode nos satisfazer. E a razão para tudo isso é que ainda não atingimos esse bem que é imensurável e insuperável, no qual todos os desejos de nossa parte devem cessar, porque não há lugar além do mais alto.

12. Você pergunta por que a virtude não precisa de nada? Porque está satisfeita com o que tem e não cobiça o que não tem. O que é suficiente, é abundante aos olhos da virtude. Divirja deste julgamento, e dever e lealdade não permanecerão. Pois aquele que deseja exibir estas duas qualidades deve suportar muito que o mundo chama de mal; devemos sacrificar muitas coisas às quais somos viciados, pensando que são bens.

13. A coragem desaparece, pois deve ser continuamente testada. Desaparece a grandeza da alma, que não pode se destacar claramente a menos que tenha aprendido a desprezar como trivial tudo o que a multidão cobiça como supremamente importante; e desaparece a bondade e a retribuição da bondade, se temermos o trabalho, se tivermos reconhecido algo como mais precioso do que a lealdade, se os nossos olhos estão fixos em qualquer coisa que não seja o melhor.

14. Mas para ultrapassar estas perguntas: ou esses chamados bens não são bens ou então o homem é mais afortunado do que Deus, porque Deus não usufrui das coisas que nos são dadas. Pois a luxúria não pertence a Deus, nem banquetes elegantes, nem riquezas, nem nenhuma das coisas que atraem a humanidade e a conduzem pela via do prazer degradante. Portanto, não é incrível que haja bens que Deus não possua, senão que o próprio fato de que Deus não os possua seja em si mesmo uma prova de que essas coisas não são bens.

15. Além disso, muitas coisas que costumam ser consideradas como bens são concedidas aos animais em maior quantidade do que aos homens. Os animais comem o seu alimento com melhor apetite, não são em mesmo grau enfraquecidos pela indulgência sexual e têm uma constância maior e mais uniforme em sua força. Consequentemente, eles são muito mais afortunados que o homem. Porque não há maldade, nem ofensa a si mesmos, no seu modo de viver. Eles desfrutam de seus prazeres e os aproveitam com mais frequência e facilidade, sem qualquer medo que resulte da vergonha ou do arrependimento.

16. Assim sendo, você deve considerar se alguém tem o direito de chamar qualquer coisa de boa naquilo em que Deus é superado pelo homem. Limitemos o Bem Supremo à alma; ela perde o seu significado se for tirada da melhor parte de nós e aplicada ao pior, ou seja, se for transferida para os sentidos; pois os sentidos são mais ativos em criaturas

estúpidas. A soma total de nossa felicidade não deve ser colocada na carne; os bens verdadeiros são aqueles que a razão concede, substanciais e eternos; eles não podem decair, nem podem decrescer ou ser diminuídos.

17. As outras coisas são bens de acordo com a opinião e, embora sejam chamadas pelo mesmo nome dos bens verdadeiros, a essência da bondade não está nelas. Vamos chamá-las, portanto, de "vantagens" e, para usar nosso termo técnico, "coisas preferidas". Reconheçamos, contudo, que elas são nossa mobília, não partes de nós mesmos; e deixe-nos tê-las em nossa posse, mas tome cuidado para lembrar que elas estão fora de nós. Mesmo que elas estejam em nossa posse, elas devem ser contadas como coisas subordinadas e insignificantes, cuja posse não dá a ninguém o direito de se gabar. Pois o que é mais tolo do que ser autocomplacente sobre algo que não foi realizado por seus próprios esforços?

18. Que tudo isso seja acrescentado a nós, mas não nos apeguemos, para que, se forem retirados, possam ir embora sem rasgar qualquer parte de nós. Vamos usar essas coisas, mas não nos gloriemos delas, e vamos usá-las com moderação, como se fossem dadas para guarda e sabendo que serão retiradas. Qualquer um que não empregar a razão em sua posse dessas coisas nunca as mantém por longo tempo; porque a prosperidade, se não controlada pela razão, se sobrepõe. Se alguém depositar sua confiança em bens que são fugazes, logo é privado deles e, para evitar ser privado, sofre angústia. Poucos homens têm a sorte de deixar a prosperidade suavemente. Todos os demais caem juntamente com as coisas com as quais se tornaram eminentes e são atormentados pelas mesmas coisas que antes os exaltaram.

19. Por esta razão, a previsão deve ser posta em prática, para insistir num limite ou na frugalidade no uso dessas coisas, uma vez que o uso desmedido subverte e destrói sua própria abundância. Aquilo que não tem limite nunca resistiu, a menos que a razão, que estabelece limites, tenha mantido o controle. O destino de muitas cidades provará a verdade disto; sua influência cessou no auge porque foram dadas ao luxo e o excesso arruinou tudo o que havia sido ganho pela virtude. Devemos nos fortalecer contra tais calamidades. Mas nenhum muro pode ser erguido contra a Fortuna que ela não possa tomar por tempestade;

fortaleçamos nossas defesas internas. Se a parte interna estiver segura, o homem pode ser atacado, mas nunca capturado. Você quer saber qual é essa arma de defesa?

20. É a capacidade de evitar se desgastar por tudo o que acontece a você, de saber que os próprios agentes que parecem trazer prejuízo estão trabalhando para a preservação do mundo e fazem parte do esquema para levar à realização da ordem do universo e suas funções. Que o homem esteja satisfeito com tudo o que agrada a Deus; que se maravilhe de si mesmo e de seus próprios recursos, por esta mesma razão, que não pode ser vencida, que tem os poderes do mal sujeitos a seu controle e que traz à sujeição o acaso, a dor e o mal por meio daquele mais forte dos poderes – a razão.

21. Ame a razão! O amor à razão o armará contra as maiores dificuldades. Animais selvagens se arremessam contra a lança do caçador pelo amor a seus filhotes e é a sua selvageria e sua investida sem premeditação que os impedem de ser domados; muitas vezes um desejo de glória tem despertado a mente da juventude para desprezar a espada e a estaca; a mera visão e aparência da virtude impelem certos homens a uma morte autoimposta. Na proporção em que a razão é mais firme e constante do que aliada às emoções, tanto mais fortemente ela trilhará seu caminho através de terrores e perigos.

22. Os homens nos dizem, em objeção: "Você está enganado se você sustenta que nada é um bem exceto o que é honroso, uma apologia como essa não vai fazer você seguro contra a Fortuna e livre de seus assaltos. Pois você defende que um país bem governado e bons pais devem ser considerados como bens, mas você não pode ver esses objetos queridos em perigo e ainda estar você mesmo à vontade. Sua calma será perturbada por um cerco conduzido contra o seu país, pela morte de suas crianças ou pela escravização de seus pais".

23. Em primeiro lugar, declararei o que os estoicos costumam responder a esses objetores e então acrescentarei uma resposta adicional, que na minha opinião, deve ser dada. A situação é inteiramente diferente no caso de bens cuja perda implica alguma dificuldade substituída em seu lugar; por exemplo, quando uma boa saúde é prejudicada há uma mudança para a má saúde; quando o olho é furado, somos visitados pela

cegueira; não só perdemos nossa velocidade quando os músculos das pernas são cortados, mas a fraqueza toma o lugar da velocidade. Mas esse perigo não está envolvido no caso dos bens a que nos referimos há pouco. E porque se eu perdi um bom amigo, não tenho nenhum falso amigo que deva aturar em seu lugar; nem se eu enterrei um filho obediente, devo enfrentar em troca a conduta malcomportada.

24. Em segundo lugar, isto não significa para mim o afastamento de um amigo ou de uma criança; é o mero decolar de seus corpos. Mas um bem pode ser perdido de uma só maneira, mudando para o que é ruim; e isso é impossível de acordo com a lei da natureza, porque toda virtude e toda obra de virtude, permanecem incorruptíveis. Novamente, mesmo se os amigos tiverem perecido, ou filhos de bondade comprovada, há algo que pode preencher seu lugar. Você pergunta o que é isso? É o que os fez bons em primeiro lugar, ou seja, a virtude.

25. A virtude não preenche nenhum espaço em nós para ser desocupado; ela toma posse de toda a alma e remove todo sentimento de perda. Só isso é suficiente; pois a força e o princípio de todos os bens existem na própria virtude. O que importa se a água corrente é cortada, desde que a fonte de onde nasce esteja ilesa? Você não vai sustentar que a vida de um homem é mais justa se seus filhos são ilesos do que se eles morreram, nem ainda melhor empregado, nem mais inteligente, nem mais honrado; portanto, não melhor, tampouco. O acréscimo de amigos não o torna mais sábio, nem o seu afastamento torna-o mais tolo; portanto, nem mais felizes nem mais miseráveis. Enquanto a sua virtude estiver ilesa, você não sentirá a perda de nada que tenha sido retirado de você.

26. Você pode dizer: "Convenhamos, não é um homem mais feliz quando se ajeita com uma grande companhia de amigos e crianças?" Por que isso deveria ser assim? Pois o bem supremo não é prejudicado nem aumentado; ele permanece dentro de seus próprios limites, não importa como a Fortuna se conduziu. Se uma longa velhice cai na sua Fortuna, ou se o fim vem deste lado da velhice – a medida do bem supremo é invariável, apesar da diferença de anos.

27. Se você desenhar um círculo maior ou menor, seu tamanho afeta sua área, não sua forma. Um círculo pode permanecer como é por um longo tempo, enquanto você pode contrair o outro imediatamente, ou mesmo fundi-lo completamente com a área em que foi desenhado, mas cada círculo teve a mesma forma. O que é reto não é julgado pelo seu tamanho, nem pelo seu número, nem pela sua duração; porquanto é impossível fazê-lo encolher ou distender-se. Reduza a vida honrosa dos cem anos completos a um único dia; é igualmente honrada.

28. Às vezes, a virtude é generalizada, governando reinos, cidades e províncias, criando leis, desenvolvendo amizades e regulando os deveres que mantêm bem entre parentes e filhos; outras vezes, é limitada pelos estreitos limites da pobreza, do exílio ou da privação. Mas não é menor quando é reduzida de alturas mais orgulhosas a uma estação individual, de um palácio real a uma habitação humilde, ou quando de uma jurisdição geral e ampla é recolhida aos limites estreitos de uma casa particular ou de um canto minúsculo.

29. A virtude é igualmente grande, mesmo quando recua dentro de si mesma e está bloqueada por todos os lados. Pois seu espírito não é menos grande e reto, sua sagacidade não menos completa, sua justiça não menos inflexível. É, portanto igualmente feliz. Pois a felicidade tem sua morada em um só lugar, ou seja, na própria mente, e é nobre, firme e calma; e esse estado não pode ser alcançado sem um conhecimento das coisas divinas e humanas.

30. A outra resposta, que prometi dar à sua objeção, decorre desse raciocínio. O homem sábio não se aflige com a perda de filhos ou de amigos. Pois ele sofre a morte no mesmo espírito em que espera a sua própria. E ele teme um tão pouco quanto chora pelo outro. Pois o princípio subjacente à virtude é a sujeição; todas as obras da virtude estão em harmonia e concordância com a própria virtude. Mas esta harmonia se perde se a alma, que deve ser elevada, é derrubada pelo sofrimento ou por uma sensação de perda. É sempre uma desonra para um homem estar perturbado e preocupado, estar entorpecido quando há qualquer chamado para a ação. Pois o que é honrado é despreocupado e sem entraves, é destemido e está pronto para agir.

31. "O quê?", perguntará. "O sábio não experimentará nenhuma emoção como perturbação de espírito? Suas feições não mudarão de cor, seu semblante não será agitado e seus membros não ficarão frios? E há outras coisas que fazemos, não sob a influência da vontade, mas

inconscientemente e como resultado de uma espécie de impulso natural." Eu admito que isso é verdade; mas o sábio vai manter a firme crença de que nenhuma dessas coisas é má ou importante o suficiente para fazer uma mente saudável quebrar.

32. Tudo o que resta a ser feito, a virtude pode fazer com coragem e prontidão. Pois qualquer um admitiria que é uma marca de tolice fazer em espírito preguiçoso e rebelde qualquer coisa que se tenha de fazer, ou dirigir o corpo em uma direção e a mente em outra, e assim ser dividido entre emoções totalmente conflitantes. Pois a insensatez é desprezada precisamente por causa das coisas pelas quais ela se vangloria e admira, e ela não faz com prazer nem mesmo aquelas coisas de que se orgulha. Mas se a insensatez teme algum mal, está sobrecarregada por ele no mesmo momento em que espera, como se tal mal realmente tivesse chegado, já sofrendo em apreensão qualquer coisa que teme que possa vir a sofrer somente no futuro.

33. Assim como no corpo, os sintomas não manifestos de saúde ruim precedem a doença – há, por exemplo, certa fraqueza lenta, uma lassitude que não é o resultado de qualquer trabalho, um tremor e um calafrio que permeiam os membros – assim, o espírito fraco é abalado por seus males muito tempo antes de ser superado por eles. Antecipa-os e os faz cambalear antes de seu tempo. Mas o que é maior loucura do que ser torturado pelo futuro e não guardar sua força para o sofrimento real, mas convidar e provocar a miséria? Se você não pode se livrar dela, você deve pelo menos adiá-la.

34. Você não acredita que nenhum homem deve ser atormentado pelo futuro? O homem a quem foi dito que terá de suportar a tortura daqui a cinquenta anos não fica perturbado, a menos que tenha saltado ao longo dos anos que se passaram e se projetado no problema no qual está destinado a chegar uma geração mais tarde. Da mesma forma, as almas que gostam de estar doentes e que se aproveitam de desculpas para tristeza, ficam tristes com os acontecimentos passados e apagados dos registros. Passado e futuro estão ambos ausentes; não sentimos nenhum deles. Mas não pode haver dor exceto como resultado do que você sente.

Mantenha-se Forte. Mantenha-se Bem.

X.
SOBRE AS DOENÇAS DA ALMA

Saudações de Sêneca a Lucílio.

01. Você tem se queixado de que minhas cartas são escritas de forma descuidada. Agora, quem fala cuidadosamente, a menos que também deseje falar de forma afetada? Prefiro que minhas cartas sejam exatamente o que seria a minha conversa, se você e eu estivéssemos sentados na companhia um do outro ou caminhando juntos, espontâneos e tranquilos; pois minhas cartas não têm nada de tenso ou artificial.

02. Se fosse possível, eu preferiria mostrar, em vez de falar, meus sentimentos. Mesmo que eu estivesse discutindo um ponto, eu não deveria bater meu pé nem atirar os braços ou levantar a voz; mas devo deixar esse tipo de coisa ao orador e devo contentar-me em lhe transmitir meus sentimentos sem os ter embelezado nem reduzido sua dignidade.

03. Eu gostaria de convencê-lo inteiramente deste fato – que eu sinto o que quer que eu diga, que eu não o sinto apenas, mas sou ligado profundamente a ele. Um é o tipo de beijo que um homem dá a sua amante e outro, o que ele dá a seus filhos; ainda no abraço do pai, sagrado e refreado como é, a abundância de afeto é revelada. Contudo, prefiro que nossa conversa sobre assuntos tão importantes não seja escassa e seca; pois mesmo a filosofia não renuncia à companhia da inteligência. Não se deve, no entanto, dar muita atenção às meras palavras.

04. Seja este o cerne da minha ideia: digamos o que sentimos e sintamos o que dizemos; que a fala se harmonize com a vida. Esse homem cumpriu sua promessa, pois é a mesma pessoa, tanto ao vê-lo como ao ouvi-lo.

05. Nós não deixaremos de ver que tipo de homem é nem quão grande é, se somente for um e sempre o mesmo. Nossas palavras devem ter como objetivo não agradar, mas ajudar. Se, no entanto, você pode alcançar a eloquência sem grande esforço e se é naturalmente dotado ou pode ganhar eloquência a um custo baixo, aproveite ao máximo e aplique este dom a usos mais nobres. Mas que seja de tal natureza que exiba fatos mais do que a si mesmo. Esta e as outras artes são inteiramente interessadas em inteligência; mas o nosso negócio aqui é a alma.

06. Um doente não chama um médico porque é eloquente; mas se acontecer de o médico que pode curá-lo também discorrer elegantemente sobre o tratamento a ser seguido, o paciente vai levá-lo em bom crédito. Mas não encontrará motivo para se congratular por ter descoberto um médico eloquente. Não é diferente de um piloto hábil que também é bonito.

07. Por que você faz cócegas em meus ouvidos? Por que você me diverte? Há outros negócios à mão; eu estou aqui para ser cauterizado, operado ou colocado em uma dieta. É por isso que você foi convocado para me tratar! Você é obrigado a curar uma doença que é crônica e grave – que afeta o bem-estar geral. Você tem um negócio tão sério na mão como um médico tem durante uma praga. Você está preocupado com as palavras? Regozije neste instante se conseguir lidar com as coisas. Quando você aprenderá tudo o que há para aprender? Quando você plantará em sua mente o que aprendeu, que não pode escapar? Quando você deverá colocar tudo em prática? Pois não basta apenas enviar essas coisas à memória como outras coisas; elas devem ser testadas na prática. Não é feliz quem só as conhece, mas sim aquele que as faz.

08. Você responde: "Não há graus de felicidade abaixo de seu homem feliz?" Existe uma descida pura imediatamente abaixo da sabedoria? Eu acho que não. Pois, embora aquele que progride ainda seja contado junto aos tolos, está separado deles por um longo intervalo. Entre as próprias pessoas que estão progredindo, há também grandes espaços. Elas caem em três classes, como certos filósofos acreditam.

09. Primeiramente vêm aqueles que ainda não alcançaram a sabedoria, mas já ganharam um lugar próximo. No entanto, mesmo o que não está longe está ainda lá fora. Estes, se você me perguntar, são homens que já deixaram de lado todas as paixões e vícios, que aprenderam quais coisas devem ser abraçadas; mas sua certeza ainda não foi testada. Eles ainda não puseram em prática o seu bem, mas de agora em diante eles não podem escorregar de volta para as falhas das quais escaparam. Eles já chegaram a um ponto no qual não há retrocesso, mas eles ainda não estão cientes do fato; como eu me lembro de ter escrito em outra carta, "Eles são ignorantes de seu conhecimento".[41] Agora lhes foi concedido gozar do seu bem, mas ainda não ter certeza disso.

10. Alguns definem esta classe, de que tenho falado – uma classe de homens que estão progredindo –, como tendo escapado das doenças da mente, mas ainda não das paixões e como ainda em pé sobre terreno escorregadio; porque ninguém está além dos perigos do mal, exceto aquele que se livrou inteiramente dele. Mas ninguém se desvencilhou, exceto o homem que adotou a sabedoria em seu lugar.

11. Muitas vezes já expliquei a diferença entre as doenças da mente e suas paixões. E vou lembrá-lo mais uma vez: as doenças são vícios endurecidos e crônicos, como a ganância e ambição; elas envolvem a mente por completo e começam a ser seus males permanentes. Para dar uma definição breve: por "doença" queremos dizer uma perversão persistente do julgamento, de modo que as coisas que são levemente desejáveis são consideradas altamente desejáveis. Ou, se você preferir, podemos defini-la assim: ser muito zeloso em lutar por coisas que são apenas ligeiramente desejáveis ou não desejáveis de todo ou valorizar as coisas que devem ser valorizadas apenas ligeiramente.

12. "Paixões" são impulsos indesejáveis, repentinos e veementes do espírito; elas têm vindo tão frequentemente e tão pouca atenção tem sido dada a elas, que têm causado um estado de doença; assim como um catarro que, quando há apenas um caso e não se tornou habitual, produz apenas tosse, mas, quando se torna regular e crônico, provoca a tuberculose. Portanto, podemos dizer que aqueles que fizeram o maior progresso estão além do alcance das "doenças"; mas eles ainda sentem as "paixões", mesmo quando muito perto da perfeição.

13. A segunda classe é composta por aqueles que deixaram de lado os maiores males da mente e suas paixões, mas ainda não estão em posse garantida de imunidade. Pois eles ainda podem escorregar para seu estado anterior.

14. A terceira classe está fora do alcance de muitos dos vícios e particularmente dos grandes vícios, mas não fora do alcance de todos. Eles escaparam à avareza, por exemplo, mas ainda sentem raiva; eles não são mais perturbados pela luxúria, mas ainda estão perturbados pela ambição;

eles não têm mais desejo, mas eles ainda têm medo. E apenas porque temem, embora sejam fortes o suficiente para resistir, há certas coisas às quais eles cedem; desprezam a morte, mas estão aterrorizados pela dor.

15. Vamos refletir um momento sobre este tema. Estaremos bem conosco se formos admitidos nesta primeira classe. A segunda categoria é obtida por grande sorte em relação aos nossos dons naturais e pela elevada e incessante aplicação ao estudo. Mas nem mesmo o terceiro tipo deve ser desprezado. Pense no exército de males que vê sobre você; eis como não há crime que não seja exemplificado, até que ponto a maldade avança todos os dias e quão prevalentes são os pecados em casa e na comunidade. Você verá, portanto, que estamos em vantagem considerável, se não estamos classificados entre os mais baixos.

16. "Mas quanto a mim", você diz: "Espero que esteja apto a subir para um grau mais elevado do que isso!" Eu deveria orar, em vez de prometer, que possamos alcançar isto; nós fomos prevenidos. Nós corremos para a virtude enquanto obstruídos por vícios. Tenho vergonha de dizê-lo; mas adoramos o que é honroso somente na medida em que temos tempo livre. Mas que recompensa rica nos espera se apenas afastarmos os assuntos que nos obstruem e os males que se agarram a nós com total tenacidade!

17. Então nem o desejo nem o medo nos derrubarão. Não perturbados pelos medos e intocados pelos prazeres, não teremos medo nem da morte nem dos deuses; saberemos que a morte não é um mal e que os deuses não são poderes do mal. O que prejudica não tem poder maior do que aquele que recebe dano e as coisas que são totalmente boas não têm poder algum em causar dano. Lá esperam-nos, se alguma vez escaparmos dessas escórias baixas para aquela altura sublime e elevada, paz de espírito e, quando todo o erro for expulso, a liberdade perfeita. Você pergunta o que é essa liberdade? Significa não temer nem homens nem deuses; significa não desejar a maldade ou o excesso; significa possuir poder supremo sobre si mesmo; e é um bem inestimável ser mestre de si mesmo.

Mantenha-se Forte. Mantenha-se Bem.

XI.
APRENDENDO SABEDORIA NA IDADE AVANÇADA

Saudações de Sêneca a Lucílio.

01. Você tem me ameaçado com sua inimizade, se eu não o mantiver informado sobre todas as minhas ações diárias. Mas veja agora, em que termos francos você e eu vivemos, pois vou confiar até mesmo o seguinte fato aos seus ouvidos. Tenho ouvido as palestras de um filósofo; já passaram quatro dias desde que comecei a frequentar sua escola e a ouvir sua arenga, que começa às duas horas. "Um bom tempo de vida para isso!", você diz. Sim, muito bem! Agora, o que é mais tolo do que se recusar a aprender, simplesmente porque há muito tempo não aprendemos?

02. "O que você quer dizer? Devo seguir a moda definida pelos janotas e jovens?" Mas estou muito bem se esta é a única coisa que desacreditam meus anos em declínio. Homens de todas as idades são admitidos nesta sala de aula. Você retruca: "Ficamos velhos apenas para tagarelar com os jovens?" Mas se eu, velho, for ao teatro, às corridas e não permitir que um duelo na arena seja travado até o fim sem a minha presença, devo corar por assistir a uma palestra de filósofo?

03. Você deve continuar aprendendo enquanto é ignorante – até o fim de sua vida, se há algo no provérbio. E o provérbio se adequa ao presente caso, assim como qualquer outro: "Enquanto você viver, continue aprendendo a viver". Por tudo isso, há também algo que eu posso ensinar naquela escola. Você pergunta, o que eu posso ensinar? Que até um velho deveria continuar aprendendo.

04. Mas tenho vergonha da humanidade, tantas vezes quanto entro na sala de aula. No meu caminho para a casa de Metronax, eu sou obrigado a passar, como você sabe, bem ao lado do Teatro Napolitano. O prédio está lotado; os homens estão decidindo com enorme zelo, quem tem direito a ser chamado de um bom flautista; mesmo o gaiteiro grego e

o arauto atraem suas multidões. Mas no outro lugar, onde a questão discutida é: "O que é um homem bom?" E a lição que aprendemos é "como ser um bom homem", muito poucos estão presentes e a maioria pensa que mesmo estes poucos estão envolvidos em atividade inútil; eles são chamados de desocupados de cabeça vazia. Espero que eu possa ser abençoado com esse tipo de zombaria; pois devemos escutar em espírito sereno as injúrias do ignorante; quando alguém está marchando em direção ao objetivo da honra, deve-se desprezar o desprezo.

05. Prossiga, então, Lucílio, e apresse-se, para ser compelido a aprender em sua velhice, como é o caso comigo. Não, você deve se apressar ainda mais, porque por muito tempo você não se aproximou do assunto, que é um que mal se pode aprender completamente quando se é velho. "Quanto progresso vou fazer?", você pergunta. Tanto quanto tentar fazer.

06. Por que você espera? A sabedoria não vem por acaso para nenhum homem. O dinheiro virá por si mesmo; títulos serão dados a você; influência e autoridade serão talvez impelidos sobre você; mas a virtude não cairá sobre você por acaso. Nem o conhecimento dela pode ser ganho por esforço leve ou pequeno trabalho; mas trabalhar vale a pena quando se está prestes a ganhar todos os bens em um único golpe.

07. Pois existe apenas um único bem, isto é, aquilo que é honroso; em todas aquelas outras coisas que a opinião geral aprova, você não encontrará nenhuma verdade ou certeza. Pois a verdade, no entanto, é que há apenas um bem, ou seja, o que é honroso, agora vou dizer-lhe, na medida em que você julga que na minha carta anterior[42] não levei a discussão suficientemente longe, e pensa que esta teoria foi recomendada a você em vez de provada. Também vou resumir as observações de outros autores em curto passo.

08. Tudo é estimado pelo padrão de seu próprio bem. A videira é valorizada pela sua produtividade e o sabor do seu vinho, o veado pela sua velocidade. Nós perguntamos, com respeito às bestas de carga, quão resistentes são suas ancas; pois seu único uso é carregar fardos. Se um cão é usado para encontrar o rastro de um animal selvagem, a agudeza do olfato é de primeira importância; se para pegar sua presa, a rapidez; se para atacar e lutar, a coragem. Em cada coisa, essa qualidade deve ser a melhor para a qual a coisa é trazida a existência e pela qual ela é julgada.

09. E qual qualidade é melhor no homem? É a razão; em virtude da razão ele supera os animais e é superado apenas pelos deuses. A razão perfeita é, portanto, o bem peculiar do homem. Todas as outras qualidades ele compartilha em algum grau com animais e plantas. O homem é forte; assim é o leão. O homem é bonito; assim é o pavão. O homem é rápido; assim é o cavalo. Não digo que o homem seja superado em todas essas qualidades. Eu não estou procurando encontrar o que é maior nele, mas o que é peculiarmente seu. O homem tem corpo; assim também têm a árvores. O homem tem o poder de agir e mover-se à vontade; Assim como animais e vermes. O homem tem uma voz; mas quão mais alta é a voz do cão, quão mais estridente a da águia, quão mais profunda a do touro, quão mais doce e melodiosa aquela do rouxinol!

10. O que então é peculiar ao homem? Razão. Quando é certa e atingiu a perfeição, a felicidade do homem está completa. Portanto, se tudo é louvável e atinge o fim pretendido por sua natureza quando traz seu bem peculiar à perfeição e se o bem peculiar do homem é a razão, então, se um homem trouxer sua razão à perfeição, ele será louvável, pois terá atingido o fim adequado à sua natureza. Esta razão perfeita é chamada virtude e é também o que é honroso.

11. Daí que só no homem um bem pertence só ao homem. Pois agora não estamos buscando descobrir o que é um bem, mas o que é o bem próprio do homem.[43] E se não houver outro atributo que pertença peculiarmente ao homem, exceto a razão, então a razão será seu único bem peculiar, mas um bem que vale mais que todo o resto reunido. Se qualquer homem é mau, ele será, eu suponho, considerado com desaprovação; se bom, eu suponho que será considerado com aprovação. Portanto, esse atributo do homem pelo qual ele é aprovado ou desaprovado é o seu principal e único bem.

12. Você não duvida se isso é um bem; você meramente duvida se é o único bem. Se um homem possui todas as outras coisas, tais como saúde, riquezas, linhagem, um salão de recepção lotado, mas é confessadamente mau, você vai desaprová-lo. Da mesma forma, se um homem não possui nenhuma das coisas que eu mencionei e não tem dinheiro, ou uma escolta de clientes, ou uma posição social e uma linha nobre de avôs e bisavôs, mas é confessadamente bom, você vai aprová-lo. Portanto, este é o único bem peculiar do homem e o possuidor dele deve ser louvado mesmo que lhe falte outras coisas; mas aquele que não o possui, embora possua tudo o mais em abundância, é condenado e rejeitado.

13. O mesmo que vale para os homens vale para as coisas. Diz-se que um navio é bom não quando está decorado com cores caras, nem quando a sua proa está coberta de prata ou ouro ou a sua carranca é esculpida em marfim, nem quando está carregado com as receitas imperiais ou com a riqueza dos reis, mas quando está firme, seguro e teso, com linha de junção que mantêm fora a água, robusto o suficiente para suportar o esbofetear das ondas, obediente ao seu leme, rápido e impassível frente aos ventos.

14. Irá falar bem de uma espada, não quando o seu cinto é de ouro ou a sua bainha cravejada de pedras preciosas, mas quando a sua borda é fina para cortar e sua ponta pode perfurar qualquer armadura. Pegue a régua do carpinteiro: não perguntamos como é bonita, mas quão reta é. Cada coisa é elogiada em relação a esse atributo que é tomado como seu padrão em relação ao que é a sua qualidade peculiar.

15. Portanto, no caso do homem também, não é pertinente para a questão saber quantos acres ele ara, quanto dinheiro ele tem a juros, quantos convidados comparecem às suas recepções, quão cara é a carruagem em que ele se encontra, quão transparentes são os copos de onde ele bebe, mas como ele é bom. Ele é bom, no entanto, se sua razão é bem-ordenada, e direita, e adaptada ao que sua natureza tem decidido.

16. É isso que se chama virtude; é isso que entendemos por "honroso"; é o único bem do homem. Pois, já que só a razão traz o homem à perfeição, só a razão, quando aperfeiçoada, torna o homem feliz. Este, aliás, é o único bem do homem, o único meio pelo qual ele é feito feliz. Nós realmente dizemos que essas coisas também são bens que são promovidos e reunidos pela virtude, isto é, todas as obras da virtude; mas a própria virtude é por isso o único bem, porque não há bem sem virtude.

17. Se todo bem está na alma, então tudo que fortifica, eleva e amplia a alma, é um bem; a virtude, no entanto, torna a alma mais forte, mais elevada e maior. Pois todas as outras coisas que despertam os nossos desejos, deprimem a alma e a enfraquecem, e quando pensamos que elas estão elevando a alma, elas simplesmente a estão soprando e enganando-a com muito vazio. Portanto, só isso é bom, o que torna a alma melhor.

18. Todas as ações da vida, tomadas como um todo, são controladas pela consideração do que é honrado ou vil; é com referência nestas coisas que nossa razão é governada a fazer ou não fazer uma coisa particular. Explicarei o que quero dizer: um homem bom fará o que julgar que será honrado fazer, mesmo que envolva labuta; o fará mesmo que envolva dano a ele; o fará mesmo se envolver perigo; novamente, ele não fará o que é vil, mesmo que lhe traga dinheiro ou prazer ou poder. Nada o afastará daquilo que é honroso e nada o tentará à infâmia.

19. Portanto, se for determinado a invariavelmente seguir o que é honrado e evitar baixeza, e em cada ato de sua vida ter respeito por estas duas coisas, não considerando nada mais como bom senão o que é honroso, e nada mais como ruim exceto o que é vil; se a virtude sozinha não é pervertida nele e, por si mesma, mantém seu curso uniforme; então a virtude é o único bem do homem e nada mais pode acontecer a ele que possa torná-lo outra coisa senão bom. Ele escapou a todo o risco de mudança; a estupidez pode evoluir em direção à sabedoria, mas a sabedoria nunca escorrega de volta à estupidez.

20. Você pode talvez lembrar o meu ditado, que diz que as coisas que foram em geral desejadas e temidas foram pisoteadas por muitos homens em momentos de paixão súbita. Foram encontrados homens que colocariam suas mãos nas chamas, homens cujos sorrisos não poderiam ser interrompidos pelo torturador, homens que não derramariam uma lágrima no funeral de seus filhos, homens que encontrariam a morte com firmeza. É o amor, por exemplo, a raiva, a luxúria, que desafiaram os perigos. Se uma teimosia momentânea pode realizar tudo isto quando despertada por alguma agulha que pica o espírito, quanto mais pode ser realizado pela virtude, que não age impulsiva ou repentinamente, mas de modo uniforme e com uma força que é duradoura!

21. Segue-se que as coisas que são muitas vezes desprezadas pelos homens que são movidos por uma paixão súbita, e sempre desprezadas pelos sábios, não são bens nem males. A virtude em si é, portanto, o único bem; ela marcha orgulhosamente entre os dois extremos da Fortuna, com grande desprezo por ambos.

22. Se, no entanto, você aceitar a opinião de que há algo de bom além do que é honrado, todas as virtudes vão sofrer. Pois nunca será possível

conquistar e manter qualquer virtude, se há algo fora de si que a virtude deve levar em consideração. Se existe tal coisa, então está em desacordo com a razão, da qual nascem as virtudes, e também com a verdade, que não pode existir sem razão. Qualquer opinião, no entanto, que está em desacordo com a verdade, é errada.

23. Um bom homem, você admitirá, deve ter o mais alto senso de dever para com os deuses. Por isso ele suportará com espírito imperturbável o que quer que lhe aconteça; pois ele saberá que isso aconteceu como resultado da lei divina, pela qual toda a criação se move. Sendo assim, haverá para ele um bem, e apenas um, ou seja, o que é honroso; pois um de seus ditames é que devemos obedecer aos deuses e não resplandecer em raiva por infortúnios repentinos ou lamentar nosso destino, mas aceitar pacientemente o destino e obedecer aos seus mandamentos.

24. Se qualquer coisa, exceto o honroso, for boa, seremos perseguidos pela ganância por vida, e pela ganância pelas coisas que fornecem vida com seus acessórios, um estado intolerável, não sujeito a limites, instável. O único bem, portanto, é o que é honroso, o que está sujeito a limites.

25. Tenho declarado que a vida do homem seria mais abençoada do que a dos deuses, se as coisas que os deuses não desfrutam fossem bens, tais como dinheiro e cargos de dignidade. Há esta consideração adicional: se somente é verdade que nossas almas, quando liberadas do corpo, ainda perseveram; uma situação mais feliz está na reservada para elas então do que enquanto permanecem no corpo. E ainda, se essas coisas fossem bens que usamos para o bem dos nossos corpos, nossas almas estariam piores quando libertadas; e isso é contrário à nossa crença, dizer que a alma é mais feliz quando é confinada e aprisionada do que quando é livre e se lançou para o universo.

26. Eu também disse que se essas coisas que os animais estúpidos possuem igualmente como o homem são bens, então os animais estúpidos também levarão uma vida feliz; que é naturalmente impossível. É preciso suportar todas as coisas em defesa daquilo que é honroso; mas isso não seria necessário se existisse qualquer outro bem além do que é honroso. Embora esta questão tenha sido bastante discutida por mim em uma carta anterior[44], a discuti resumida e brevemente através do raciocínio.

27. Mas uma opinião desse tipo nunca lhe parecerá verdadeira, a não ser que você exalte a sua mente e se pergunte se, no chamamento do dever,

você está disposto a morrer pelo seu país e comprar a segurança de todos os seus concidadãos ao preço de si próprio; se ofereceria o seu pescoço não só com paciência, mas também com alegria. Se faria isso, não há nenhum outro bem em seus olhos. Pois está desistindo de tudo para adquirir este bem. Considere quão grande é o poder daquilo que é digno de honra: você morrerá por seu país, mesmo que sem aviso prévio, quando sabe que deve fazê-lo.

28. Às vezes, como resultado de uma conduta nobre, ganha-se grande alegria, mesmo em um espaço de tempo muito curto e fugaz; e embora nenhum dos frutos de uma ação feita seja entregue ao executor depois que ele está morto e removido da esfera dos assuntos humanos, ainda a simples contemplação de uma ação que deve ser feita é um deleite, e os corajosos e o homem reto, imaginando para si as recompensas de sua morte – recompensas como a liberdade de seu país e a libertação de todos aqueles para quem está doando a sua vida, participa do maior prazer e goza do fruto do próprio risco.

29. Mas aquele homem que também está privado dessa alegria, a alegria que é oferecida pela contemplação de algum último esforço nobre, saltará à sua morte sem hesitar um momento, contente em agir com justiça e obediência. Além disso, pode confrontá-lo com muitos desencorajamentos; você pode dizer: "Seu ato será rapidamente esquecido", ou "Seus companheiros cidadãos lhe oferecerão escassos agradecimentos". Ele responderá: "Todas essas coisas estão fora do meu encargo, meus pensamentos estão na ação em si, eu sei que isso é honroso, portanto, onde quer que eu seja levado e convocado pela honra, irei."

30. Este é, portanto, o único bem, e não só toda alma que atingiu a perfeição tem consciência disso, mas também toda alma que é por natureza nobre e de instintos corretos; todos os outros bens são triviais e mutáveis. Por esta razão, somos perseguidos se os possuímos. Mesmo que, pela bondade da Fortuna, forem nos dados, eles pesam profundamente sobre os seus proprietários, sempre os pressionando e às vezes esmagando-os.

31. Nenhum dos que vemos vestidos de púrpura é feliz, como qualquer um desses atores sobre os quais a peça concede um cetro e um manto enquanto no palco; eles passam empertigados a sua hora diante de uma casa abarrotada, com o peito estufado e saltos altos; mas uma vez que

eles fazem a sua saída, o salto alto é removido e eles retornam à sua própria estatura. Nenhum daqueles que foram elevados a uma altura maior pelas riquezas e honras é realmente grande. Por que então parece grandioso para você? É porque você está medindo o pedestal junto com o homem. Um anão não é alto, apesar de estar em pé sobre uma montanha; uma estátua colossal ainda será alta, mesmo que você a coloque em um poço.

32. Este é o erro em que trabalhamos; esta é a razão pela qual somos enganados: não valorizamos ninguém no que ele é, mas acrescentamos ao próprio homem as armadilhas em que está vestido. Mas quando você quiser investigar o verdadeiro valor de um homem, e saber que tipo de homem ele é, olhe para ele quando estiver nu; faça-o desistir de sua propriedade herdada, seus títulos e os outros enganos da Fortuna; deixe-o mesmo sem seu corpo. Considere sua alma, sua qualidade e sua estatura e assim aprenda se sua grandeza é emprestada ou se é sua propriamente.

33. Se um homem pode contemplar com olhos inabaláveis o brilho de uma espada, se ele sabe que não faz diferença para ele se sua alma fugirá através de sua boca ou através de uma ferida em sua garganta, você pode chamá-lo de feliz; você também pode chamá-lo de feliz se, quando ele é ameaçado com tortura corporal, quer seja o resultado de um acidente ou do poder do mais forte, ele pode sem preocupação ouvir falar de correntes ou de exílio ou de todos os medos inúteis que agitam a mente dos homens e podem dizer:

Oh donzela, nenhuma nova forma súbita de trabalho ressurge diante dos meus olhos; Dentro da minha alma Eu tenho prevenido e examinado tudo.	Non ulla laborum, O virgo, nova mi facies inopinave surgit; Omnia praecepi atque animo mecum ipse peregi.[45]

Hoje é você quem me ameaça com esses terrores; mas sempre me assustei com eles e me preparei como homem para encontrar o destino dos homens.

34. Se um mal foi considerado de antemão, o golpe é suave quando ele vem. Para o tolo, porém, e para aquele que confia na Fortuna, cada evento à medida que chega "vem de uma forma nova e súbita" e uma grande parte do mal, para os inexperientes, consiste em sua novidade. Isto é provado pelo fato de que os homens resistem com mais coragem quando se acostumaram a elas, as coisas que tinham no início considerado como dificuldades.

35. Portanto, o sábio acostuma-se ao chegar da angústia, aliviando por longas reflexões os males que os outros aliviam por longas tolerâncias. Às vezes ouvimos o inexperiente dizer: "Eu sabia que isso estava reservado para mim". Mas o sábio sabe que todas as coisas lhe estão reservadas. O que quer que aconteça, ele diz: "Eu sabia disso".

Mantenha-se Forte. Mantenha-se Bem.

XII.
SOBRE TOMAR A PRÓPRIA VIDA

Saudações de Sêneca a Lucílio.

01. De repente, chegaram hoje à nossa visão os navios "alexandrinos", quero dizer aqueles que normalmente são enviados adiante para anunciar a chegada da frota; eles são chamados de "barcos de correio". Os camponeses estão felizes em vê-los; toda a plebe de Puteoli[46] está nas docas e pode reconhecer os barcos "alexandrinos", não importa quão grande a multidão de navios, pelo próprio recorte de suas velas. Pois somente eles podem manter as suas velas superiores, que todos os navios usam quando no alto-mar.

02. Porque nada propulsiona um navio tão bem como sua vela superior; que é de onde a maior parte da velocidade é obtida. Assim, quando a brisa se enrijece e se torna mais forte do que é confortável, eles colocam suas velas mais a baixo; pois o vento tem menos força perto da superfície da água. Assim, quando eles atingem Capri e o promontório de onde

| Gigante Palas vigia sobre o pico tempestuoso, | Alta proceiloso speculatur vertice Pallas, |

todas as outras embarcações são convidadas a contentar-se com a vela maior, e a vela superior destaca-se visivelmente nos barcos alexandrinos.

03. Enquanto todo mundo se movia e se apressava para a beira d'água, sentia muito prazer na minha preguiça porque, embora logo recebesse cartas de meus amigos, não tinha pressa de saber como meus negócios estavam progredindo no exterior ou que notícias traziam as cartas; há algum tempo eu não tenho perdas nem ganhos. Mesmo se não fosse um homem velho, não poderia ter sentido prazer nisso; mas da forma como é, o meu prazer foi muito maior. Pois, por mais minúsculas que fossem minhas posses, ainda teria de ter reservado mais dinheiro para viagens do que jornadas para viajar, especialmente porque esta viagem em que partimos é uma que não precisa ser seguida até o fim.

04. Uma expedição será incompleta se parar no meio do caminho ou em qualquer lugar deste lado do nosso destino; mas a vida não é incompleta se for honrada. Em qualquer ponto que você deixe de viver, desde que você saia nobremente, sua vida é completa. Muitas vezes, no entanto, deve-se abandonar corajosamente e nossas razões, portanto, não precisam ser importantes; pois nem as razões graves nos mantêm aqui.

05. Túlio Marcelino, um homem que você conheceu muito bem, que na juventude era uma alma tranquila e envelheceu prematuramente, adoeceu de um mal que não era desesperador, mas era prolongado e problemático e exigia muita atenção; daí ele começou a pensar em morrer. Ele reuniu muitos de seus amigos. Cada um deles deu conselhos a Marcelino, o amigo temeroso instando-o a fazer o que tinha decidido fazer; o amigo lisonjeiro e blandicioso dando conselhos que supunha que seriam mais agradáveis a Marcelino.

06. Mas nosso amigo estoico, homem raro, e para elogiá-lo em linguagem que ele merece, um homem de coragem e vigor, o admoestou melhor, como me parece. Pois ele começou da seguinte maneira: "Não se atormente, meu caro Marcelino, como se a questão que você está ponderando fosse importante. Não é importante viver, todos os seus escravos vivem e todos os animais; mas é importante morrer de forma honrosa, sensata e corajosa. Reflita há quanto tempo você tem feito a mesma coisa: comida, sono, luxúria – esta é a ronda diária de cada um. O desejo de morrer pode ser sentido não só pelo homem sensível ou o homem corajoso ou infeliz, mas até mesmo pelo homem que está apenas saciado."

07. Marcelino não precisava de alguém para exortá-lo, mas sim alguém para ajudá-lo; seus escravos se recusaram a cumprir suas ordens. O estoico, portanto, removeu seus medos, mostrando-lhes que não havia risco envolvido para a criadagem, exceto quando era incerto se a morte do mestre fora desejada ou não; além disso, é uma prática tão ruim matar seu senhor como é impedi-lo de se matar à força.

08. Então sugeriu ao próprio Marcelino que seria um ato gentil distribuir presentes para aqueles que o haviam acompanhado ao longo de toda a sua vida quando essa vida estava terminada, assim como, quando um

banquete é terminado, a parte restante é dividida entre os participantes que estão à mesa. Marcelino era de uma disposição condescendente e generosa, mesmo quanto à própria propriedade; assim distribuiu poucas somas entre seus escravos pesarosos e também os consolou.

09. Não havia necessidade de espada ou de derramamento de sangue; por três dias ele jejuou e teve uma tenda colocada em seu próprio quarto. Em seguida, uma banheira foi trazida; permaneceu nela por um longo tempo e, à medida que a água quente continuava a derramar-se sobre ele, ele gradualmente faleceu, não sem uma sensação de prazer, como ele mesmo observou – tal sentimento como uma extinção lenta costuma dar. Aquele de nós que já desmaiou sabe por experiência o que é este sentimento.

10. Esta pequena anedota em que eu tenho divagado não será desagradável para você. Pois verá que seu amigo não partiu nem com dificuldade nem com sofrimento. Embora se suicidasse, ele se afastou com suavidade, saindo da vida. A anedota também pode ser de alguma utilidade, pois muitas vezes uma crise exige apenas esses exemplos. Há momentos em que devemos morrer e não estamos dispostos; às vezes morremos e não estamos dispostos.

11. Ninguém é tão ignorante a ponto de não saber que devemos morrer em algum momento; no entanto, quando alguém se aproxima da morte, se vira para fugir, treme e lamenta. Você não consideraria um completo tolo aquele que chorasse por não ter estado vivo por mil anos? E não é tanto quanto um tolo aquele que chora porque não estará vivo daqui a mil anos? É tudo o mesmo; você não será e você não era. Nenhum destes períodos de tempo pertence a você.

12. Você foi lançado sobre este ponto do tempo; se você o pudesse fazer mais longo, por quanto tempo você o faria? Por que chorar? Por que rezar? Você está tomando dores sem propósito.

Desista de pensar que suas orações podem dobrar Decretos divinos de seu fim predestinado.	Desine fata deum flecti sperare precando.[47]

Estes decretos são inalteráveis e fixos; eles são governados por uma compulsão poderosa e eterna. Seu objetivo será o objetivo de todas as coisas. O que há de estranho nisso para você? Você nasceu para estar sujeito a esta lei; este destino aconteceu ao seu pai, à sua mãe, aos seus antepassados, a todos os que vieram antes de você, e sucederá a todos os que vierem após. Uma sequência que não pode ser quebrada ou alterada por qualquer poder liga todas as coisas e as arrasta em seu curso.

13. Pense na multidão de homens condenados à morte que virão depois de você, das multidões que irão contigo! Você morreria mais corajosamente, suponho, na companhia de muitos milhares; e ainda há muitos milhares, tanto de homens como de animais, que neste exato momento, enquanto você é irresoluto sobre a morte, estão respirando pela última vez, de várias maneiras. Mas você acreditou que algum dia não alcançaria o destino para o qual você sempre viajou? Toda viagem tem seu fim.

14. Você acha, suponho, que agora seria correto eu citar alguns exemplos de grandes homens. Não, vou citar o caso de um menino. A história do rapaz espartano foi preservada: tomado prisioneiro enquanto ainda um adolescente, ele continuou chorando em seu dialeto dórico[48], "Eu não serei um escravo!". E cumpriu a sua palavra; na primeira vez foi ordenado que fizesse um serviço humilde e degradante – e o comando era buscar um pinico de quarto –, ele partiu seu cérebro contra a parede.

15. Tão perto está a liberdade, e alguém ainda é escravo? Você não preferiria que seu próprio filho morresse assim do que alcançasse a velhice como um fraco submisso? Por que, então, você está angustiado, quando até mesmo um menino pode morrer tão bravamente? Suponha que você se recuse a segui-lo; você será conduzido. Tome em seu próprio controle o que está agora sob o controle de outro. Você não vai pegar emprestada a coragem do menino e dizer: "Eu não sou escravo?" Infeliz companheiro, você é um escravo dos homens, você é um escravo do seu negócio, você é um escravo da vida. Pois a vida, se a coragem para morrer faltar, é escravidão.

16. Você tem algo que vale a pena esperar? Seus próprios prazeres, que fazem com que você se demore e lhe seguram, já estão exaustos. Nenhum deles é uma novidade para você e não há nenhum que não tenha se tornado odioso porque já está enfastiado por ele. Você sabe o sabor do vinho e dos licores. Não faz diferença se centenas ou milhares de medidas passam por sua bexiga; você não é nada senão um filtro. Você é conhecedor do sabor da ostra e do salmonete; o seu luxo não deixou nada a

ser desbravado em anos vindouros; e ainda assim estas são as coisas das quais você é arrancado involuntariamente.

17. O que mais você lamentaria ter retirado de você? Amigos? Mas quem pode ser um amigo para você? País? O quê? Você considera o suficiente seu país para se atrasar para o jantar? A luz do sol? Você iria extingui-la, se pudesse; pois o que é que você já fez que estivesse apto a ser visto na luz? Confesse a verdade; não é porque você almeja a câmara do senado ou o fórum ou mesmo pelo o mundo da natureza, que você gostaria de adiar a morte; é porque você é relutante em deixar o mercado de peixe, embora você tenha esgotado seus estoques.

18. Você tem medo da morte; mas como você pode desprezá-la no meio de uma ceia de cogumelos?[49] Você deseja viver. Bem, você sabe como viver? Você tem medo de morrer. Mas venha agora: esta sua vida é algo além da morte? Caio César estava passando pela Via Latina, quando um homem saiu das fileiras dos prisioneiros, com a barba grisalha pendendo até o peito e implorando para ser morto. "O quê!", disse César. "Você está vivo agora?" Essa é a resposta que deve ser dada aos homens a quem a morte viria como um alívio. "Você tem medo de morrer; o quê! Você está vivo agora?"

19. "Mas," diz um, "eu desejo viver, pois estou empenhado em muitas buscas honrosas. Eu sou relutante em deixar os deveres da vida, os quais estou cumprindo com lealdade e zelo." Certamente você está ciente de que morrer também é um dos deveres da vida? Você não está abandonando nenhum dever; porque não há um número definido estabelecido que você seja obrigado a completar.

20. Não há vida que não seja curta. Comparado com o mundo da natureza, mesmo a vida de Nestor era curta, ou Sátia,[50] a mulher que mandou esculpir em sua lápide que tinha vivido noventa e nove anos. Algumas pessoas, veja, vangloriam-se de sua longa vida; mas quem poderia ter suportado a velha senhora se ela tivesse tido a sorte de completar seu centésimo ano? É com a vida, como é com uma peça de teatro – não importa por quanto tempo a ação é tecida, mas quão boa é a atuação. Não faz diferença em que ponto você para. Pare quando quiser; apenas providencie que o ato de encerramento seja bem realizado[51].

Mantenha-se Forte. Mantenha-se Bem.

XIII.
SOBRE O PODER CURATIVO DA MENTE

Saudações de Sêneca a Lucílio.

01. Estou desolado por ouvir que é frequentemente incomodado pelo catarro e por crises curtas de febre que o seguem e, particularmente, porque eu mesmo experimentei esse tipo de doença e a desprezei em seus estágios iniciais. Pois quando eu ainda era jovem, eu podia suportar dificuldades e mostrar um semblante ousado para a doença. Mas eu finalmente sucumbi e cheguei a tal estado que não podia fazer nada além de fungar, reduzido a extrema magreza[52].

02. Eu frequentemente debati com o impulso de terminar minha vida; mas a lembrança do meu velho pai me manteve em pé. Pois eu refleti, não como corajosamente eu tinha o poder de morrer, mas quão pouco poder ele teria em suportar corajosamente a minha perda. E assim me mandei viver. Por vezes é um ato de bravura até mesmo viver.

03. Agora vou dizer-lhe o que me consolou nesses dias, afirmando desde o início que estas mesmas ajudas à minha paz de espírito eram tão eficazes quanto a medicina. Consolação honrosa resulta em cura; e tudo o que eleva a alma ajuda o corpo também. Meus estudos foram minha salvação. Eu credito à filosofia que tenha recuperado minhas forças. Devo minha vida à filosofia e essa é a menor das minhas obrigações!

04. Meus amigos também me ajudaram muito a atingir a boa saúde; eu costumava ser confortado por suas palavras animadoras, pelas horas que passavam à minha cabeceira e por sua conversa. Nada, meu excelente Lucílio, refresca e auxilia um doente tanto quanto o afeto de seus amigos; nada mais afasta a expectativa e o medo da morte. Na verdade, eu não podia acreditar que, se eles sobrevivessem a mim, eu deveria morrer. Sim, repito, pareceu-me que eu deveria continuar a viver, não com eles, mas através deles. Imaginei-me a não ceder a minha alma, mas a transferir para eles. Todas essas coisas me deram a disposição de me socorrer e suportar qualquer tortura; além disso, é um estado muito miserável ter perdido o entusiasmo em morrer e não ter nenhum entusiasmo em viver.

05. Esses, então, são os remédios aos quais você deve recorrer. O médico prescreverá seus passeios e seu exercício; ele o advertirá a não se tornar viciado na ociosidade, como é a propensão do inválido inativo; ele ordenará que você leia com mais força e exercite em seus pulmões as passagens e cavidades afetadas; ou a navegar e sacudir suas entranhas por um movimento suave; ele recomendará o alimento apropriado e o momento apropriado para auxiliar sua força com vinho ou abster-se dele a fim reduzir sua tosse. Mas quanto a mim, o meu conselho para você é este – e é uma cura, não apenas desta sua doença, mas para toda a sua vida –, "Despreze a morte". Não há sofrimento no mundo quando escapamos do medo da morte.

06. Há três elementos sérios em cada doença: medo da morte, dor corporal e interrupção dos prazeres. Sobre a morte já foi dito e eu vou acrescentar apenas uma palavra: este medo não é um medo da doença, mas um medo da natureza. Muitas vezes a doença adia a morte e a visão da morte tem sido a salvação de muitos homens.[53] Você vai morrer, não porque você está doente, mas porque você está vivo; mesmo após você ter sido curado, o mesmo fim o espera; quando você se recuperar, não será da morte, mas da má saúde, da qual você escapou.

07. Voltemos agora à consideração da desvantagem característica da doença: é acompanhada por grande sofrimento. O sofrimento, no entanto, é tornado suportável por interrupções; pois a tensão da dor extrema deve chegar ao fim. Nenhum homem pode sofrer severamente e por muito tempo; a natureza, que nos ama com muita ternura, nos constituiu para fazer a dor suportável ou curta.

08. As dores mais severas têm seu assento nas partes mais esbeltas de nosso corpo: nervos, articulações e qualquer outra das passagens estreitas, machucam mais cruelmente quando desenvolvem problemas dentro de seus espaços contraídos. Mas estas partes tornam-se logo entorpecidas e, por causa da própria dor, perdem a sensação de dor, seja porque a força vital, quando enquadrada em seu curso natural e alterada para o pior, perde o poder peculiar por meio do qual prospera e por meio do qual ela nos adverte, ou porque os humores enfermos do corpo, quando deixam de ter um lugar em que possam fluir, são lançados de volta sobre si mesmos e privam de sensação as partes em que causaram a congestão.

09. Tanto a gota, não só nos pés como nas mãos, quanto toda a dor nas vértebras e nos nervos, têm seus intervalos de descanso em momentos em que entorpecem as partes que antes torturaram; as primeiras pontadas, em todos esses casos, são o que causa a angústia, e seu início é determinado por um lapso de tempo, de modo que há um fim na dor quando o entorpecimento se inicia. A dor nos dentes, olhos e ouvidos é mais aguda pelo fato de estar entre os estreitos espaços do corpo, não menos aguda do que na própria cabeça. Mas se é mais violenta do que o habitual, ela se transforma em delírio e estupor.

10. Isto é, por conseguinte, um consolo para a dor excessiva – que você deixará de senti-la se sentir em excesso. A razão, entretanto, pela qual os inexperientes são impacientes quando seus corpos sofrem, é que eles não se habituaram a se contentar em espírito. Eles têm estado intimamente associados com o corpo. Portanto, um homem de mente elevada e sensível separa a alma do corpo e convive com a parte melhor, ou divina, e somente na medida em que é obrigado, com a parte queixosa e frágil.

11. "Mas é uma dificuldade", dizem os homens, "ficar sem os nossos prazeres habituais – jejuar, sentir sede e fome." Estes são realmente graves quando primeiro se abstém deles. Mais tarde o desejo morre, porque os próprios apetites que levam ao desejo se cansam e nos abandonam; então o estômago torna-se petulante, então o alimento pelo qual nós suplicávamos antes se torna odioso. Nossos próprios desejos desaparecem. E não há amargura em ficar sem o que você deixou de desejar.

12. Além disso, toda dor, por vezes, cessa ou de qualquer modo afrouxa; além disso, pode-se tomar precauções contra o seu retorno e, quando ameaça, podemos controlá-la por meio de remédios. Cada variedade de dor tem seus sintomas premonitórios; isso é verdade, principalmente, na dor habitual e recorrente. Podemos suportar o sofrimento que a doença ocasiona, quando consideramos seus resultados com desprezo.

13. Mas não faça por você mesmo as suas angústias mais pesadas, carregando-as de queixas. A dor é ligeira se seu juízo não acrescentou nada; mas

se, por outro lado, você começar a encorajar a si mesmo e dizer: "Não é nada – é um assunto insignificante, mantenha um coração forte e que em breve cessará", em seguida, ao pensar que é leve, você vai torná-la leve. Tudo depende da opinião; ambição, luxo, ganância estão ligados à opinião. É de acordo com a opinião que sofremos.

14. Um homem é tão miserável como se convenceu que seja. Creio que devemos acabar com a queixa sobre os sofrimentos passados e com toda a linguagem como esta: "Ninguém nunca esteve pior do que eu. Que sofrimentos, que males tenho suportado! Ninguém pensa que eu me recuperarei. Minha família lamenta por mim e os médicos desistiram de mim! Homens que são torturados não são despedaçados com tanta agonia!" No entanto, mesmo se tudo isso é verdade, é findo e passou. Que benefício há na revisão de sofrimentos passados e em ser infeliz, só porque uma vez você esteve infeliz? Além disso, todos acrescentam muito aos seus próprios males e contam mentiras para si mesmo. E o que era amargo de suportar é agradável de ter suportado; é natural regozijar-se com o fim dos males. Dois elementos devem ser erradicados de uma vez por todas: o medo do sofrimento futuro e a lembrança do sofrimento passado; já que este último não me preocupa mais e o primeiro não me preocupa ainda.

15. Mas, quando estivermos no meio dos problemas, deveríamos dizer:

| Talvez um dia a lembrança desta tristeza vá até mesmo trazer prazer. | Forsan et haec olim merainisse iuvabit.[54] |

Deixe um homem lutar contra eles com toda a sua força: se uma vez cede, vai ser vencido; mas se luta contra os seus sofrimentos, vencerá. De fato, no entanto, o que a maioria dos homens faz é arrastar em suas próprias cabeças uma ruína que eles deveriam tentar erradicar. Se você começar a retirar seu apoio daquilo que lhe faz avançar, e cambaleará e estará pronto para submergir, a derrota irá seguir você e se apoiar mais pesadamente sobre você; mas se você se mantiver firme e se decidir a revidar, ela será forçada para trás.

16. Que golpes os atletas recebem no rosto e em todo o corpo! No entanto, por seu desejo de fama, eles sofrem cada tortura, e eles sofrem essas coisas não só porque eles estão lutando, mas para poder lutar. Seu próprio treinamento significa tortura. Portanto, deixemos conseguir também o caminho para a vitória em todas as nossas lutas, pois a recompensa não é uma guirlanda, nem um ramo de palmeira, nem um trompetista que pede silêncio ao proclamar nossos nomes, mas sim virtude, firmeza de alma e paz que são ganhas para sempre, se a Fortuna for completamente vencida em qualquer combate. Você diz: "Eu sinto dor severa".

17. O que, então? Você será aliviado de senti-la se você a suportar como uma mulher? Assim como um inimigo é mais perigoso para um exército em retirada, também cada problema que a Fortuna nos traz nos ataca mais ainda se cedermos e virarmos as costas. "Mas o problema é sério." O quê? É para este propósito que somos fortes? Para que tenhamos cargas leves a suportar? Você teria sua doença prolongada ou a faria rápida e curta? Se é longa, significa uma trégua, permite-lhe um período para descansar a si mesmo, concede a você a bênção do tempo em abundância; assim como surge, também deve retroceder. Uma doença curta e rápida fará uma de duas coisas: ela irá saciar-se ou ser extinguida. E que diferença faz se ela não é mais ou eu não o sou? Em ambos os casos, há um fim da dor.

18. Isso, também, ajudará: focar a mente para pensamentos de outras coisas e, assim, afastar-se da dor. Lembre-se de atos honrados ou corajosos que fez; considere o lado bom de sua própria vida. Discorra em sua memória aquelas coisas que você particularmente admirou. Então pense em todos os homens corajosos que superaram a dor: daquele que continuou a ler seu livro enquanto permitiu o corte das veias com varizes; daquele que não cessava de sorrir, embora aquele mesmo sorriso enfurecesse tanto seus torturadores que experimentavam sobre ele todo instrumento de sua crueldade. Se a dor pode ser conquistada por um sorriso, não será conquistada pela razão?

19. Você pode me dizer agora o que você quiser – de resfriados, ataques de tosse que trazem para cima partes de nossas entranhas, febre que enche nossos órgãos vitais, sede, membros tão torcidos que as articulações se projetam em diferentes direções; ainda pior do que estes são

a estaca, a cremalheira, o ferro em brasa, o instrumento que reabre as feridas enquanto as feridas estão ainda inchadas e que impulsiona sua marca ainda mais profundamente. No entanto, houve homens que não pronunciaram gemidos em meio a essas torturas. "Mais ainda!", diz o torturador; mas a vítima não implora por libertação. "Mais ainda!", ele diz novamente; mas nenhuma resposta chega. "Mais ainda." A vítima sorri, e de coração. Você não pode tentar, após um exemplo como este, também zombar da dor?

20. "Mas", objeta, "a minha doença não me permite fazer nada, afastou-me de todos os meus deveres." É o seu corpo que é prejudicado pela má saúde e não a sua alma. É por esta razão que obstrui os pés do corredor e dificulta a obra do sapateiro ou do artesão; mas se sua alma estiver habitualmente em prática, você vai peticionar e ensinar, ouvir e aprender, investigar e meditar. O que mais é necessário? Você acha que não está fazendo nada se possui autocontrole mesmo doente? Você estará mostrando que uma doença pode ser superada ou, de qualquer forma, suportada.

21. Há, asseguro-lhe, um lugar para a virtude mesmo sobre um leito de hospital. Não é só a espada e a frente de batalha que provam a alma alerta e não conquistada pelo medo; um homem pode mostrar bravura mesmo quando envolvido em pijama hospitalar. Você tem algo a fazer: lutar bravamente contra a doença. Se ela não o obrigar a nada, não o seduzir a nada, é um exemplo notável que exibirá. Que grande assunto para a fama, se pudéssemos ter espectadores de nossa doença! Seja seu próprio espectador; busque seus próprios aplausos.

22. Novamente, há dois tipos de prazeres. A doença restringe os prazeres do corpo, mas não acaba com eles. Não. Se a verdade for considerada, serve para excitá-los; porque quanto mais sedento é um homem, mais ele gosta de beber; quanto mais fome ele tem, mais prazer toma na comida. O que quer que se obtenha depois de um período de abstinência, é recebido com maior entusiasmo. O outro tipo, no entanto, os prazeres da mente, que são maiores e menos incertos, nenhum médico pode recusar ao doente. Quem procura estes e sabe bem o que são, despreza todos os prazeres dos sentidos.

23. Os homens dizem: "Pobre companheiro doente!" Mas por quê? É porque ele não mistura neve com o seu vinho ou porque ele não reaviva o frio de sua bebida, misturado como está, em uma tigela de bom tamanho com lascas de gelo? Ou porque não tem ostras frescas do Lago de Lucrino[55] abertas à sua mesa? Ou porque não há nenhum barulho de cozinheiros em sua sala de jantar, pois eles trazem em seu aparelho de cozinha junto com seus mantimentos? Pois o luxo já inventou essa moda: de levar a cozinha para acompanhar o jantar, para que a comida não fique morna ou não seja insuficientemente quente para um paladar já endurecido pelo mimo.

24. "Pobre doente!" Ele vai comer tanto quanto pode digerir. Não haverá javali diante de seus olhos, banido da mesa como se fosse uma carne comum; e no seu aparador não haverá amontoado nenhum de carne de peito de pássaros, porque o enoja ver pássaros servidos inteiros. Mas que mal lhe foi feito? Você vai jantar como um homem doente, ou às vezes, como um homem sadio.

25. Todas estas coisas, no entanto, podem ser facilmente suportadas – o mingau, a água morna e qualquer outra coisa que parece insuportável para um homem exigente, para quem está chafurdando no luxo, doente na alma e não no corpo – se apenas deixarmos de estremecer com a morte. E deixaremos, apenas quando tivermos adquirido o conhecimento dos limites do bem e do mal; então, e só então, a vida não nos cansará, nem a morte nos fará temer.

26. Porque o excesso de si mesmo nunca pode aproveitar uma vida que avalia todas as coisas que são múltiplas, grandes, divinas. Só o ócio inútil costuma fazer os homens odiarem suas vidas. Para aquele que percorre o universo, a verdade nunca pode esmorecer; serão as inverdades que irão enfastiar.

27. E, por outro lado, se a morte se aproxima com seu chamado, mesmo que intempestivo em sua chegada, mesmo cortado em seu primor, um homem já provou o gosto de tudo o que uma vida mais longa poderia dar. Tal homem, em grande medida, chegou a compreender o universo. Ele sabe que as coisas honrosas não dependem do tempo para o seu crescimento; mas qualquer vida deve parecer curta para aqueles que medem seu comprimento por prazeres que são vazios e por isso, sem limites.

28. Refresque-se com pensamentos como estes e, entretanto, reserve algumas horas para nossas cartas. Chegará um tempo em que nos uniremos novamente; por mais curto que este tempo possa ser, vamos fazê-lo longo, sabendo como empregá-lo. Pois, como afirma Posidônio: "Um só dia entre os sábios dura mais do que a vida mais longa dos ignorantes".

29. Enquanto isso, agarre-se a este pensamento e abrace-o de perto: não ceda à adversidade; não confie na prosperidade; mantenha diante de seus olhos todo o alcance do poder da Fortuna, como se ela certamente fosse fazer tudo o que pode fazer. Aquilo que há muito tempo se espera vem mais suavemente.

Mantenha-se Forte. Mantenha-se Bem.

XIV.
SOBRE AS RECOMPENSAS DA PESQUISA CIENTÍFICA

Saudações de Sêneca a Lucílio.

01. Tenho aguardado uma carta sua, em que me informasse da novidade revelada durante a sua viagem ao redor da Sicília e sobretudo para me dar mais informações sobre a própria Caríbdis.[56] Eu sei muito bem que Cila é uma rocha – e de fato uma rocha não temida pelos marinheiros; mas no que diz respeito a Caríbdis, gostaria de ter uma descrição completa, para ver se ela concorda com os relatos da mitologia; e se você tem por acaso investigado (pois é realmente digno de sua investigação), por favor me esclareça sobre o seguinte: ela é açoitada em um redemoinho constante causado por vento de uma única direção ou todas as tempestades servem para perturbar a sua profundidade? É verdade que os objetos arrastados para baixo pelo redemoinho nesse estreito são transportados por muitos quilômetros debaixo de água e então chegam à superfície na praia perto de Taormina?[57]

02. Se você me escrever um relato completo desses assuntos, então terei a ousadia de pedir-lhe para executar outra tarefa – também para subir o Etna[58], a meu pedido especial. Certos naturalistas inferiram que a montanha está se esgotando e gradualmente diminuindo, porque os marinheiros costumavam vê-la a partir de uma maior distância. A razão para isto pode ser, não que a altura da montanha esteja diminuindo, mas porque as chamas se tornaram mais fracas e as erupções menos fortes e copiosas e porque, pela mesma razão, a fumaça também é menos ativa durante o dia. Entretanto, em qualquer uma destas duas coisas é possível acreditar: que por um lado a montanha está decrescendo porque é consumida dia a dia e que, por outro lado, permanece do mesmo tamanho porque a montanha não está se devorando, mas, em vez disso, a matéria que a faz ferver se reúne em algum vale subterrâneo e é alimentada por outro material, encontrando na montanha não o alimento que ela requer, mas simplesmente uma passagem.

03. Há um lugar bem conhecido na Lícia[59] – chamado pelos habitantes "Heféstion" – onde o chão está cheio de buracos em muitos lugares e é cercado por um fogo inofensivo, que não prejudica as plantas que crescem lá. Daí que o lugar seja fértil e exuberante em crescimento, porque as chamas não queimam, mas simplesmente brilham com uma força suave e fraca.

04. Mas adiemos esta discussão e examine o assunto quando você me der uma descrição de quão distante a neve está da cratera – quero dizer, a neve que não derrete mesmo no verão, tão segura que está do fogo adjacente. Mas não há motivo para que você cobre este trabalho em minha conta; pois você está prestes a satisfazer sua própria mania de escrever bem, sem incumbência de ninguém.

05. Não, o que posso oferecer-lhe senão apenas descrever o Etna em seu poema e tocar ligeiramente em um tópico que é uma questão de ritual para todos os poetas? Ovídio não pôde ser impedido de usar este tema simplesmente porque Virgílio já o havia coberto inteiramente; nem nenhum desses escritores assustou Cornélio Severo. Além disso, o tema tem servido a todos com resultados felizes e aqueles que foram antes me parecem não ter antecipado tudo o que poderia ser dito, mas apenas ter aberto o caminho.

06. Faz muita diferença se você se aproxima de um assunto que foi esgotado ou um que foi simplesmente aludido; neste último caso, o tópico cresce dia a dia e o que já foi descoberto não impede novas descobertas. Além disso, quem escreve o último tem o melhor do negócio; ele encontra já à mão as palavras que, quando empacotadas de uma maneira diferente, mostram um novo rosto. E não os está roubando, como se pertencessem a outra pessoa, quando os usa, porque são propriedade comum a todos.

07. Agora, se o Etna não faz a sua boca salivar, eu estou equivocado com você. Há algum tempo que você deseja escrever algo no estilo grandioso e no nível da velha escola. Pois a sua modéstia não lhe permite elevar suas esperanças; essa sua qualidade é tão pronunciada que, para mim, é provável que reduza a força de sua capacidade natural, como se houvesse qualquer perigo em superar os outros. É assim que você reverencia os antigos mestres.

08. A sabedoria tem esta vantagem, entre outras, que nenhum homem pode ser superado por outro, exceto durante a escalada. Mas quando você chega ao topo, é um empate; não há espaço para mais subida, o jogo acabou. Pode o sol adicionar ao seu tamanho? A lua pode avançar além de sua plenitude habitual? Os mares não aumentam a granel. O universo mantém o mesmo caráter, os mesmos limites.

09. As coisas que atingiram a sua plena estatura não podem crescer mais. Os homens que alcançaram a sabedoria serão, portanto, iguais e em pé de igualdade. Cada um deles possuirá seus próprios dons peculiares, um será mais afável, outro mais fácil, outro mais pronto de fala, um quarto mais eloquente; mas no que diz respeito à qualidade em discussão, o elemento que produz felicidade, todos eles serão iguais.

10. Não sei se este Etna seu pode desabar e cair em ruínas, se sua cúpula elevada, visível por muitos quilômetros do alto-mar, é desgastada pelo poder incessante das chamas; mas sei que a virtude não será reduzida a um plano inferior por chamas ou por ruínas. Sua é a única grandeza que não conhece rebaixamento; não pode haver para ela mais crescimento ou redução. Sua estatura, como a das estrelas no céu, é fixa. Por isso, esforçamo-nos por elevar-nos a esta altitude.

11. Já grande parte da tarefa foi cumprida; ou melhor, se eu puder confessar a verdade, não muito. Pois o bem não significa meramente ser melhor do que o mais baixo. Quem que pudesse pegar senão um mero vislumbre da luz do dia teria orgulho de seus poderes de visão? Quem vê o sol brilhar através de uma névoa pode estar contente por ter escapado das trevas, mas ainda não desfruta da bênção da luz.

12. Nossas almas não terão razão para se regozijar de sua sorte até que, libertadas desta escuridão em que elas tateiam, não tenham apenas vislumbrado o brilho com a visão fraca, mas tenham absorvido a plena luz do dia e tenham sido restauradas em seu lugar no céu – até que, de fato, elas recuperem o lugar que ocuparam na atribuição de seu nascimento. A alma é convocada para cima pela sua própria origem. E alcançará esse objetivo antes mesmo de ser libertada da prisão aqui embaixo, assim que tiver rejeitado o pecado e, com pureza e leveza, tiver saltado para os reinos celestiais do pensamento.

13. Alegra-me, amado Lucílio, que este ideal nos ocupe, que o persigamos com todas as nossas forças, ainda que poucos, ou até ninguém, o saiba. A fama é a sombra da virtude; ela atenderá à virtude mesmo contra sua vontade. Porém, como a sombra às vezes precede e às vezes segue ou até mesmo se atrasa, a fama algumas vezes nos precede e se mostra à vista e às vezes está na retaguarda e é tanto maior quanto mais tarde chegar, uma vez que a inveja bata em retiro.

14. Por quanto tempo os homens acreditavam que Demócrito estava louco? A glória mal chegou a Sócrates. E quanto tempo permanecemos ignorando Catão! Eles o rejeitaram e não conheceram o seu valor até o perderem. Se Rutílio não se tivesse resignado a errar, sua inocência e virtude teriam escapado notícia; a hora de seu sofrimento foi a hora de seu triunfo. Ele não deu graças por sua Fortuna e acolheu seu exílio com os braços abertos? Já mencionei até agora aqueles a quem a Fortuna trouxe renome no próprio momento da perseguição, mas quantos são aqueles cujo progresso em direção à virtude veio à luz somente após sua morte! E quantos foram arruinados, não resgatados, por sua reputação?

15. Há Epicuro, por exemplo. Como é admirado, não só pelos mais cultos, mas também por esta turba ignorante. Este homem, entretanto, era desconhecido por Atenas. E assim, quando já havia sobrevivido por muitos anos, seu amigo Metrodoro acrescentou em uma carta estas últimas palavras, proclamando com gratidão a amizade que havia existido entre eles: "Tão grandiosamente abençoados fomos Metrodoro e eu que não houve nenhum prejuízo para nós sermos desconhecidos e quase não percebidos, nesta famosa terra da Grécia".

16. Não é verdade, então, que os homens os descobriram depois de terem cessado de ser? Por acaso a sua fama não brilhou? Metrodoro também admite esse fato em uma de suas cartas: que Epicuro e ele não eram bem conhecidos do público; mas ele declara que, após a vida de Epicuro e de sua própria, qualquer homem que pudesse querer seguir seus passos ganharia grande e pronto renome.

17. A virtude nunca passa despercebida, mas, se passar, isso em nada a diminui. Chegará um dia em que será revelada, mesmo escondida ou reprimida pelo despeito de seus contemporâneos. Quem só pensa nas pessoas de sua própria geração, nasce apenas para alguns. Muitos milhares de anos e milhares de povos virão após você: é a estes que você deve ter consideração. A Maldade pode ter imposto silêncio sobre a boca de todos os que estavam vivos em sua época; mas haverá homens que o julgarão sem preconceitos e sem favores. Se há alguma recompensa que a virtude recebe das mãos da fama, nem mesmo isso pode expirar. Nós mesmos, de fato, não seremos afetados pela conversa da posteridade, todavia a posteridade nos acalentará e nos celebrará, embora não possamos mais ter consciência disso.

18. A virtude nunca falhou em recompensar um homem, tanto durante a sua vida como depois da sua morte, desde que o homem a tenha seguido fielmente, desde que não se tenha enfeitado ou pintado a si próprio, mas tenha sido sempre o mesmo, quer tenha aparecido perante os olhos dos homens depois de ser anunciada ou de repente e sem preparação. O fingimento não realiza nada. Poucos são enganados por uma máscara que é facilmente retirada do rosto. A verdade é a mesma em cada parte. As coisas que nos enganam não têm substância real. Mentiras são coisas franzinas; elas são transparentes se você as examinar com cuidado.

Mantenha-se Forte. Mantenha-se Bem.

XV.
SOBRE DECEPÇÕES MUNDANAS

Saudações de Sêneca a Lucílio.

01. Hoje eu tenho algum tempo livre, graças não tanto a mim, mas sim aos jogos, que atraíram todos os chatos para a luta de boxe[60]. Ninguém vai me interromper ou perturbar o trem de meus pensamentos, que irá em frente com mais ousadia como resultado da minha própria confiança. A minha porta não tem continuamente rangido em suas dobradiças nem minha cortina tem sido puxada para o lado; meus pensamentos podem marchar com segurança, e isso é tanto mais necessário para quem é independente e segue seu próprio caminho. Posso então não seguir antecessores? Sim, mas me permito descobrir algo novo, alterar, rejeitar. Eu não sou um escravo deles, embora eu lhes dê minha aprovação.

02. E, no entanto, essa foi uma palavra muito ousada que eu falei quando me assegurei de que deveria ter um pouco de aposentadoria tranquila e ininterrupta. Pois bem, uma grande ovação vem do estádio e, enquanto isso não me deixa distraído, muda meu pensamento para um contraste sugerido por este mesmo barulho. Quantos homens, digo a mim mesmo, treinam seus corpos e quão poucos treinam suas mentes! Que multidões se reúnem aos jogos, espúrios como são e dispostas apenas para o passatempo; e que solidão reina onde as artes boas são ensinadas! Como são imbecis os atletas cujos músculos e ombros nós admiramos!

03. A questão que eu mais pondero é a seguinte: se o corpo pode ser treinado a tal grau de resistência que vai suportar os golpes e chutes de vários oponentes de uma só vez e em tal grau que um homem pode durar o dia e resistir ao sol escaldante no meio da poeira ardente, encharcado todo o tempo com seu próprio sangue – se isso pode ser feito, quanto mais facilmente a mente poderia ser fortalecida para que pudesse receber os golpes da Fortuna e não ser conquistada, para que pudesse lutar novamente depois de ser derrubada, depois que foi pisada e espezinhada? Pois, embora o corpo precise de muitas coisas para ser forte, a mente cresce de dentro, dando-se nutrição e exercício. Os atletas de lá devem ter comida abundante, farta bebida, quantidades copiosas de óleo e longo treinamento também; mas você pode adquirir virtude sem equipamento e sem despesas. Tudo o que vai fazer de você um homem bom está dentro de você.

04. E o que você precisa para se tornar bom? Basta desejar. Mas que melhor coisa você poderia desejar do que romper com essa escravidão, uma escravidão que nos oprime a todos, uma escravidão que até mesmo nossas menores propriedades, nascidas em meio a tal degradação, se esforçam de toda maneira possível para nos despojar? Em troca da liberdade, eles entregam economias que rasparam enganando suas próprias barrigas; você não estará ansioso para alcançar a liberdade a qualquer preço, visto que você a reivindica como seu direito de primogenitura?

05. Por que lança olhares em direção a sua caixa-forte? A liberdade não pode ser comprada. Portanto, é inútil entrar em seu livro-razão o item de "Liberdade", pois a liberdade não é possuída nem por aqueles que a compraram nem por aqueles que a venderam. Você deve dar este bem a si mesmo e buscá-lo por si próprio. Antes de tudo, liberte-se do medo da morte, pois a morte põe a cangalha[61] sobre nosso pescoço; então, liberte-se do medo da pobreza.

06. Se você soubesse quão pouco mal há na pobreza; compare o rosto dos pobres com o dos ricos; o homem pobre sorri com mais frequência e mais genuinamente; seus problemas não vão em profundidade; mesmo que alguma ansiedade vá de encontro a ele, passa como uma nuvem agitada. Mas a alegria daqueles a quem os homens chamam de feliz é fingida, enquanto sua tristeza é pesada e supurada, e mais pesada porque eles não podem, entretanto, exibir sua tristeza, mas devem fingir o papel da felicidade no meio das aflições que devoram seus próprios corações.

07. Muitas vezes me sinto chamado a usar a seguinte ilustração e parece-me que nada expressa mais eficazmente este drama da vida humana, onde nos são atribuídas as partes que devemos desempenhar tão mal. Lá está o homem que atua no palco com esplêndido estilo de vida e a cabeça jogada para trás e diz:

Ei! Eu sou aquele a quem Argos chama de senhor, a quem Pélope deixou terras que se espalham Do Helesponto[62] e do mar Jônico até o estreito Ístmico.	En impero Argis; regna mihi liquit Pelops, Qua ponto ab Helles atque ab Ionio mari Urgetur Isthmos.[63]

E quem é esse homem? Ele é apenas um escravo; seu salário é de cinco medidas de grãos e cinco denários.[64]

08. Acolá outro que, orgulhoso e rebelde e empolado pela confiança em seu poder, declama:

Paz, Menelau,[65] ou esta mão te matará!	Quod nisi quieris, Menelae, hac dextra occides,

Recebe uma miséria diária e dorme em trapos. Você pode falar da mesma maneira sobre todos estes fanfarrões que você vê em liteiras acima das cabeças dos homens e acima da multidão; em todos os casos, sua felicidade é vestida como a máscara do ator. Rasgue-a e você vai desprezá-los.

09. Quando você compra um cavalo, você pede que seu cobertor seja removido; você tira as roupas dos escravos que são anunciados para venda, de modo que nenhuma falha corporal possa escapar a sua observação; se você julgar um homem, você o julga quando está envolvido em um disfarce? Os negociantes de escravos escondem sob algum tipo de adorno qualquer defeito que possa ofender e, por essa razão, os próprios ornamentos despertam a suspeita do comprador. Se você avista uma perna ou um braço que está amarrado em panos, você exige que ele seja desnudado e que o próprio corpo seja revelado a você.

10. Você vê aquele rei da Cítia ou da Sármata com a cabeça adornada com o distintivo de seu ofício? Se você desejar ver o que ele vale e saber o seu valor total, tire a sua coroa; muito mal se esconde debaixo dela. Mas por que eu falo dos outros? Se você deseja definir um valor em si mesmo, coloque de lado seu dinheiro, suas propriedades, suas honrarias e olhe para sua própria alma. No momento, você está tomando a palavra dos outros pelo que você é.

Mantenha-se Forte. Mantenha-se Bem.

XVI.
SOBRE BENEFÍCIOS E SUA RETRIBUIÇÃO[66]

Saudações de Sêneca a Lucílio.

01. Você se queixa de ter se encontrado com uma pessoa ingrata. Se esta é a sua primeira experiência desse tipo, você deve agradecer à sua boa sorte ou à sua cautela. Neste caso, entretanto, o cuidado não pode fazer nada além de torná-lo pouco generoso. Pois se quiser evitar tal perigo, não vai conferir benefícios; e assim, para que os benefícios não se percam com outro homem, eles serão perdidos para você mesmo. É melhor, porém, não obter nenhum retorno do que não conferir benefícios. Mesmo depois de uma colheita ruim deve-se semear de novo; pois muitas vezes as perdas devidas à aridez contínua de um solo improdutivo são compensadas por um ano de fertilidade.

02. Para descobrir uma pessoa grata, vale a pena testar muitos ingratos. Nenhum homem tem uma mão tão infalível quando confere benefícios que ele não seja frequentemente enganado; é bom para o viajante vaguear, pois assim ele pode abrir novos caminhos. Depois de um naufrágio, os marinheiros tentam o mar novamente. O banqueiro não é espantado para longe do fórum pelo vigarista. Se alguém fosse obrigado a abandonar tudo o que causa problemas, a vida logo ficaria enfadonha em meio à ociosidade indolente; mas no seu caso esta situação pode levá-lo a se tornar mais caridoso. Pois quando o resultado de qualquer empreendimento é incerto, deve-se tentar novamente e novamente, a fim de se ter sucesso em última instância.

03. Contudo, discuti o assunto com suficiente plenitude nos volumes que escrevi, intitulados "Sobre os Benefícios".[67] O que eu acho que deve, principalmente, ser investigado é isto – um ponto em que sinto não ter sido suficientemente claro: "Se aquele que nos ajudou, quitou a conta liberando-nos de nossa dívida, ao nos fazer mal mais tarde". Você pode

adicionar esta pergunta também, se quiser: "Quando o dano feito mais tarde é maior do que a ajuda prestada anteriormente".

04. Se você está procurando a decisão formal e justa de um juiz rigoroso, verá que ele examina um ato pelo outro, e declara: "Embora as lesões superem os benefícios, no entanto, devemos dar um crédito maior aos benefícios mesmo depois da lesão". O dano causado foi realmente maior, mas o ato útil foi feito primeiro. Daí o tempo também deve ser levado em conta.

05. Outros casos são tão claros que eu não preciso lembrá-lo que deve também olhar pontos como: de quão bom grado a ajuda foi oferecida e como relutantemente o dano foi feito – já que benefícios, bem como lesões, dependem do espírito. "Eu não queria conferir o benefício, mas fui conquistado pelo meu respeito ao homem ou pela importunidade do seu pedido ou pela esperança."

06. Nosso sentimento sobre cada obrigação depende, em cada caso, do espírito no qual o benefício é conferido. Nós não pesamos a maior parte da oferta, mas a qualidade da boa vontade que a incitou. Então, vamos acabar com a adivinhação; a ação anterior era um benefício e a última, que transcendia o benefício anterior, é uma lesão. O homem bom organiza assim os dois lados de seu livro de registro no qual ele voluntariamente se ilude, adicionando ao benefício e subtraindo da lesão. O mais indulgente magistrado, no entanto (e eu prefiro ser tal), vai nos pedir para esquecer a lesão e lembrar o benefício.

07. "Mas certamente", diz você, "é papel da justiça dar a cada um o que é seu devido: dar graças em troca de um benefício e castigo, ou ao menos má vontade, em troca de um prejuízo!". Isto, eu digo, será verdadeiro quando um homem tenha infligido a injúria e outro homem diferente tenha conferido o benefício; pois se for o mesmo homem, a força da lesão é anulada pelo benefício conferido. Na verdade, um homem que deve ser perdoado, embora não tenha boas obras creditadas a ele no passado, deve receber algo mais do que mera clemência se comete um erro quando tem um benefício a seu crédito.

08. Eu não estabeleço um valor igual em benefícios e lesões. Eu considero um benefício com uma taxa mais alta do que uma lesão. Nem todas as pessoas gratas sabem o que implica estar em dívida por um benefício;

mesmo um sujeito insensato, bruto, um da multidão comum, pode saber, especialmente logo após receber o benefício; mas ele não sabe quão profundamente está em dívida por isso. Somente o sábio sabe exatamente que valor deve ser colocado em tudo; para o tolo que acabei de mencionar, não importa quão boas as suas intenções possam ser, ou paga menos do que deve, ou paga no momento errado, ou no lugar errado. Aquilo pelo que deveria retribuir, ele desperdiça e perde.

09. Há uma fraseologia maravilhosamente precisa aplicada a certos assuntos, uma terminologia estabelecida há muito tempo, que indica certos atos por meio de símbolos que são mais eficientes e que servem para delinear os deveres dos homens. Nós, como você sabe, costumamos falar assim: "A fez uma retribuição pelo favor concedido por B." Fazer uma retribuição significa entregar por sua própria conta o que você deve. Não dizemos: "Ele reembolsou o favor"; pois "reembolsar" é usado para um homem sobre quem uma exigência de pagamento é feita: daqueles que pagam contra a sua vontade daqueles que pagam em circunstância qualquer e daqueles que pagam através de um terceiro. Não dizemos: "Ele restaurou o benefício", ou "acertou a conta"; nós nunca ficamos satisfeitos com uma palavra que se aplica adequadamente a uma dívida de dinheiro.

10. Fazer uma retribuição significa oferecer algo a quem havia lhe dado algo. A frase implica um retorno voluntário. O sábio investigará em sua mente todas as circunstâncias: quanto ele recebeu, de quem, quando, onde, como. E assim declaramos que ninguém, a não ser o sábio, sabe como retribuir um favor; além disso, só o sábio sabe conferir um benefício, aquele homem, quero dizer, que goza do "dar" mais do que o destinatário goza do recebimento.

11. Agora, alguém considerará essa observação como uma das declarações geralmente surpreendentes, como nós, os estoicos, costumamos fazer e como os gregos chamam de "paradoxos", e dirão: "Você sustenta, então, que só o sábio sabe como devolver um favor? Você sustenta que ninguém mais sabe como fazer a restauração de um credor para uma dívida? Ou, ao comprar uma mercadoria, pagar o valor real para o vendedor?" A fim de não trazer qualquer ódio sobre mim, deixe-me dizer-lhe que Epicuro diz a mesma coisa. De qualquer modo, Metrodoro observa que só o homem sábio sabe como devolver um favor.

12. Mais uma vez, o antagonista mencionado acima se maravilha com nossa afirmação: "Somente o homem sábio sabe amar, só o homem sábio é um verdadeiro amigo". No entanto, é uma parte do amor e da amizade devolver favores; além disso, é um ato comum, e acontece com mais frequência do que a amizade real. Novamente, este mesmo antagonista se surpreende com nossa colocação: "Não há lealdade senão no homem sábio", como se ele mesmo não dissesse a mesma coisa! Ou você acha que há alguma lealdade naquele que não sabe como devolver um favor?

13. Esses homens, portanto, devem deixar de nos desacreditar, como se estivéssemos proferindo uma vanglória impossível; eles devem entender que a essência da honra reside no homem sábio, enquanto entre a multidão encontramos apenas o espectro e a semelhança de honra. Ninguém, exceto o homem sábio, sabe como devolver um favor. Até um tolo pode devolvê-lo em proporção ao seu conhecimento e ao seu poder; sua falta seria uma falta de sabedoria e não uma falta da vontade ou do desejo. A vontade não vem pelo ensino.

14. O sábio comparará todas as coisas umas com as outras; pois o mesmo objeto se torna maior ou menor, de acordo com o tempo, o lugar e a causa. Muitas vezes, as riquezas que são gastas em profusão em um palácio podem não realizar tanto quanto mil denários dados no momento certo. Agora, faz muita diferença se você dá sem qualquer reserva ou se vem à assistência de um homem; se a sua generosidade o salva ou o direciona na vida. Muitas vezes o donativo é pequeno, mas as consequências, grandes. E que distinção você imagina que existe entre tomar algo de que carecemos – algo que foi oferecido – e receber um benefício a fim de conferir outro em troca?

15. Mas não devemos voltar ao assunto que já investigamos suficientemente. Neste equilíbrio de benefícios e lesões, o bom homem, com certeza, julgará com o mais alto grau de justiça, mas inclinará para o lado do benefício; ele se voltará mais rapidamente nessa direção.

16. Além disso, em casos deste tipo, a pessoa em questão costuma contar muito. Os homens dizem: "Você me concedeu um benefício em relação ao escravo, mas você me feriu no caso de meu pai." Ou: "Você salvou meu filho, mas me roubou um pai". Da mesma forma, ele vai acompanhar todos os outros assuntos em que as comparações podem ser feitas e, se a diferença é muito leve, ele vai fingir não a notar. Mesmo que a diferença seja grande, contudo, se a concessão pode ser feita sem prejuízo do dever e da lealdade, nosso bom homem ignorará isso, desde que a lesão afete exclusivamente o próprio homem bom.

17. Resumindo, a questão está assim: o homem bom será flexível em alcançar um equilíbrio; ele vai permitir que muito seja colocado contra o seu crédito. Ele não estará disposto a pagar um benefício contrabalanceando uma lesão. O lado em que ele se inclinará, a tendência que ele exibirá, é o desejo de estar sob as obrigações do favor, e o desejo de retribuir por isso. Pois qualquer um que receba um benefício mais alegremente do que o retribua está em erro. Tanto quanto aquele que paga é mais alegre do que aquele que pede emprestado, por tanto deve ser mais alegre aquele que se desembaraça da maior dívida – um benefício recebido – do que aquele que incorre nas maiores obrigações.

18. Pois os homens ingratos cometem erros também neste aspecto: eles têm de pagar aos seus credores capital e juros, mas eles pensam que benefícios são moeda que podem usar sem juros. Assim, as dívidas crescem através do adiamento e quanto mais tarde a ação é realizada, mais permanece a ser pago. Um homem é um ingrato se paga um favor sem juros. Portanto, os juros também devem ser ponderados, quando comparar suas receitas e suas despesas.

19. Devemos tentar por todos os meios ser o mais grato possível. Pois a gratidão é uma coisa boa para nós mesmos, num sentido em que a justiça, que comumente é tida como preocupada com as outras pessoas, não é. A gratidão retorna em grande medida a si mesma. Não há um homem que, quando tenha beneficiado o seu próximo, não se tenha beneficiado – não quero dizer que quem você ajudou desejará ajudá-lo, ou que aquele que você defendeu desejará proteger você, ou que um exemplo de boa conduta retorne em círculo para beneficiar o executor, assim como exemplos de má conduta retrocedem sobre seus autores e como os homens não sentem piedade se sofrem injustiças que eles mesmos demonstraram a possibilidade de cometer, mas que a recompensa por todas as virtudes está nas próprias virtudes. Pois elas não são praticadas com vista a recompensa; o prêmio de uma boa ação é tê-la praticado.

20. Sou grato, não para que meu vizinho, provocado pelo ato de bondade anterior, esteja mais pronto a me beneficiar, mas simplesmente para que eu possa realizar um ato muito agradável e belo; sinto-me grato, não porque me beneficie, mas porque me agrada. E, para provar a verdade disto a você, eu declaro que mesmo que eu não possa ser grato sem parecer ingrato, mesmo que eu possa manter um benefício somente por um ato que se assemelhe a uma ofensa; ainda assim, esforçar-me-ei na mais absoluta calma de espírito para o propósito que a honra exige, no meio da desgraça. Ninguém, eu penso, julga melhor a virtude ou é mais devotado à virtude do que aquele que perde a reputação de ser um bom homem para não perder a aprovação de sua consciência.

21. Assim, como eu disse, seu ser grato é mais propício ao seu próprio bem do que ao bem do seu próximo. Pois, enquanto o seu vizinho tem uma experiência cotidiana e banal, ou seja, receber de volta o presente que ele havia concedido, você teve uma grande experiência que é o resultado de uma condição de alma totalmente feliz, ter sentido gratidão. Pois se a maldade torna os homens infelizes e a virtude torna os homens abençoados, e se é uma virtude ser grato, então o retorno que você fizer é apenas o costume habitual, mas a coisa que você alcança é inestimável, a consciência da gratidão, que só vem à alma que é divina e abençoada. O sentimento oposto a isso, porém, é imediatamente acompanhado pela maior infelicidade; nenhum homem, se for ingrato, será infeliz só no futuro. Não lhe concedo nenhum dia de graça; ele será infeliz imediatamente.

22. Evitemos, portanto, ser ingratos, não por causa dos outros, mas por nós mesmos. Quando fazemos o mal, somente a parcela menor e mais leve flui para o nosso próximo; o pior e, se eu posso usar o termo, a parte mais densa dele fica em casa e causa problemas para o proprietário. Meu mestre Átalo[68] costumava dizer: "O próprio mal bebe a maior parte de seu próprio veneno". O veneno que as serpentes carregam para a destruição de outros e secretam sem dano a si mesmas não é como este veneno; pois este tipo é ruinoso para o possuidor.

23. O homem ingrato tortura-se e atormenta-se; ele odeia os presentes que aceitou, porque deve fazer uma retribuição por eles, e ele tenta diminuir seu valor, mas realmente amplia e exagera as lesões que recebeu.

E o que é mais miserável do que um homem que esquece seus lucros e se apega a seus prejuízos? A sabedoria, por outro lado, concede graça a todos os benefícios e, por sua própria vontade, recomenda-os a seu favor e deleita sua alma pela lembrança contínua deles.

24. Os homens maus têm somente um prazer nos benefícios, e um prazer muito curto nisso; só dura enquanto os recebe. Mas o sábio deriva deles uma alegria permanente e eterna. Pois não se compraz tanto no presente como também em tê-lo recebido; e esta alegria nunca perece; ela permanece com ele sempre. Ele despreza os erros contra ele; ele os esquece, não de forma acidental, mas voluntariamente.

25. Ele não põe uma intenção maldosa sobre tudo ou procura alguém que possa responsabilizar por cada acontecimento; ele atribui até mesmo os pecados dos homens ao acaso. Ele não interpretará mal uma palavra ou um olhar; ele faz a luz de todos os percalços, interpretando-os de uma forma generosa. Ele não se lembra de uma lesão em lugar de um serviço. Tanto quanto possível, ele deixa sua memória descansar sobre a ação anterior e melhor, nunca mudando sua atitude para com aqueles que quiseram o seu bem, exceto nas situações onde os maus atos se distanciam muito do bem e o espaço entre eles é óbvio até mesmo para aquele que fecha os olhos para ele; mesmo assim, até este ponto, ele se esforça, depois de ter recebido o dano preponderante, para retomar a atitude que manteve antes de receber o benefício. Pois quando a lesão simplesmente é igual ao benefício, certa quantidade de sentimento agradável resta.

26. Assim como um réu é absolvido quando os votos são iguais e assim como o espírito de bondade sempre tenta dobrar todo caso duvidoso para a interpretação mais bondosa, assim também a mente do sábio, quando os méritos de outro meramente igualam seus maus atos, deixará, com certeza, de se sentir obrigado, mas não deixará de desejar senti-lo, e age precisamente como o homem que paga suas dívidas mesmo depois de terem sido legalmente canceladas.

27. Mas ninguém pode ser grato a menos que tenha aprendido a desprezar as coisas que levam a multidão comum à distração; se você deseja retribuir um favor, você deve estar disposto a ir para o exílio – ou derramar seu sangue ou sofrer a pobreza, ou –, e isso vai acontecer com frequência

– até mesmo a deixar a sua própria inocência ser manchada e exposta a calúnias vergonhosas. Não é nenhum preço baixo que um homem deve pagar para ser grato.

28. Nós não consideramos nada mais caro do que um benefício, enquanto estivermos buscando um; não consideramos nada mais barato depois que o recebemos. Você pergunta o que é que nos faz esquecer os benefícios recebidos? É a nossa cobiça extrema por receber outros. Consideramos não o que obtivemos, mas o que estamos a procurar. Somos desviados do curso certo por riquezas, títulos, poder e tudo o que é valioso em nossa opinião, mas desprezível quando avaliado em seu valor real.

29. Não sabemos como ponderar os assuntos; devemos nos aconselhar sobre eles, não por sua reputação, mas por sua natureza; essas coisas não possuem grandeza para encantar nossa mente, exceto pelo fato de que nos acostumamos a nos maravilhar com elas. Pois não são louvadas porque devem ser desejadas, mas são desejadas porque foram louvadas; e quando o erro de indivíduos cria erro por parte do público, então o erro público continua a criar erro por parte dos indivíduos.

30. Mas, assim como assumimos cegamente tais estimativas de valor, então assumamos cegamente esta verdade de que nada é mais honrado do que um coração grato. Esta frase será ecoada por todas as cidades e por todas as raças, mesmo por aqueles de países selvagens. Sobre este ponto – bons e maus concordam.

31. Alguns elogiam o prazer, alguns preferem o trabalho; alguns dizem que a dor é o maior dos males, alguns dizem que não é mal algum; alguns incluirão riquezas no Bem Supremo, outros dirão que sua descoberta significou dano à raça humana e que ninguém é mais rico do que aquele a quem a Fortuna não encontrou nada para dar. Em meio a toda essa diversidade de opinião, todos os homens, ainda com uma só voz, como diz o ditado, votam "sim" para a proposição de que devemos retribuir àqueles que desejaram bem de nós. Sobre esta questão a multidão comum, rebelde como é, concorda integralmente, mas no presente continuamos a retribuir lesões em vez de benefícios e a principal razão pela qual um homem é ingrato, é que ele achou impossível ser suficientemente grato.

32. Nossa loucura é tão ampla que é uma coisa muito perigosa conferir grandes benefícios a uma pessoa; pois só porque ele pensa que é vergonhoso não pagar, então ele não deixará vivo ninguém a quem ele deva pagar. "Guarde para si mesmo o que você recebeu, eu não o peço de volta – eu não o exijo, fique seguro de ter conferido um favor." Não há pior ódio do que aquele que brota da vergonha da profanação de um benefício.

Mantenha-se Forte. Mantenha-se Bem.

XVII.
SOBRE O MEDO NATURAL DA MORTE

Saudações de Sêneca a Lucílio.

01. Já deixei de estar ansioso por você. "Quem então dentre os deuses", você pergunta, "você encontrou como fiador?" Um deus, deixe-me dizer-lhe, que não engana ninguém – uma alma em amor com o que é reto e bom. A melhor parte de si mesmo está em terreno seguro. A Fortuna pode infligir dano a você; o que é mais pertinente é que não tenho medo de que você cause dano a si mesmo. Proceda como você começou e estabeleça-se neste modo de vida, não com luxo, mas com calma.

02. Prefiro estar em apuros em vez de em luxo; e você deve interpretar melhor o termo "em apuros", como o uso popular costuma interpretá-lo: viver uma vida "dura", "áspera", "cansativa". Nós costumamos ouvir a vida de certos homens enaltecida dessa forma, quando eles são objetos de impopularidade: "Fulano vive luxuosamente"; mas com isso eles querem dizer: "Ele é amolecido pelo luxo". Pois a alma é afeminada gradualmente e enfraquecida até corresponder ao sossego e preguiça em que se encontra. Eis que não é melhor para alguém que é mesmo um homem se endurecer, ter ânimo vigoroso? Em seguida, estes mesmos fanfarrões temem o que fizeram de suas próprias vidas. Há muita diferença entre estar ocioso e estar enterrado!

03. "Mas", você diz, "não é melhor até mesmo estar ocioso do que girar nesses redemoinhos de distração empresarial?". Ambos os extremos devem ser depreciados – tanto a tensão quanto a lassidão. Considero que aquele que está deitado em um leito perfumado não é menos morto do que aquele que é arrastado pelo gancho do carrasco.[69] Ociosidade sem estudo é a morte; é um túmulo para o homem vivo.

04. Qual é a vantagem da aposentadoria? Como se as verdadeiras causas de nossas ansiedades não nos seguissem através dos mares! Que esconderijo existe, onde o medo da morte não possa entrar? Que covil pacífico existe, tão fortificado e até agora seguro, que a dor não o encha de medo? Onde quer que você se esconda, os males humanos farão um alvoroço ao redor. Há muitas coisas externas que nos rodeiam, que nos enganam ou que pesam sobre nós; mas há muitas coisas dentro de nós, que mesmo em meio à solidão nos assustam e inquietam.

05. Portanto, envolva-se com a filosofia, uma muralha inexpugnável. Embora seja assaltada por muitos mecanismos, a Fortuna não pode encontrar passagem nela. A alma permanece em terreno inatacável quando abandona as coisas externas; é independente em sua própria fortaleza; e cada arma que é atirada, fica aquém do alvo. A Fortuna não tem o longo alcance que creditamos a ela; ela não pode atingir ninguém a não ser aquele que se apega a ela.

06. Vamos então recuar dela o máximo que pudermos. Isso só será possível para nós por via do autoconhecimento e da natureza.[70] A alma deve saber para onde vai e de onde veio, o que é bom para ela e o que é mau, o que procurar e o que evitar, e o que a razão distingue entre o que é desejável e indesejável e, assim, dominar a loucura de nossos desejos e acalmar a violência de nossos medos.

07. Alguns homens se lisonjeiam de terem controlado esses males sozinhos, mesmo sem o auxílio da filosofia; mas quando algum acidente os tira da guarda, uma confissão tardia de erro é arrancada deles. Suas palavras atrevidas perecem de seus lábios quando o torturador lhes ordena que estendam suas mãos e quando a morte se aproxima! Poderia dizer a esse homem: "Era fácil para você desafiar males que não estavam próximos, mas aqui vem a dor que você declarou que poderia suportar, aqui vem a morte, contra a qual você se gabou!" O chicote estala, a espada cintila:

| Ah, mostra agora, Eneias, a sua coragem, a sua energia! | Nunc anirais opus, Aenea, nunc pectore firmo.[71] |

08. Esta força de coração, no entanto, virá de estudo constante, desde que você pratique, não com a língua, mas com a alma, e desde que você se prepare para enfrentar a morte. Para se capacitar para encontrar a morte, você não pode esperar nenhum incentivo ou elogio daqueles que tentam fazer você acreditar, por meio de sua lógica minuciosa, que a morte não é nenhum mal. Pois eu tenho prazer, ó excelente Lucílio, em zombar dos absurdos dos gregos, dos quais, para minha contínua surpresa, ainda não consegui me livrar.

09. Nosso mestre Zenão usa um silogismo como este: "Nenhum mal é glorioso, mas a morte é gloriosa, portanto a morte não é mal".[72] Uma cura, Zenão! Fiquei livre do medo; doravante, não hesitarei em pôr meu pescoço sobre o patíbulo. Você não vai pronunciar palavras mais severas em vez de despertar um moribundo para o riso? De fato, Lucílio, eu não poderia facilmente dizer-lhe se aquele que pensa que está removendo o medo da morte por estabelecer este silogismo é o mais tolo, ou aquele que tenta refutá-lo, como se tivesse algo a ver com o assunto!

10. Pois o próprio contestante propôs um contra silogismo, baseado na proposição de que consideramos a morte como "indiferente" – uma das coisas que os gregos chamam de Adiáfora.[73] "Nada", diz ele, "que é indiferente pode ser glorioso, a morte é gloriosa, portanto a morte não é indiferente." Você compreende a falácia complicada que está contida neste silogismo: a mera morte não é, de fato, gloriosa, mas uma morte corajosa é gloriosa. E quando você diz: "Nada que seja indiferente é glorioso", eu te concedo isso e declaro que nada é glorioso exceto quando trata de coisas indiferentes. Eu classifico como "indiferente" – ou seja, nem o bem nem o mal – a doença, a dor, a pobreza, o exílio, a morte.

11. Nenhuma dessas coisas é intrinsecamente gloriosa; mas nada pode ser glorioso além delas. Pois não é a pobreza que louvamos, é o homem a quem a pobreza não pode humilhar ou dobrar. Nem é o exílio que louvamos, é o homem que se retira para o exílio no espírito em que teria enviado outro para o exílio.[74] Não é a dor que louvamos, é o homem a quem a dor não coagiu. Ninguém elogia a morte em si, mas o homem cuja alma a morte tira antes que possa amaldiçoá-la.

12. Todas essas coisas não são em si nem honradas nem gloriosas; mas qualquer uma delas, se tocada e visitada pela virtude, é feita honrada e gloriosa; elas se limitam ao meio, e a questão decisiva é apenas se a maldade ou a virtude as tem sobrepujado. Por exemplo, a morte que no caso de Catão é gloriosa, no caso de Brutus[75] é vil e vergonhosa. Pois este Brutus, condenado à morte, estava tentando obter protelação; retirou-se um

instante para se aliviar; quando convocado para morrer e ordenado a desnudar sua garganta, ele exclamou: "Vou mostrar a minha garganta, se apenas eu puder viver!" Que loucura é fugir, quando é impossível voltar atrás! "Vou desnudar minha garganta, se eu puder viver!" Ele chegou muito perto de dizer também: "Mesmo sob Antônio!" Este sujeito merecia, de fato, ser condenado à vida!

13. Mas, como eu comentava, você vê que a morte em si não é nem um mal nem um bem; Catão experimentou a morte com a maior honra, Brutus do modo mais indigno. Tudo, se você adicionar virtude, assume uma glória que não possuía antes. Falamos que um quarto é muito claro, mesmo que o mesmo quarto seja completamente escuro durante a noite.

14. É o dia que o enche de luz e a noite que rouba a luz; assim é com as coisas que chamamos de indiferentes ou "intermediárias", como a riqueza, a força, a beleza, os títulos, a realeza e os seus opostos, a morte, o exílio, a má saúde, a dor e todos esses males, medos que nos perturbam em maior ou menor grau; é a maldade ou a virtude que concede o nome de bem ou mal. Um objeto não é por sua própria essência nem quente nem frio; ele é aquecido quando jogado em um forno e resfriado quando colocado em água. A morte é honrosa quando relacionada com aquilo que é honroso; como honroso quero dizer virtude e uma alma que despreze as piores dificuldades.

15. Além disso, há grandes distinções entre essas qualidades que chamamos de "medianas". Por exemplo, a morte não é tão indiferente quanto a questão de saber se os cabelos devem ser usados lisos ou cacheados. A morte pertence àquelas coisas que não são realmente más, mas ainda têm nelas uma aparência de mal; pois há arraigado em nós o amor-próprio, o desejo de existência e autopreservação e também a aversão pela extinção, porque a morte parece roubar-nos de muitos bens e nos retirar da abundância a que nos acostumamos. E há outro elemento que nos distingue da morte, já estamos familiarizados com o presente, mas ignoramos o futuro para que nos transfiramos e nos afastemos do desconhecido. Além disso, é natural temer o mundo das sombras, para onde a morte supostamente nos conduz.

16. Portanto, embora a morte seja algo indiferente, não é, no entanto, uma coisa que possamos facilmente ignorar. A alma deve ser afiada pela longa

prática, para que possa aprender a suportar a visão e a aproximação da morte. A morte deve ser desprezada mais do que costuma ser desprezada. Porque acreditamos em muitas das histórias sobre a morte. Muitos poetas se esforçaram para aumentar sua má reputação; eles retratam a prisão no mundo inferior e a terra oprimida pela noite eterna, onde

O gigantesco porteiro do Orca, estendido no antro sangrento sobre ossadas meio roídas, assusta com o seu ladrar incessante as almas exangues!	Ingens ianitor Orci Ossa super recubans antro semesa cruento, Aeternum latrans exsangues terreat umbras.[76]

Mesmo se você puder ganhar o seu ponto e provar que estas são meras histórias[77] e que nada deve ser temido pelos mortos, outro medo se apodera de você. Pois o medo de ir ao mundo subterrâneo é igualado pelo medo de não ir a lugar algum.

17. Em face dessas noções, que a opinião duradoura tem alimentado em nossos ouvidos, como pode a corajosa resistência à morte ser algo mais que glorioso e digno de se classificar entre as maiores realizações da mente humana? Pois a mente nunca se elevará à virtude se acreditar que a morte é um mal; mas ela se elevará se considerar que a morte é uma questão indiferente. Não é natural que um homem proceda de bom grado a um destino que acredita ser ruim; ele irá lentamente e com relutância. Mas nada glorioso pode resultar da relutância e covardia; a virtude não faz nada sob compulsão.

18. Além disso, nenhum ato que um homem faz é honroso, a menos que tenha se dedicado e atendido a ele com todo o seu coração, sem que qualquer porção de seu ser se rebelasse contra ele. Quando no entanto, um homem afronta um mal, seja pelo medo de males piores, seja na esperança de bens cujo alcance é suficiente para poder engolir o único mal que ele deve suportar, o julgamento do agente é dividido em duas direções. Por um lado, está o motivo que o obriga a realizar seu propósito; por outro, o motivo que o restringe e o faz fugir de algo que despertou

sua apreensão ou o levou ao perigo. Por isso, ele está dividido e incerto; e se isso acontecer, a glória de seu ato se foi. Pois a virtude realiza seus planos somente quando o espírito está em harmonia consigo mesmo, sem nenhum elemento de medo em qualquer de suas ações.

| Não ceda ao mal, mas ainda valente vá, onde tua Fortuna permitir. | Tu ne cede malis, sed contra audentior ito Qua tua te fortuna sinet.[78] |

19. Você não pode "ainda valente ir", se está convencido de que essas coisas são os males reais. Arranque esta ideia de sua alma; caso contrário, suas apreensões permanecerão indecisas e, assim, restringirão o impulso à ação. Você será empurrado para onde deveria avançar como um soldado. Aqueles da nossa escola, é verdade, pensam que o silogismo de Zenão está correto, mas que o segundo que mencionei, que é contrário ao dele, é enganoso e errado. Mas de minha parte, recuso-me a reduzir tais questões a uma questão de regras dialéticas ou as sutilezas de um sistema completamente desgastado. Fora, eu digo, com todo esse tipo de coisa que faz um homem sentir, quando lhe é proposta uma pergunta, que ele está cercado e forçado a admitir uma premissa, e então o faz dizer uma coisa quando sua verdadeira opinião é outra. Quando a verdade está em jogo, devemos agir com mais franqueza; e quando o medo deve ser combatido, devemos agir com mais coragem.

20. Essas questões, que os sofistas envolvem em sutilezas, prefiro resolver e pesar racionalmente, com o objetivo de conquistar a convicção e não de forçar o julgamento. Quando um general está prestes a levar ao combate um exército preparado para encontrar a morte em defesa de suas esposas e filhos, como ele os exorta à batalha? Lembro-o dos Fábios,[79] que assumiram por um único clã uma guerra que dizia respeito a todo o Estado. Eu aponto os espartanos em guarda no próprio desfiladeiro das Termópilas![80] Eles não têm esperança de vitória, nenhuma esperança de retornar. O lugar onde eles estão será o seu túmulo.

21. Com que palavras você encoraja-os a trancar o caminho com seus corpos e assumir sobre si a ruína de toda a sua tribo, e recuar da vida em vez de seu posto? Poderia dizer: "O mal não é glorioso, mas a morte é gloriosa, por isso a morte não é um mal?" Que discurso persuasivo! Depois de tais palavras, quem hesitaria em se jogar sobre as lanças serradas dos inimigos e morrer aos seus pés? Mas pegue Leônidas: quão bravamente ele discursou aos seus homens! Ele disse: "Companheiros, vamos ao nosso café da manhã, sabendo que vamos jantar no Hades!"[81] A comida destes homens não lhes pareceu amarga em suas bocas ou grudou em suas gargantas ou escorregou de seus dedos; ansiosamente eles aceitaram o convite para o café da manhã, e para jantar também!

22. Pense também no famoso general romano[82]; seus soldados haviam sido enviados para ocupar uma posição e, quando estavam prestes a atravessar um enorme exército do inimigo, dirigiu-se a eles com as palavras: *Vocês devem ir agora, companheiros soldados, para o outro lugar, de onde não há "obrigação" sobre o seu retorno!* Você vê, então, como a virtude é direta e peremptória; mas qual homem sobre a terra ele poderia com sua lógica enganosa tornar mais corajoso ou mais ereto? Em vez disso, quebra o espírito, que nunca deve ser forçado a lidar com pequenos e espinhosos problemas quando algum grande trabalho está sendo planejado.

23. Não são os trezentos, é toda a humanidade que deve ser aliviada do medo da morte. Mas como você pode provar a todos aqueles homens que a morte não é nenhum mal? Como você pode superar as noções de toda a nossa vida passada, noções com as quais somos tingidos desde nossa infância? Que socorro você pode descobrir para o desespero do homem? O que você pode dizer, que fará com que os homens se atirem, ardentes em zelo, no meio do perigo? Por qual discurso persuasivo você pode desviar esse sentimento universal de medo, por qual força de inteligência pode desviar a convicção da raça humana que se opõe firmemente a você? Você propõe construir palavras de ordem para mim, ou encadear silogismos mesquinhos? É preciso grandes armas para derrubar grandes monstros.

24. Você se lembra da serpente feroz na África, mais funesta para as legiões romanas do que a própria guerra e atacada em vão por flechas e pedras; não podia ser ferida mesmo por Apolo Pítio, já que seu tamanho enorme, e a tenacidade que combinava com sua massa corporal, faziam lanças ou qualquer arma usada pela mão do homem resvalar para fora. Foi finalmente destruída por rochas iguais em tamanho a mós.[83] Você está, então, usando armas insignificantes como a sua mesmo contra a morte? Você pode impedir o ataque de um leão por uma sovela?[84] Seus argumentos são realmente afiados; mas não há nada mais afiado do que uma haste de trigo. E certos argumentos são tornados inúteis e ineficazes por sua própria sutileza.

Mantenha-se Forte. Mantenha-se Bem.

XVIII.
SOBRE A EMBRIAGUEZ

Saudações de Sêneca a Lucílio.

01. Você me pediu um relato de cada dia separado e do dia inteiro também; então você me deve ter em boa opinião se acha que nestes meus dias não há nada a esconder. Seja como for, é assim que devemos viver, como se vivêssemos à vista de todos os homens; e é assim que devemos pensar, como se houvesse alguém que pudesse olhar para nossa alma mais íntima; e há quem possa assim olhar. Pois que benefício há em algo escondido do homem, quando nada escapa da visão de Deus? Ele é testemunha de nossas almas e Ele entra em nossos pensamentos – entra neles, eu digo, como alguém que pode a qualquer momento partir.

02. Por conseguinte, farei o que me pediu e com prazer informarei por carta o que faço e em que sequência. Vou continuar observando-me continuamente e, um hábito muito útil, irei rever cada dia. Pois isto é o que nos torna cheios de vícios: pois nenhum de nós olha para trás sobre sua própria vida. Nossos pensamentos são dedicados apenas ao que estamos prestes a fazer. No entanto, nossos planos para o futuro sempre dependem do passado.

03. Hoje tem sido ininterrupto; ninguém furtou a menor parte de mim. O tempo todo foi dividido entre o leito[85] e a leitura. Um breve espaço foi dado ao exercício físico e, neste terreno, eu posso agradecer à velhice – meu exercício custa muito pouco esforço; assim que começo a me mexer, já estou cansado. E cansaço é o objetivo e o fim do exercício, não importa quão forte seja.

04. Você pergunta quem são meus treinadores? Um é suficiente para mim, o escravo Fário[86], um companheiro agradável, como você sabe; mas vou trocá-lo por outro. No meu tempo de vida, eu preciso de um que seja de ainda mais suaves anos. Fário, pelo menos, diz que ele e eu estamos no mesmo período de vida; pois estamos ambos perdendo os dentes. No entanto, mesmo agora, mal posso seguir o seu ritmo enquanto corre e dentro de um curto espaço de tempo não poderei segui-lo; assim que você vê quão lucrativo é o exercício diário. Brevemente abre-se um grande intervalo entre duas pessoas que viajam de maneiras diferentes. Meu escravo está subindo no momento em que estou descendo e você certamente sabe quanto mais rápida a última o é. Não, eu estava errado; pois agora minha vida não está descendo; está despencando completamente.

05. Você pergunta, por tudo isso, como nossa corrida resultou hoje? Corremos para um empate, algo que raramente acontece em uma competição em corrida. Depois de me cansar dessa maneira (porque não posso chamar de exercício), tomei um banho frio; isto, em minha casa, significa apenas morno. Eu, o antigo entusiasta da água fria, que costumava celebrar o ano novo[87] com um mergulho no aqueduto de Virgo[88] tão naturalmente como fazia alguma leitura ou escrita ou compunha um discurso, mudei minha fidelidade, primeiro para o Tibre e depois para o meu tanque favorito, que é aquecido apenas pelo sol. Às vezes, quando eu sou mais robusto e quando não há sequer uma falha em meus processos corporais, tenho muito pouca energia para tomar banho.

06. Após o banho, algum pão envelhecido e café da manhã sem uma mesa; não há necessidade de lavar as mãos após uma refeição como essa. Então vem uma sesta muito curta. Você conhece meu hábito; aproveito um pouquinho de sono, desarrear, por assim dizer. Pois estou satisfeito se consigo parar de ficar acordado. Às vezes, eu sei que dormi; outras vezes, tenho uma mera suspeita.

07. Eis que agora o barulho das corridas soa sobre mim! Meus ouvidos são castigados por aplausos súbitos e gerais. Mas isso não perturba meu pensamento nem quebra sua continuidade. Posso suportar um alvoroço com completa resignação. A mistura de vozes embaralhadas em uma nota soa para mim como o ruído das ondas, ou como o vento que açoita a copa das árvores, ou como qualquer outro som que não traz nenhum significado.

08. O que é, então, você pergunta, a que tenho dado a minha atenção? Vou dizer-lhe, um pensamento apoderou-se de minha mente, desde

ontem, ou seja, o que os homens da maior sagacidade têm querido dizer quando ofereceram as provas mais frívolas e intrincadas para problemas da maior importância, provas que podem ser verdade, mas ainda assim se assemelham a falácias.

09. Zenão, o maior dos homens, o reverenciado fundador da nossa brava e sagrada escola de filosofia, deseja desencorajar-nos da embriaguez. Ouça, pois, os seus argumentos para provar que o bom homem não se embriagará: "Ninguém confia um segredo a um homem bêbado, mas confiará um segredo a um homem bom, portanto, o bom homem não vai ficar embriagado". Perceba quão ridículo Zenão é feito quando montamos um semelhante silogismo em contraste com o seu. Há muitos, mas um bastará: "Ninguém confia um segredo a um homem quando ele está dormindo, mas confia-se um segredo a um homem bom, portanto, o homem bom não vai dormir".

10. Posidônio advoga a causa de nosso mestre Zenão da única maneira possível; mas não pode, eu mantenho, ser defendido mesmo desta maneira. Pois Posidônio sustenta que a palavra "bêbado" é usada de duas maneiras – em um, o caso de um homem que é carregado de vinho e não tem controle sobre si mesmo; no outro, de um homem que está acostumado a ficar bêbado e é um escravo do vício. Zenão, diz ele, queria dizer do último, o homem que está acostumado a se embebedar, não o homem que está bêbado; e ninguém poderia confiar a esta pessoa qualquer segredo, pois poderia ser tagarelado quando tal homem estivesse em seus copos.

11. Esta é uma falácia. Pois o primeiro silogismo se refere àquele que está realmente bêbado e não àquele que está prestes a ficar bêbado. Você certamente vai admitir que há uma grande diferença entre um homem que está bêbado e um beberrão. Aquele que está realmente bêbado pode estar neste estado pela primeira vez e pode não ter o hábito, enquanto o beberrão muitas vezes está livre da embriaguez. Interpreto, portanto, a palavra em seu sentido usual, especialmente porque o silogismo é estabelecido por um homem que pratica o uso cuidadoso das palavras e que pesa sua linguagem. Além disso, se é isso que Zenão quis dizer, e o que queria que significasse para nós, ele estava tentando aproveitar-se de uma palavra ambígua para atingir uma falácia; e nenhum homem deve fazer isso quando a verdade é o objeto da investigação.

12. Mas admitamos que, de fato, ele quis dizer o que Posidônio diz; mesmo assim, a conclusão é falsa, que segredos não são confiados a um bêbado habitual. Pense quantos soldados que não estão sempre sóbrios foram confiados por um general, ou um capitão, ou um centurião com mensagens que não poderiam ser divulgadas! Quanto ao notório plano de assassinato de Caio César, quero dizer, o César que conquistou Pompeu e obteve o controle do Estado,[89] foi confiado tanto a Tílio Cimbro quanto a Caio Cássio. Cássio, ao longo da sua vida, bebeu água, enquanto Tílio Cimbro era um beberrão, bem como um arruaceiro. O próprio Cimbro aludiu a este fato, dizendo: "Eu carrego um mestre, não posso controlar minha bebida!"

13. Portanto, cada um lembre-se daqueles que, ao seu conhecimento, não podem ser confiados com vinho, mas são confiados com a palavra; e ainda um caso ocorre a minha mente, que eu relatarei, para que não caia no esquecimento, pois a vida deve ser provida de ilustrações notáveis. Não vamos sempre recordar o passado obscuro.

14. Lucio Pisão, o diretor de Segurança Pública em Roma, estava bêbado desde o momento de sua nomeação. Costumava passar a maior parte da noite em banquetes e dormia até o meio-dia. Era assim que passava as horas da manhã. No entanto, aplicou-se com toda a diligência aos seus deveres oficiais, que incluía a tutela da cidade. Até o virtuoso Augusto confiava nele com ordens secretas quando o colocou no comando da Trácia.[90] Pisão conquistou aquele país. Tibério também confiava nele quando aproveitava férias na Campânia, deixando para trás, na cidade, muitos assuntos críticos que suscitavam suspeita e ódio.

15. Acho que foi por causa da embriaguez de Pisão ter dado bom resultado para o imperador, que ele nomeou Cosso para o cargo de prefeito de Roma, um homem de autoridade e equilíbrio, mas tão mergulhado em bebida que uma vez, em uma reunião do Senado, para onde tinha ido depois de banquetear, foi dominado por um sono do qual não podia ser despertado e teve de ser levado para casa. Foi a este homem que Tibério enviou muitas ordens, escritas por suas próprias mãos, ordens que ele acreditava que não deveria confiar nem mesmo aos oficiais de sua casa. Cosso nunca deixou escapar um único segredo, fosse pessoal ou público.

16. Aboliremos, portanto, todas as arengas como esta: "Nenhum homem nos laços da embriaguez tem poder sobre a sua alma. Assim como os próprios tonéis são arrebentados pelo vinho novo, e como a borra do fundo é levada à superfície pela força da fermentação, assim também ao efervescer o vinho, o que está escondido embaixo é levantado e se torna visível. Assim como um homem subjugado pela bebida não pode manter a sua comida quando ele exagera no vinho, assim também ele não pode manter um segredo. Derrama imparcialmente tanto os seus próprios segredos como os de outras pessoas".

17. Isto, naturalmente, é o que comumente acontece, mas também acontece de nós discutirmos assuntos sérios com aqueles que sabemos ter o hábito de beber. Por conseguinte, esta proposição, que é estabelecida sob a forma de uma defesa do silogismo de Zenão, é falsa – que os segredos não são confiados ao bêbado habitual. Quão melhor é acusar em público a embriaguez com franqueza e expor seus vícios! Pois mesmo o bom homem médio evita-a, para não mencionar o sábio perfeito, que se satisfaz abrandando sua sede; o sábio, mesmo que de vez em quando, guiado pelo bom ânimo, e por causa de um amigo, seja levado um pouco longe demais, sempre para antes da embriaguez.

18. Investigaremos mais tarde a questão se a mente do sábio é perturbada por excesso de vinho e se comete loucuras como as do bêbado; mas enquanto isso, se quiser provar que um bom homem não deve ficar bêbado, por que trilhar pela lógica? Mostre como é vil beber mais licor do que se pode suportar e não saber a capacidade de seu próprio estômago; mostre quantas vezes o bêbado faz coisas que o fazem corar quando está sóbrio; afirmam que a embriaguez não é senão uma condição de insanidade propositadamente assumida. Prolongue a condição do bêbado a vários dias; terá alguma dúvida sobre sua loucura? Mesmo assim, a loucura não é menor; meramente dura um tempo mais curto.

19. Pense em Alexandre da Macedônia, que esfaqueou Clito,[91] seu amigo mais querido e mais fiel, em um banquete; depois que Alexandre compreendeu o que tinha feito, desejou morrer e seguramente devia ter morrido. A embriaguez acende e revela todo o tipo de vícios, e elimina o sentimento de vergonha que encobre nossas ações perversas. Pois mais homens se abstêm de ações proibidas porque têm vergonha de pecar do que porque suas inclinações são boas.

20. Quando a força do vinho se torna muito grande e ganha o controle sobre a mente, todo mal escondido sai do seu esconderijo. A embriaguez não cria vícios, apenas os traz à vista; nessas ocasiões, o homem lascivo não espera até a privacidade de um quarto, mas sem postergação dá carta branca às exigências de suas paixões; em tais ocasiões o homem sem castidade proclama e publica sua doença; nessas ocasiões seu companheiro intratável não restringe sua língua ou sua mão. O homem pedante aumenta sua arrogância, o homem cruel, sua crueldade, o caluniador, seu veneno. A cada vício é dada liberdade.

21. Além disso, esquecemos quem somos, pronunciamos palavras hesitantes e mal enunciadas, o olhar é inseguro, o passo vacilante, a cabeça confusa, o próprio teto se move como se um ciclone estivesse girando toda a casa e o estômago sofre tortura quando o vinho gera gás e faz com que nossas próprias entranhas inchem. No entanto, na ocasião, esses problemas podem ser suportados, desde que o homem retenha sua força natural; mas o que se pode fazer quando o sono prejudica seus poderes e quando aquilo que foi embriaguez se torna indigestão?

22. Pense nas calamidades causadas pela embriaguez em uma nação! Este mal traiu aos seus inimigos as raças mais espirituosas e guerreiras; este mal abriu brechas em muros defendidos pela guerra obstinada de muitos anos; este mal tem colocado povos sob influência estrangeira, povos que eram totalmente inflexíveis e desafiadores do jugo; este mal conquistou pela taça de vinho aqueles que na batalha eram invencíveis.

23. Alexandre, que acabo de mencionar, passou por suas muitas lutas, suas muitas batalhas, suas muitas campanhas de inverno (através das quais conseguiu superar as desvantagens do tempo e do lugar), os muitos rios que fluíam de fontes desconhecidas e os muitos mares, todos em segurança; foi a intemperança em beber que o derrubou, e a famosa taça mortal de Hércules.[92]

24. Que glória há em beber muito? Quando você ganha o prêmio e os outros convidados do banquete, escarrapachados adormecidos ou vomitando, recusam seu desafio a ainda mais brindes; quando você é o último sobrevivente da orgia; quando vence cada um por seu magnífico espetáculo de

proezas e não há nenhum homem que tenha se provado de tão grande capacidade como você, você é vencido pelo barril.

25. Marco Antônio era um grande homem, um homem de habilidade distinta; mas o que o arruinou e o levou a hábitos exóticos e vícios não romanos, se não a embriaguez e – não menos potente que o vinho – o amor por Cleópatra? Foi isso que o fez inimigo do Estado; isto foi o que o tornou fraco para seus inimigos; foi isso que o fez cruel, quando, sentado à mesa, lhe trouxeram a cabeça dos líderes da República;[93] quando no meio das festas mais elaboradas e do luxo régio ele reconhecia os rostos e as mãos dos homens que havia proscrito; quando, mesmo cheio de vinho, ainda tinha sede de sangue. É intolerável que estivesse bebendo enquanto fazia tais coisas; quão mais intolerável que tenha feito essas coisas enquanto realmente bêbado!

26. Crueldade geralmente segue a bebedeira, pois a solidez mental de um homem é corrompida e tornada selvagem. Assim como uma doença persistente faz os homens ranzinzas e irritáveis e os faz selvagens na mínima oposição de seus desejos, assim também ataques contínuos de embriaguez bestializam a alma. Pois quando as pessoas estão frequentemente fora de si, o hábito da loucura perdura e os vícios que o licor aflora retêm seu poder mesmo quando o licor se vai.

27. Portanto, você deve expor por que o sábio não deve ficar embriagado. Explique por fatos, e não por meras palavras, a hediondez da coisa e seus males assombradores. Faça o que é mais fácil de tudo – ou seja, demonstre que o que os homens chamam de prazeres são punições assim que ultrapassarem os limites devidos. Pois se você tentar provar que o sábio pode se saciar com muito vinho e ainda manter seu curso reto mesmo que ele esteja bêbado, você vai acabar por inferir por silogismos, que ele não vai morrer se engolir veneno, que não vai dormir se tomar uma poção sonífera, que não vai vomitar e rejeitar a matéria que entope seu estômago quando você lhe dá heléboro[94]. Mas, quando os pés de um homem cambaleiam e sua língua está instável, que razão você tem para acreditar que ele esteja em parte sóbrio e em parte bêbado?

Mantenha-se Forte. Mantenha-se Bem.

XIX.
SOBRE COLETAR IDEIAS

Saudações de Sêneca a Lucílio.

01. As viagens às quais você se refere – jornadas que afastam a preguiça do meu sistema – considero serem produtivas tanto para a minha saúde como para os meus estudos. Você percebe porque elas beneficiam a minha saúde: uma vez que minha paixão pela literatura me torna preguiçoso e descuidado em relação ao meu corpo, eu posso fazer exercício por procuração;[95] quanto aos meus estudos, mostrar-lhe-ei porque as minhas viagens os ajudam, pois não deixei de ler de forma alguma. E a leitura, penso eu, é indispensável: principalmente para impedir a autocomplacência e, além disso, depois de ter aprendido o que os outros descobriram por meio de seus estudos, me permitir julgar suas descobertas e conjecturar sobre quais ainda precisam ser feitas. A leitura nutre a mente e a refresca quando está cansada de estudo; no entanto, este refresco não é obtido sem estudo.

02. Não devemos limitar-nos nem à escrita nem à leitura; a escrita contínua irá macular nossa força e a esgotará; a leitura sozinha fará a nossa força flácida e aguada. É melhor recorrer a elas alternadamente e misturar uma com a outra, para que os frutos da leitura possam ser reduzidos à forma concreta pela pena.

03. Devemos seguir, dizem os homens, o exemplo das abelhas, que esvoaçam e selecionam as flores que são adequadas para a produção de mel e depois organizam e classificam em seus favos tudo o que trouxeram; essas abelhas, como diz nosso Virgílio:

O líquido mel,	liquentia mella
acumulam e fazem inchar	Stipant et dulci distendunt
os alvéolos de doce néctar	nectare cellas.[96]

04. Não é certo se o suco que obtêm das flores já tem logo a forma de mel ou se transformam aquilo que recolhem neste objeto delicioso misturando algo ou por uma determinada propriedade de sua respiração. Pois algumas autoridades acreditam que as abelhas não possuem a arte de fazer mel, mas apenas de colhê-lo; e dizem que na Índia o mel é encontrado nas folhas de certos juncos, produzido por um orvalho peculiar a esse clima ou pelo suco da própria cana,[97] que tem uma doçura e uma riqueza incomuns. E em nossas próprias gramíneas também, eles dizem, a mesma qualidade existe, embora menos clara e menos evidente; e uma criatura nascida para cumprir tal função poderia caçá-la e coletá-la. Alguns outros sustentam que os materiais que as abelhas retiraram das mais delicadas plantas florescentes são transformados nessa substância peculiar por um processo de conservação e armazenamento cuidadoso, auxiliado pelo que se poderia chamar de fermentação – por meio do qual elementos separados são unidos em uma substância.

05. Mas eu não devo desviar do assunto que estamos discutindo. Nós também, eu digo, devemos copiar estas abelhas e peneirar tudo o que temos reunido de um curso variado de leitura, pois tais coisas são melhor preservadas se forem mantidas separadas; então, aplicando o cuidado de supervisão com que a nossa natureza nos dotou, ou seja, os nossos dons naturais, devemos misturar esses vários sabores num delicioso composto que, apesar de revelar sua origem, é certamente uma coisa diferente daquela de onde veio. Isto é o que vemos a natureza fazer em nossos próprios corpos sem nenhum trabalho de nossa parte.

06. O alimento que comemos, enquanto retém a sua qualidade original e permanece em nossos estômagos como uma massa não diluída, é um fardo; mas ele se torna tecido e sangue quando for alterado de sua forma original. Assim é com a comida que nutre nossa natureza superior – devemos cuidar para que tudo o que tenhamos ingerido não seja permitido permanecer inalterado, ou não será parte de nós.

07. Devemos digeri-lo; caso contrário, simplesmente entrará na memória e não acrescentará nosso poder de raciocínio. Acolhamos fielmente tais alimentos e os façamos nossos próprios, de modo que algo único possa ser formado de muitos elementos, assim como um número é formado por vários elementos sempre que, segundo nosso cálculo, montantes menores, cada um diferente dos outros, são somados. Isto é o que a nossa mente deve fazer: deve esconder todos os materiais utilizados e trazer à luz apenas o que foi feito deles.

08. Mesmo que se torne visível a você uma semelhança com um autor que, por causa de sua admiração, deixou-lhe uma profunda impressão, gostaria que se assemelhasse a ele como uma criança se assemelha a seu pai, e não como um retrato se assemelha a seu original; pois uma imagem é uma coisa sem vida. "O que", você diz, "não será óbvio o estilo que você está imitando, o método de raciocínio, as palavras pungentes?". Acho que às vezes é impossível ver quem está sendo imitado, se a cópia é verdadeira; pois uma inteligência verdadeira carimba sua própria forma sobre todas as características que ela tirou do que podemos chamar de original, de tal forma que elas são combinadas em uma unidade.

09. Você não vê quantas vozes há em um coro? No entanto, do conjunto resulta-se uma única voz. Nesse coro uma voz toma o tenor, outra o baixo, outra o barítono. Há mulheres, também, assim como homens, e a flauta é misturada com elas. Nesse coro, as vozes dos cantores individuais estão escondidas; o que ouvimos são as vozes de todos juntos.

10. Certamente, refiro-me ao coro que os antigos filósofos conheciam; em nossas apresentações atuais temos um número maior de cantores do que se costumava ter de espectadores nos teatros antigos. Todas as alas estão repletas de filas de cantores; os instrumentos de bronze cercam o auditório; o palco ressoa com flautas e instrumentos de toda descrição; e mesmo assim, dos sons discordantes, é produzida uma harmonia. Eu gostaria de ter qualidade como esta para minha mente; ela deve ser equipada com muitas artes, muitos preceitos e padrões de conduta tomados de muitas épocas da história; mas tudo deve misturar harmoniosamente em um todo.

11. "Como", você pergunta, "isso pode ser realizado?". Por esforço constante e por não fazer nada sem a aprovação da razão. E, se quiserem ouvir a sua voz, ela lhe dirá: "Abandone as perseguições que até agora lhe fizeram correr para cá e para lá. Abandone as riquezas, que são um perigo ou um fardo para o possuidor. Abandone os prazeres do corpo e da mente, eles apenas o amolecem e o enfraquecem...". Abandone sua busca por cargos, é uma coisa empolada, ociosa e vazia, uma coisa que não tem

limites, tão ansiosa em não ter superiores como em evitar até os iguais, sempre torturada pela inveja, e uma inveja ainda por cima dupla: veja quão miserável é a situação de um homem quando é objeto de inveja ele próprio, tem inveja de outros.

12. Você contempla as casas dos grandes senhores, aquelas de soleiras ruidosas dos clientes que se atropelam na entrada? Eles têm muitos insultos para você assim que entra pela porta, e ainda mais depois de ter entrado. Passe pelos degraus que levam às casas dos ricos e às varandas tornadas perigosas pela enorme multidão; pois lá você estará, não meramente na beira de um precipício, mas também em um terreno escorregadio. Em vez disso, dirija o seu caminho para a sabedoria e procure seus caminhos, que são formas de transcender a paz e a abundância.

13. Tudo o que parece notável nos assuntos dos homens – por insignificantes que sejam, e apenas se destacam em contraste com os objetos mais baixos – é, no entanto, atingido através de um caminho difícil e penoso. É um caminho acidentado que leva às alturas da grandeza; mas se você deseja escalar este pico, que está bem acima do alcance da Fortuna, você realmente verá aos seus pés tudo o que os homens consideram como o mais sublime, mas deste ponto em diante você poderá prosseguir para o bem supremo em um terreno plano.

Mantenha-se Forte. Mantenha-se Bem.

XX.
SOBRE SILOGISMOS VAZIOS

Saudações de Sêneca a Lucílio.

01. Eu estava inclinado a lhe poupar e omitir qualquer problema intricado que ainda não tivéssemos discutido; fiquei satisfeito em dar-lhe uma espécie de gosto das opiniões dos homens de nossa escola, que desejam provar que a virtude é por si só suficientemente capaz de garantir a vida feliz. Mas agora você me mandou incluir todo o volume de nossos próprios silogismos ou daqueles que foram imaginados por outras escolas com a finalidade de nos menosprezar. Se eu estiver disposto a fazer isso, o resultado será um livro, em vez de uma carta! E declaro repetidas vezes que não tenho prazer em tais provas. Tenho vergonha de entrar na arena e empreender a batalha em nome dos deuses e dos homens armados apenas com uma sovela.[98]

02. "Aquele que possui prudência é também contido, o que possui autocontenção também é inabalável, o inabalável é imperturbável, o imperturbável está livre da tristeza, o que está livre da tristeza é feliz. Portanto, o prudente é feliz e a prudência é suficiente para constituir a vida feliz."

03. Alguns dos peripatéticos[99] respondem a este silogismo interpretando "imperturbável", "inabalável" e "livre da tristeza" de modo a tornar "imperturbável" quem raramente é perturbado e apenas um tanto moderado, e não aquele que nunca é perturbado. Da mesma forma, eles dizem que uma pessoa é dita "livre da tristeza" quando não está sujeita à tristeza, uma pessoa que raramente cai nesse estado censurável e em um grau não muito intenso. Não é, dizem eles, o natural humano que o espírito de um homem seja isento de tristeza ou que o sábio não seja dominado pelo sofrimento, mas seja apenas tocado por ele, e outros argumentos deste tipo, tudo de acordo com os ensinamentos de sua escola.

04. Eles não eliminam as paixões; eles apenas as moderam. Mas quão insignificante é a superioridade que atribuímos ao homem sábio, se ele é apenas mais corajoso do que o mais covarde, mais feliz do que o mais abatido, mais autocontrolado do que o mais desenfreado e maior do que o mais baixo! Teria Ladas[100] orgulho de sua rapidez em correr, comparando-se com os coxos e os fracos?

| Ela conseguia voar sobre a ponta das espigas de uma seara virente sem na corrida atingir os tenros grãos; ou percorrer, suspensa, as grossas ondas do mar encapelado sem salpicar sequer os pés velozes. | Illa vel intactae segetis per summa volaret Gramina nec cursu teneras laesisset aristas, Vel mare per medium fluctu suspensa tumenti Ferret iter celeres nec tingueret aequore plantas.[101] |

Esta é a velocidade estimada pelo seu próprio padrão, não do tipo que ganha elogios em comparação com o que é mais lento. Você chamaria de saudável um homem que tem um caso leve de febre? Não, pois uma boa saúde não significa doença moderada.

05. Dizem os peripatéticos: "O sábio é chamado imperturbável no sentido em que as romãs são chamadas maduras – não que não haja dureza em todas as suas sementes, mas que a dureza é menor do que era antes." Essa visão é errada; pois não me refiro à eliminação gradual dos males em um homem bom, mas à completa ausência de males; não deveria haver nele nenhum mal, nem mesmo pequenos. Pois, se houver, crescerão e, à medida que crescerem, o estorvarão. Assim como uma catarata completa cega totalmente os olhos, uma catarata de tamanho médio entorpece a visão.

06. Se por sua definição o homem sábio tem quaisquer paixões, sua razão não será nenhum adversário para elas e será carregada rapidamente, por assim dizer, em um córrego agitado. Particularmente se você atribuir a ele não só uma paixão contra a qual deva lutar, mas todas as paixões. E uma multidão de tais, embora moderadas, podem afetá-lo mais do que a violência de uma poderosa paixão.

07. O sábio deles tem um desejo por dinheiro, embora em um grau moderado. Ele tem ambição, mas ainda não está totalmente despertada. Ele tem um temperamento quente, mas pode ser apaziguado. Ele tem inconstância, mas não o tipo que é muito caprichosa ou facilmente posta em movimento. Ele tem luxúria, mas não o tipo violento. Poderíamos lidar melhor com uma pessoa que possua um único vício pleno, do que com alguém que possua todos os vícios, mas nenhum deles em forma extrema.

08. Novamente, não faz diferença a grandeza da paixão; não importa qual seu tamanho possa ser, não reconhece nenhuma obediência e não dá boas-vindas ao conselho. Assim como nenhum animal, selvagem ou domesticado, obedece à razão, já que natureza os fez surdos ao conselho, assim também as paixões não seguem nem escutam, por mais que sejam moderadas. Tigres e leões nunca adiam a sua selvageria; eles às vezes a moderam e então, quando você está menos preparado, sua ferocidade adormecida é despertada para a loucura. Vícios nunca são domesticados.

09. Novamente, se a razão prevalecer, as paixões nem sequer começarão; mas se elas se encaminharem contra a vontade da razão, elas se manterão contra a vontade da razão. Pois é mais fácil detê-las no começo do que controlá-las quando ganham força. Este meio caminho (atenuação dos vícios, admitida pelos peripatéticos) é, portanto, enganoso e inútil; deve ser considerado como a declaração de que devemos ser moderadamente insanos ou moderadamente doentes.

10. Só a virtude possui moderação; os males que afligem a alma não admitem moderação. Você pode removê-los mais facilmente do que controlá-los. Pode-se duvidar de que os vícios da mente humana, quando se tornam crônicos e insensíveis ("doenças do espírito", nós os chamamos), estão fora de controle como, por exemplo, a ganância, a crueldade e a indelicadeza? Portanto, as paixões também estão além do controle; porque é das paixões que passamos aos vícios.

11. Novamente, se você conceder quaisquer privilégios à tristeza, ao medo, ao desejo e a todos os outros impulsos errados, eles deixarão de estar sob nossa jurisdição. E por quê? Simplesmente porque os meios de controlá-los estão fora do nosso próprio poder. Em consequência, aumentarão proporcionalmente à medida que as causas pelas quais são agitados sejam maiores ou menores. O medo crescerá em proporções maiores, se o que causa o terror é visto como de maior magnitude ou em maior proximidade; e o desejo se tornará cada vez mais intenso na medida em que a esperança de um ganho maior o convoca à ação.

12. Se a existência das paixões não está no nosso próprio controle, tampouco está a extensão de seu poder; pois se uma vez permitir que elas comecem, elas aumentarão juntamente com suas causas e serão do tamanho que quiserem. Além disso, não importa quão pequenos esses vícios são, eles crescem. O que é prejudicial nunca se mantém dentro dos limites. Não importa quão insignificantes sejam as doenças no começo, elas se arrastam rapidamente e às vezes o menor aumento da doença derruba o corpo enfraquecido!

13. Mas que loucura é, quando o começo de certas coisas está situado fora de nosso controle, acreditar que seus fins estão sob nosso controle! Como terei eu o poder de trazer algo ao fim, quando eu não tive o poder de interromper isso no começo? Pois é mais fácil evitar uma coisa do que mantê-la sob controle após ela ter se estabelecido.

14. Alguns homens fazem uma distinção, dizendo: "Se um homem tem autocontrole e sabedoria, ele está de fato em paz quanto à atitude e ao hábito de sua mente, mas não quanto ao resultado, pois, no que se refere ao seu hábito mental, ele não está perturbado, triste ou temeroso, mas há muitas causas estranhas que o atingem e lhe trazem perturbação".

15. O que eles querem dizer é isto: "Fulano não é de fato um homem de disposição irritada, mas ainda assim ele às vezes dá lugar à raiva", e "ele não está de fato inclinado a temer, mas ainda assim às vezes tem medo"; em outras palavras, ele está livre da culpa, mas não está livre da paixão do medo. Se, no entanto, ao medo é dada uma entrada, irá pelo uso frequente passar a um vício; e a raiva, uma vez admitida na mente, irá alterar o hábito anterior de uma mente que antes estava livre de raiva.

16. Além disso, se o homem sábio, em vez de desprezar todas as causas que vêm de fora, sempre teme alguma coisa, quando chegar o momento de ir bravamente de encontro às lanças ou chamas, em nome de seu país, suas leis e sua liberdade, ele irá adiante relutantemente e com espírito enfraquecido. Tal inconsistência da alma, no entanto, não se adequa ao caráter de um homem sábio.

17. Então, novamente, devemos fazer com que dois princípios que devem ser demonstrados separadamente não sejam confundidos. Pois a conclusão é alcançada independentemente de que só o que é bom é honroso, e novamente independente à conclusão de que a virtude é suficiente para a vida feliz. Se só o que é bom é honroso, todos concordam que a virtude é suficiente para o propósito de viver felizmente; mas, pelo contrário, se a virtude sozinha faz os homens felizes, não se admite que só o que é bom é honroso.

18. Xenócrates[102] e Espeusipo[103] afirmam que um homem pode tornar-se feliz mesmo pela virtude sozinha, não, no entanto, que o que é honroso é o único bem[104]. Epicuro também decide que aquele que possui virtude é feliz, mas que a própria virtude não é suficiente para a vida feliz, porque o prazer que resulta da virtude, e não a própria virtude, torna-o feliz. Esta é uma distinção fútil. Pois o mesmo filósofo declara que a virtude nunca existe sem prazer e, portanto, se a virtude está sempre ligada ao prazer e sempre inseparável dele, a virtude é por si só suficiente. Pois a virtude mantém o prazer em sua companhia e não existe sem ele, mesmo quando está sozinha.

19. Mas é absurdo dizer que um homem será feliz pela virtude sozinha e ainda não absolutamente feliz. Eu não consigo entender isso, uma vez que a vida feliz contém em si um bem que é perfeito e não pode ser melhorado, se um homem tem este bem, a vida é completamente feliz. Ora, se a vida dos deuses não contém nada maior ou melhor e a vida feliz é divina, então não há mais altura para a qual um homem possa ser elevado.

20. Também, se à vida feliz não falta nada, então toda vida feliz é perfeita; é feliz e ao mesmo tempo a mais feliz. Você tem alguma dúvida de que a vida feliz é o Bem Supremo? Consequentemente, se ela possui o Bem Supremo, é supremamente feliz. Assim como o Bem Supremo não admite o aumento (pois o que será superior ao que é supremo?), exatamente assim a vida feliz também não pode ser aumentada; pois não existe sem o Bem Supremo. Se então você apresentar um homem que é "mais feliz" do que outro, você também vai apresentar alguém que é "muito mais feliz"; então você estará fazendo inúmeras distinções no

Bem Supremo; embora eu entenda que o Bem Supremo seja aquele bem que não admite nenhum grau acima de si.

21. Se uma pessoa é menos feliz do que outra, segue-se que deseja ansiosamente a vida desse outro homem, mais feliz do que a sua. Mas o homem feliz prefere a vida de nenhum outro homem a sua. Qualquer uma dessas duas coisas é incrível: que deva haver qualquer coisa faltando para um homem feliz desejar em preferência ao que é, ou que ele não deva preferir a coisa que é melhor do que o que já tem. Com certeza, quanto mais prudente ele for, tanto mais se esforçará pelo melhor e desejará alcançá-lo por todos os meios possíveis. Mas como se pode ser feliz quem ainda é capaz, ou melhor, quem ainda está obrigado, a desejar algo mais?

22. Eu lhe direi qual é a origem desse erro: os homens não entendem que a vida feliz é uma unidade; pois é sua essência e não sua extensão, que estabelece tal vida no mais nobre plano. Daí a completa igualdade entre a vida que é longa e a vida curta, entre aquilo que se estende e o que está confinado, entre aquilo cuja influência é sentida em muitos lugares e em muitas direções e aquilo que se restringe a um interesse. Aqueles que contam a vida em número, ou por medida ou por partes, roubam sua qualidade distintiva. Agora, na vida feliz, qual é a qualidade distintiva? É a sua plenitude.

23. Saciedade, penso eu, é o limite para o nosso comer ou beber. A come mais e B come menos; que diferença faz? Cada um está agora saciado. Ou A bebe mais e B bebe menos; que diferença faz? Cada um não está mais sedento, da mesma forma. A vive por muitos anos e B, por menos; não importa, se os muitos anos de A trouxeram tanta felicidade quanto os poucos anos de B. Aquele que você diz ser "menos feliz" não é feliz; a palavra não admite nenhuma diminuição.

24. "Quem é valente não conhece o medo; quem não conhece o medo não conhece a tristeza; quem não conhece a tristeza é feliz." Foi a nossa própria escola que fabricou este silogismo; eles tentam refutá-lo com esta resposta, ou seja, que nós, estoicos, estamos assumindo uma premissa que é falsa e claramente controversa – que o homem corajoso não sente medo. "O quê!" Eles dirão: "Será que o homem corajoso não tem medo dos males que o ameaçam? Esta seria a condição de um louco, um lunático, em vez de um homem corajoso. O homem corajoso, é verdade, sentirá medo em apenas um leve grau, mas ele não está absolutamente livre de medo".

25. Agora, aqueles que afirmam isso estão voltando a seu antigo argumento, na medida em que consideram os vícios de menor grau como equivalentes às virtudes. Pois, de fato, o homem que sente o medo, embora o sinta raramente e em menor grau, não está livre da maldade, mas está apenas perturbado por ela de uma forma suave. "Não é assim", é a resposta, "porque eu considero que um homem é louco se ele não tem medo de males que pairam sobre sua cabeça." O que você diz é perfeitamente verdadeiro, se as coisas que ameaçam são realmente males; mas se ele sabe que não são males e acredita que o único mal é a imoralidade, ele será compelido a enfrentar perigos sem ansiedade e desprezar as coisas que outros homens não podem deixar de temer. Ou, se é a característica de um tolo e um louco não temer males, então quanto mais sábio um homem for, mais temerá tais coisas!

26. "É a doutrina de vocês, estoicos, então," eles respondem, "que um homem corajoso se exponha a perigos." De jeito nenhum; ele simplesmente não os temerá, embora os evite. É bom para ele ter cuidado, mas não ter medo. "E então, não temerá a morte, o aprisionamento, o fogo e todos os outros ataques da Fortuna?" De modo nenhum; pois ele sabe que eles não são males, mas só parecem ser. Ele considera todas essas coisas como espantalhos para assustar os homens.

27. Trace um quadro de escravidão, chicotes, correntes, carestia, mutilação por doença ou por tortura – ou qualquer outra coisa que possa querer mencionar; ele contará todas essas coisas como terrores causados pelo desarranjo da alma. Essas coisas só devem ser temidas por medrosos. Ou você considera como um mal algo que um dia poderemos ser obrigados a recorrer de nossa livre e espontânea vontade?

28. O que, então, você pergunta, é um mal? É a submissão às coisas que se chamam males; é a entrega da própria liberdade ao seu controle, quando realmente devemos sofrer todas as coisas para preservar essa liberdade. A liberdade está perdida a menos que desprezemos as coisas que colocam o jugo[105] nos nossos pescoços. Se os homens soubessem o que é a bravura, eles não teriam dúvidas quanto a qual deveria ser a conduta de um homem corajoso. Pois a bravura não é imprudência ou amor ao perigo ou o cortejo de objetos inspiradores do medo; é o conhecimento que nos permite distinguir entre o que é o mal e o que não é.[106] A bravura cuida de si mesma, e também atura com a maior paciência todas as coisas que têm uma falsa aparência de serem más.

29. "O que, então?" É a questão: "Se a espada é brandida sobre o pescoço do seu corajoso, se ele é perfurado neste lugar, se ele vê suas entranhas no colo, se ele for torturado novamente depois de ter descansado para que possa sentir a tortura com mais intensidade e se o sangue corre novamente de seu intestino, onde há pouco deixou de fluir, ele não terá medo? Você diz que ele também não sente nenhuma dor?" Sim, ele sente dor; pois nenhuma virtude humana pode se livrar de sentidos. Mas ele não tem medo; sem abalo ele olha para baixo, de uma altura elevada, sobre seus sofrimentos. Você me pergunta que espírito o anima nessas circunstâncias? É o espírito de alguém que está confortando um amigo doente.

30. "Aquilo que é mau prejudica; o que prejudica piora o homem, mas a dor e a pobreza não pioram o homem, por isso não são males." "Sua proposição," diz o objetor, "é errada, pois o que prejudica não necessariamente faz alguém pior, a tempestade e a tormenta prejudicam o piloto, mas não fazem dele um piloto pior."

31. Alguns estoicos respondem a este argumento da seguinte maneira: "O piloto torna-se um piloto pior por causa de tempestades ou rajadas, na medida em que não consegue cumprir o seu propósito e manter-se em seu curso; não se torna um piloto pior, mas em seu trabalho ele piora". A isto, os peripatéticos retrucam: "Por isso, a pobreza tornará pior até mesmo o homem sábio e assim também a dor, assim como qualquer outra coisa semelhante, pois, embora essas coisas não o roubem de sua virtude, elas irão prejudicar o trabalho da virtude".

32. Esta seria uma afirmação correta, não fosse pelo fato de que o piloto e o sábio são dois tipos diferentes de pessoa. O propósito do homem sábio na condução de sua vida não é concluir todos os perigos que prova, mas fazer todas as coisas corretamente; o propósito do piloto, no entanto, é levar seu navio para o porto em meio a todos os perigos. As artes são servas; elas devem realizar o que prometem fazer. Mas a sabedoria é senhora e governante. As artes rendem o serviço de escravo à vida; a sabedoria emite os comandos!

33. Para mim, eu sustento que uma resposta diferente deve ser dada: que a arte do piloto nunca é piorada pela tempestade, nem a aplicação de sua arte também. O piloto prometeu-lhe, não uma viagem próspera, mas um desempenho útil de sua tarefa – isto é, um conhecimento especializado de dirigir um navio. E quanto mais ele é dificultado pelo estresse da Fortuna, tanto mais seu conhecimento se torna aparente. Aquele que foi capaz de dizer: "Netuno, você nunca afundará este navio, exceto em um mar calmo",[107] cumpriu os requisitos de sua arte; a tempestade não interfere com o trabalho do piloto, mas apenas com seu sucesso.

34. "O que, então", você diz, "um piloto não é prejudicado por qualquer circunstância que não lhe permita fazer porto, frustre todos os seus esforços e que o leve para o fundo ou segure o navio em ferros ou remova seus mastros?". Não, não o prejudica como piloto, mas apenas como um viajante; caso contrário, ele não é um piloto. Na verdade, está longe de dificultar a arte do piloto e até mesmo permite que exiba a sua arte; pois qualquer um, nas palavras do provérbio, é um piloto em um mar calmo. Esses percalços obstruem a viagem, mas não o timoneiro na qualidade de timoneiro.

35. Um piloto tem um duplo papel: um que ele compartilha com todos os seus companheiros de viagem, pois ele também é um passageiro; o outro é peculiar a ele, pois ele é o piloto. A tempestade o prejudica como passageiro, mas não como piloto.

36. Mais uma vez, a arte do piloto é voltada ao exterior – diz respeito aos seus passageiros, assim como a arte de um médico diz respeito a seus pacientes. Mas o bem do sábio é um bem interno – pertence tanto àqueles em cuja companhia ele vive, como a ele também. Daí o nosso piloto pode ser prejudicado, uma vez que seus serviços, que foram prometidos aos outros, são prejudicados pela tempestade.

37. Mas o homem sábio não é prejudicado pela pobreza, pela dor ou por qualquer outra tempestade da vida. Pois nem todas as suas funções não são restringidas, mas apenas as que pertencem aos outros; ele mesmo está sempre em ação e é maior em desempenho no momento em que a Fortuna atrapalha seu caminho. Pois então ele está realmente envolvido no negócio da sabedoria; esta sabedoria que já declarei ser, tanto o bem dos outros, como também de si próprio.

38. Além disso, ele não está impedido de ajudar os outros, mesmo no momento em que as circunstâncias restritivas o pressionam. Por causa de sua pobreza, ele é impedido de mostrar como o Estado deve ser governado; mas ele ensina, não obstante, como a pobreza deve ser governada. O seu trabalho continua durante toda a sua vida. Assim, nenhuma Fortuna, nenhuma circunstância externa, pode isolar o sábio da ação. Pois a própria coisa que envolve sua atenção, o impede de atender a outras coisas. Ele está pronto para qualquer resultado: se traz bens, ele os controla; se males, ele os conquista.

39. Tão profundamente, quero dizer, ele se treinou a demonstrar sua virtude tanto na prosperidade quanto na adversidade e mantém seus olhos na própria virtude, não nos objetos com os quais a virtude trata. Daí que nem a pobreza nem a dor, nem qualquer outra coisa que desvia os inexperientes e os conduz ao fracasso, impede o sábio de seguir seu curso.

40. Você acha que ele está sobrecarregado por males? Ele faz uso deles. Não era só de marfim que Fídias[108] sabia fazer estátuas; ele também fez estátuas de bronze. Se você tivesse lhe dado mármore ou um material ainda pior, ele teria feito dele a melhor estátua que o material permitiria. Assim, o sábio desenvolverá a virtude, se puder, no meio da riqueza ou, se não, no meio da pobreza; se possível, em seu próprio país, se não, no exílio; se possível, como comandante, se não, como um soldado comum; se possível, em boa saúde, se não, enfraquecido. Qualquer que seja a Fortuna que se encontre, conseguirá algo digno de nota.

41. Alguns dos domadores de animais são infalíveis; eles tomam os animais mais selvagens, que podem muito bem aterrorizar qualquer um que os encontrar, e subjuga-os à vontade do homem, não se contentando em expulsar a sua ferocidade, eles até os domam para que habitem a mesma casa. O treinador coloca a mão na boca do leão; o tigre é beijado por seu dono. O minúsculo etíope ordena ao elefante que se afunde em seus joelhos, ou que ande na corda. Da mesma forma, o sábio é uma mão qualificada para domar males. A dor, a carestia, a desgraça, a prisão, o exílio, estes são universalmente temíveis, mas quando eles encontram o homem sábio, são domesticados!

Mantenha-se Forte. Mantenha-se Bem.

XXI.
SOBRE A VILA DE CIPIÃO

Saudações de Sêneca a Lucílio.

01. Eu estou descansando na casa de campo que uma vez pertenceu ao próprio Cipião Africano[109] e escrevo-lhe depois de reverenciar seu espírito e um altar que estou inclinado a pensar ser o túmulo daquele grande guerreiro. Que a sua alma realmente retornou aos céus, de onde veio, estou convencido, não porque ele comandou exércitos poderosos – porque Cambises[110] também tinha poderosos exércitos, e Cambises era um louco que fez uso bem-sucedido de sua loucura –, mas porque ele mostrou moderação e um senso de dever de maravilhosa amplitude. Considero este traço nele como mais admirável após sua retirada de sua terra natal do que enquanto ele estava defendendo-a; pois havia a alternativa: Cipião deveria permanecer em Roma ou Roma deveria permanecer livre.

02. "É meu desejo", disse ele, "não infringir o mínimo de nossas leis ou de nossos costumes; que todos os cidadãos romanos tenham direitos iguais. Oh, meu país, goza o máximo do bem que eu fiz, mas sem mim, eu fui a causa de sua liberdade e eu serei também a sua prova, vou para o exílio, se é verdade que cresci além do que é a sua necessidade!".

03. O que posso fazer senão admirar essa magnanimidade que o levou a se retirar para o exílio voluntário e aliviar o Estado de sua carga? As coisas haviam ido tão longe que a liberdade prejudicaria Cipião ou Cipião, a liberdade. Qualquer uma dessas coisas era errada frente aos céus. Então ele cedeu às leis e retirou-se para Literno, pensando em fazer o Estado um devedor por seu próprio exílio não menos do que pelo exílio de Aníbal.

04. Eu inspecionei a casa, que é construída de pedra cortada; o muro que encerra um bosque; as torres também, fortificadas em ambos os lados com a finalidade de defender a casa; o poço, escondido entre edifícios e arbustos, grande o suficiente para manter todo um exército fornecido; e o pequeno banho, sepultado na escuridão de acordo com o estilo antigo, pois nossos antepassados não pensavam que poderiam ter um banho quente, exceto fora de vista. Foi, portanto, um grande prazer eu comparar os costumes de Cipião com os nossos.

05. Pense, neste pequeno retiro, o "terror de Cartago", a quem Roma deveria agradecer por não ter sido capturada mais de uma vez,[111] costumava banhar um corpo cansado de trabalho nas batalhas! Pois ele estava acostumado a manter-se ocupado e a cultivar o solo com as próprias mãos, como os bons e antigos romanos costumavam fazer. Debaixo deste teto esquálido, ele esteve em pé e este piso, medíocre como é, suportou seu peso.

06. Mas quem, nesses dias de hoje, poderia suportar banhar-se de tal maneira? Nós nos achamos pobres e mesquinhos se nossas paredes não são resplandecentes com espelhos grandes e dispendiosos; se os nossos mármores de Alexandria não são desencadeados por mosaicos de pedra numidiana,[112] se suas molduras não são enfeitadas em todos os lados com padrões complexos, dispostos em muitas cores como pinturas; se os nossos tetos abobadados não estão cobertos por cristal; se as nossas piscinas não estiverem revestidas com mármore de Tasos,[113] antigamente uma ocorrência rara e maravilhosa em piscinas de templos, em que descemos nossos corpos depois de terem sido drenados por transpiração abundante; e, finalmente, se a água não verte por cumeeiras de prata.

07. Até agora tenho falado sobre os estabelecimentos de banhos comuns; o que devo dizer quando mencionar aqueles dos libertos?[114] Que grande número de estátuas, de colunas que não suportam nada, mas são construídas para decoração, apenas para gastar dinheiro! E que massas de água que caem de nível em nível! Nós nos tornamos tão luxuosos que não temos nada além de pedras preciosas para caminhar.

08. Neste banho de Cipião, há pequenas fendas – você não pode chamá-las de janelas – cortadas do muro de pedra de modo a admitir a luz sem enfraquecer as fortificações; hoje em dia, no entanto, as pessoas consideram que os banhos servem apenas para as mariposas se não estiverem dispostos a receber o sol durante todo o dia através de largas janelas, se os homens não puderem tomar banho e se bronzear ao mesmo tempo e se não podem olhar para fora de suas banheiras sobre extensões de terra e mar. Assim vai; os estabelecimentos que haviam atraído multidões e ganharam admiração quando foram abertos pela primeira vez são evitados e colocados de volta na categoria de antiguidades veneráveis, assim que o luxo tenha criado algum dispositivo novo.

09. Nos dias de antigamente, no entanto, havia poucos banhos[115] e eles não estavam equipados com qualquer ostentação. Por que os homens devem elaborar o que custa apenas um centavo, e foi inventado para uso, não apenas para o deleite? Os banhistas daqueles dias não tinham água jogada sobre eles, nem sempre corria pura como se de uma fonte termal; e eles não acreditavam que importava o quão perfeitamente pura era a água na qual eles deveriam deixar a sua sujeira.

10. Ó deuses, que prazer é entrar nesse banho escuro, coberto com um tipo comum de telhado, sabendo que ali o seu heroi Catão, como edil[116], ou Fábio Máximo ou um dos Cornélios,[117] aqueceu a água com suas próprias mãos! Pois isso também costumava ser o dever dos edis mais nobres – entrar nos lugares os quais a população utilizava e demandar que fossem limpos e aquecidos a uma temperatura exigida por considerações de uso e saúde, e não a temperatura que os homens recentemente usam, tão intensa como uma conflagração – tanto assim de fato, que um escravo condenado por alguma ofensa criminal agora deve ser banhado vivo! Parece-me que hoje em dia não há diferença entre "o banho está escaldante" e "o banho está quente".

11. Como algumas pessoas hoje condenam Cipião como provinciano, porque ele não deixou a luz do dia em sua sala de banho através de janelas largas ou porque ele não se tostou na luz do sol forte e vacilou até estar cozido na água quente! "Pobre tolo", eles dizem, "ele não sabia como viver! Ele não se banhou em água filtrada, muitas vezes era turva e, depois de fortes chuvas, quase lamacentas!". Mas não importava muito a Cipião se tivesse que banhar-se dessa maneira; ele foi lá para lavar o suor e não para ser ungido.

12. E como você acha que algumas pessoas me responderão? Elas dirão: "Eu não invejo Cipião, tinha verdadeiramente uma vida de exilado. Suportar banhos como esses!" Amigo, se você fosse mais sábio, você saberia que

Cipião não se banhava todos os dias. É afirmado por aqueles que nos relatam os costumes da Roma antiga que os romanos lavavam apenas os braços e as pernas diariamente – porque esses eram os membros que reuniam a sujeira em seu trabalho diário – e banhavam-se completamente uma vez por semana. Aqui alguém replicará: "Sim, eram indivíduos evidentemente muito sujos! Como eles deveriam ter cheirado!" Mas eles cheiravam a batalha, a fazenda e a heroísmo. Agora que os estabelecimentos de banho reluzentes foram planejados, os homens são realmente mais nauseabundos do que anteriormente.

13. O que disse Horácio Flaco,[118] quando desejou descrever um canalha, que era notório por seu luxo extremo? Ele disse: "Bucílio cheira a perfume".[119] Mostre-me um Bucílio nestes dias; seu cheiro seria o verdadeiro cheiro de cabra. Ele tomaria o lugar do Gargónio, com quem Horácio na mesma passagem o comparava. Hoje em dia não é suficiente usar perfume, a menos que você coloque um casaco novo duas ou três vezes por dia, para evitar o cheiro da transpiração do corpo. Mas por que um homem deve se orgulhar desse perfume como se fosse dele próprio?

14. Se o que estou dizendo parecer a você muito pessimista, compare com a casa de campo de Cipião, onde aprendi uma lição de Egíalo, um chefe de família muito cuidadoso e agora dono dessa propriedade; ele me ensinou que uma árvore pode ser transplantada, não importa quão idosa. Nós, velhos, devemos aprender este preceito; pois não há nenhum de nós que não esteja plantando um jardim de oliveiras para o seu sucessor. Eu as vi ter frutos após três ou quatro anos de improdutividade.

15. E você também deve ser sombreado pela árvore que

Cresce lentamente, mas dará sombra aos seus futuros netos	**Tarda venit seris factura nepotibus umbram**[120]

como diz nosso poeta Virgílio. Virgílio procurou, no entanto, não o que estava mais próximo da verdade, mas o que era mais apropriado e direcionado, não a ensinar o fazendeiro, mas a agradar o leitor.

16. Por exemplo, ao omitir todos os outros erros dele, citarei a passagem onde incumbe hoje a mim detectar uma falha:

> Na primavera semeia feijão, então, também, trevo,
> Vocês são bem-vindos pelos sulcos em ruínas; e
> O milhete pede cuidados anuais.

> Vere fabis satio est: tunc te quoque, medica, putres
> Accipiunt sulci, et milio venit annua cura.[121]

Você pode julgar pelo seguinte incidente se essas plantas devem ser plantadas ao mesmo tempo ou se ambas devem ser semeadas na primavera. É junho no presente escrito e estamos quase em julho; e eu vi neste momento os agricultores colhendo feijão e semeando milhete.[122]

17. Mas, para retornar ao nosso jardim de oliveiras, eu as vi sendo plantadas de duas maneiras. Se as árvores forem grandes, Egíalo pega seus troncos e corta os ramos até o comprimento de um pé cada; ele então transplanta junto com a base, depois de cortar as raízes, deixando apenas o bulbo, a parte grossa da qual as raízes se penduram. Ele mistura isso com esterco e insere no buraco, não só cobrindo de terra, mas compactando-a e pressionando-a.

18. Não há nada, diz ele, mais eficaz do que este processo de embalagem; em outras palavras, afasta o frio e o vento. Além disso, o tronco não é muito abalado e, por esse motivo, a embalagem faz com que as raízes jovens cresçam e se firmem no solo. Essas são necessariamente ainda frágeis; elas provêm apenas uma leve fixação, e um pouco de agitação as arranca do lugar. Esta base, além disso, Egíalo desbasta antes de cobri-la. Pois ele afirma que novas raízes brotam de todas as partes que foram podadas. Além de tudo, o tronco em si não deve ficar a mais de três ou quatro pés do chão. Pois assim haverá, ao mesmo tempo, um crescimento espesso do fundo e evitará um grande tronco, todo seco e murcho, como é o caso dos velhos olivais.

19. A segunda maneira de transplantá-las era a seguinte: ele colhe ramos de tipo semelhante que são fortes e de casca macia, como costumam ser as de jovens mudas. Estes crescem um pouco mais devagar, mas, como eles brotam do que é praticamente um corte, não há rugosidade ou feiura neles.

20. Isto também já vi recentemente – uma videira envelhecida transplantada de sua própria plantação. Neste caso, as radículas também devem ser reunidas, se possível e então você deve encobrir a haste da videira de forma mais generosa, de modo que as raízes possam surgir mesmo do cepo. Eu vi tais plantações feitas não só em fevereiro, mas no final de março; as plantas tomam controle e abraçam os troncos dos ulmeiros.

21. Mas todas as árvores, ele declara, que são, por assim dizer, "espessas", devem ser auxiliadas com irrigação; se tivermos essa ajuda, somos nossos próprios criadores de chuva. Eu não pretendo contar mais nada desses preceitos, com medo de que, como Egíalo fez comigo, talvez eu o esteja treinando para ser meu concorrente.

Mantenha-se Forte. Mantenha-se Bem.

XXII.
ALGUNS ARGUMENTOS EM FAVOR DA VIDA SIMPLES

Saudações de Sêneca a Lucílio.

01. "Eu era um náufrago antes de subir a bordo."[123] Não vou acrescentar como isso aconteceu, para que não considere isso também como outro dos paradoxos estoicos; e, no entanto, sempre que estiver disposto a ouvir, ou melhor, mesmo que não esteja disposto, demonstrarei que essas palavras não são falsas, nem tão surpreendentes como se pensa à primeira vista. Entretanto, a viagem me mostrou isto: quanto do que nós possuímos é supérfluo; temos tantas coisas de que nem sentiríamos a falta se delas fôssemos privados pela força das circunstâncias.

02. Meu amigo Máximo e eu passamos um período muito feliz de dois dias, levando conosco muito poucos escravos – apenas os que cabiam em uma carruagem – e nenhuma parafernália, exceto o que usamos em nossos corpos. O colchão jaz ao chão e eu, sobre o colchão. Há duas mantas – uma espalhada no solo e uma para nos cobrir.

03. Nada poderia ser subtraído do nosso almoço; não demorou mais de uma hora para preparar e não estávamos destituídos de figos secos, nunca sem tabuleta de escrita. Se eu tenho pão, eu uso figos como um deleite; se não, considero os figos como um substituto do pão. Por isso, eles me trazem um banquete de Ano Novo todos os dias e faço o Ano Novo feliz e próspero pelos bons pensamentos e grandeza da alma; pois a alma nunca é maior do que quando deixa de lado todas as coisas externas e assegura a paz por si mesmo, sem temer nada e é rica por não desejar riquezas.

04. O veículo no qual tomei meu lugar é uma carroça de agricultor. Apenas caminhando as mulas mostram que estão vivas. O cocheiro está descalço e não porque é verão. Não consigo me forçar a desejar que outros considerem que esta minha carroça seja minha. O meu constrangimento com a verdade ainda resiste, veja você, e sempre que nos encontramos com um grupo mais suntuoso, ruborizo-me involuntariamente – prova de que essa conduta que eu aprovo e aplaudo ainda não ganhou uma habitação firme e resoluta dentro de mim. Aquele que se ruboriza em andar em uma carripana[124] se vangloriará quando passear com estilo.

05. Então, meu progresso ainda é insuficiente.[125] Ainda não tenho a coragem de reconhecer a minha frugalidade. Ainda estou incomodado com o que outros viajantes pensam de mim. Mas, em vez disso, eu realmente deveria ter pronunciado uma opinião contra aquilo em que a humanidade acredita, dizendo: "Você está louco, você está enganado, sua admiração se dedica a coisas supérfluas! Você não estima nenhum homem em seu valor real. Quando a propriedade é considerada, você avalia com o cálculo mais escrupuloso aqueles a quem você deve emprestar dinheiro ou benefícios, pois você incorpora benefícios também como pagamentos em seu livro-caixa".

06. Você diz: "Seu patrimônio é amplo, mas suas dívidas são grandes". "Ele tem uma bela casa, mas ele construiu com capital emprestado." "Nenhum homem exibirá um séquito mais brilhante de última hora, mas ele não pode quitar suas dívidas." "Se pagar seus credores, ele não terá mais nada." Então, você também deve se sentir obrigado a fazer o mesmo em todos os outros casos – descobrir por eliminação a quantidade de bens reais de cada homem.

07. Suponho que você chame um homem de rico apenas porque leva consigo seu peitoral de ouro, mesmo em suas viagens, porque planta terras em todas as províncias, porque desenrola um grande livro-caixa, porque possui propriedades tão grandes perto da cidade que os homens invejariam seus bens nas terras distantes da Apúlia.[126] Mas depois de ter mencionado todos esses fatos, ele é pobre. E por quê? Ele está em dívida. "Até que ponto?", você pergunta. Por tudo o que ele tem. Ou por acaso você pensa que importa se alguém emprestou de outro homem ou da Fortuna?

08. Que bem há em mulas gordas, todas da mesma cor? Para que essas carruagens com baixos relevos em metal?

Corcéis recobertos de púrpura, e coloridos panejamentos: são em ouro os arreios que lhes pendem sobre o peito, e, de ouro cobertos, é de ouro fulvo ainda o freio que mordem.	Instratos ostro alipedes pictisque tapetis, Aurea pectoribus deraissa monilia pendent, Tecti auro fulvom mandunt sub dentibus aurum.[127]

Nem o mestre nem a mula são melhorados por esses ornamentos.

09. Marco Catão, o Censor, cuja existência ajudou o Estado tanto quanto Cipião – pois, enquanto Cipião lutou contra nossos inimigos, Catão lutou contra nossa má moral –, costumava montar um burro e um burro daquele que carregava bolsas de sela contendo as necessidades do mestre. Como eu gostaria de vê-lo encontrar hoje na estrada um dos nossos janotas, com seus batedores e Numídios e uma grande nuvem de poeira antes dele! Seu janota, sem dúvida, parece refinado e bem atendido em comparação com Marco Catão, seu janota que, no meio de toda sua luxuosa parafernália, se preocupa principalmente com a espada ou com a faca de caça.[128]

10. Que glória aos tempos em que vivia, pois, um general vitorioso, um censor e o que é mais notável de todos, um Catão, se contentava com um único pangaré, e com menos que um pangaré inteiro já que uma parte do animal era ocupada pela bagagem que pendia em ambos os lados. Você não preferiria, portanto, o corcel de Catão, aquele corcel único, selado pelo próprio Catão, ao séquito inteiro de pôneis roliços, garanhões trotadores de janota?

11. Eu vejo que não haverá fim em lidar com esse tema, a menos que eu acabe com ele. Então, eu vou ficar em silêncio, pelo menos com referência a coisas supérfluas como estas; sem dúvida, o homem que primeiro as chamou de "impedimentos"[129] teve uma suspeita profética de que seriam o tipo de coisa que agora são. No presente, gostaria de entregar-lhe os silogismos, ainda poucos, pertencentes à nossa escola sobre a questão da virtude, o que, em nossa opinião, é suficiente para a vida feliz.

12. "O que é bom faz os homens serem bons. Por exemplo, o que é bom na arte da música faz o músico. Mas os acontecimentos fortuitos não fazem um homem bom, portanto, os eventos da Fortuna não são bens." Os peripatéticos respondem a isso dizendo que a premissa é falsa; que os homens, não em todos os casos, se tornam bons por meio do que é bom; que na música há algo de

bom, como uma flauta, uma harpa ou um órgão adequado para acompanhar o canto, mas que nenhum desses instrumentos faz o músico.
13. Devemos então responder: "Você não entende em que sentido usamos a frase 'o que é bom na música'. Pois não queremos dizer o que equipa o músico, mas o que faz o músico, você, no entanto, está se referindo aos instrumentos da arte e não à arte propriamente. Se, no entanto, qualquer coisa na arte da música for boa, isso, em todos os casos, fará o músico".
14. E gostaria de colocar esta ideia ainda mais claramente. Definimos o bem na arte da música de duas maneiras: o que faz de um músico um executante, por outro, o que faz dele um artista. Agora, os instrumentos musicais têm a ver com sua performance, como flautas, e órgãos, e harpas; mas eles não têm a ver com a própria arte do músico. Pois ele é um artista mesmo sem eles; talvez ele esteja em falta com a habilidade de praticar sua arte. Mas o bem no homem não é duplo no mesmo modo; pois o bem do homem e o bem da vida são os mesmos.
15. "O que pode entrar na posse de qualquer homem, não importa o quão vil ou desprezado possa ser, não é um bem. Mas a riqueza vem ao cafetão e ao treinador de gladiadores, portanto, a riqueza não é um bem." "Outra premissa errada", dizem eles, "porque notamos que os bens entram na posse do homem mais vil, não só na arte do erudito, mas também na arte da cura ou na arte de navegar."
16. Essas artes, no entanto, não fazem nenhuma declaração solene de grandeza da alma; elas não se levantam em nenhuma altura nem franzem o cenho sobre o que a Fortuna pode trazer. É a virtude que levanta o homem e coloca-o superior ao que os mortais consideram caro. A virtude não anseia demais nem teme ao excesso o que é chamado de bem ou o que se chama de mau. Quelidon, um dos eunucos de Cleópatra, possuía uma grande riqueza; e ainda recentemente Natal – um homem cuja língua era tão sem-vergonha quanto suja, um homem cuja boca empreendia os mais torpes ofícios – foi o herdeiro de muitos e também fez muitos herdeiros dele. O que, então? Foi o dinheiro dele que o deixou impuro ou ele próprio manchava seu dinheiro? O dinheiro cai nas mãos de certos homens assim como um denário[130] rola pelo esgoto.
17. A virtude está acima de todas essas coisas. É avaliada em moeda de sua própria cunhagem e não considera que nenhum desses ganhos aleatórios

seja um bem. Mas a medicina e a navegação não proíbem a si e a seus seguidores de se maravilharem com essas coisas. Aquele que não é um homem bom pode, no entanto, ser um médico, um piloto ou um erudito, sim, tanto quanto pode ser um cozinheiro! Aquele que possui algo que não é de ordem aleatória, não pode ser chamado de tipo aleatório de homem: uma pessoa é do mesmo tipo do que possui.

18. Uma caixa-forte vale apenas o que detém; ou melhor, é um mero acessório do que detém. Quem estabeleceu algum preço em uma carteira cheia, exceto o preço estabelecido pela contagem do dinheiro depositado nela? Isso também se aplica aos proprietários de grandes propriedades: são apenas acessórios e suplementos para suas posses. Por que, então, o homem sábio é grandioso? Porque ele tem uma grande alma. Consequentemente, é verdade que o que está ao alcance mesmo da pessoa mais desprezível não é um bem.

19. Assim, nunca deveríamos considerar a passividade como um bem; pois mesmo a rã e a pulga possuem essa qualidade. Também não devemos considerar o ócio e a liberdade como um bem; pois o que é mais ocioso do que um verme? Você pergunta o que é que produz o homem sábio? O mesmo que produz um deus. Você deve admitir que o sábio tenha nele um elemento de piedade, santidade, grandeza. O bem não vem para todos nem permite que qualquer pessoa aleatória o possua.

20. Observe:

Quais frutos cada país carrega ou não suportará;	**Et quid quaeque ferat regio et quid quaeque recuset:**
Aqui o milho, e lá a videira, ficam mais ricos.	**Hic segetes, illic veniunt felicius uvae.**
E em outros lugares ainda a árvore tenra e a grama espontaneamente veem-se em verde. Veja como	**Arborei fetus alibi atque iniussa virescunt**
Tmolo envia seus perfumes de açafrão,	**Graraina. Nonne vides, croceos ut Tmolus odores,**
E o marfim vem da Índia; os moles Sabeus enviam seu incenso e os Cálibes nus, o ferro.	**India mittat ebur, molles sua tura Sabaei? At Chalybes nudi ferrum.**[131]

21. Estes produtos são divididos em países separados, a fim de que os seres humanos possam ser forçados a negociar entre si, cada um buscando algo de seu vizinho, por sua vez. Assim, o Bem Supremo também possui sua própria morada. Não cresce onde o marfim cresce, ou o ferro. Você pergunta onde o Bem Supremo mora? Na alma. E a menos que a alma seja pura e sagrada, não há espaço para o divino.

22. "O bem não resulta do mal. Mas as riquezas resultam da ganância, portanto as riquezas não são boas." "Não é verdade", eles dizem, "que o bem não resulta do mal. Porque o dinheiro vem do sacrilégio e do roubo. Assim, embora o sacrilégio e o roubo sejam malignos, são maus apenas porque criam mais mal do que bem. Eles trazem ganho, mas o ganho é acompanhado pelo medo, ansiedade e tortura da mente e do corpo."

23. Quem diz isso deve necessariamente admitir que o sacrilégio, apesar de ser um mal, porque cria muito mal, é ainda parcialmente bom, porque realiza certa quantidade de bem. O que pode ser mais monstruoso do que isso? Nós certamente convencemos o mundo de que o sacrilégio, o roubo e o adultério devem ser considerados como bens. Quantos homens há que não se envergonham do roubo, quantos se vangloriam de ter cometido adultério! Pois o sacrilégio insignificante é punido, mas o sacrilégio em grande escala é homenageado por uma procissão triunfal.

24. Além disso, o sacrilégio, se é totalmente bom em algum aspecto, também será honrado e será chamado de conduta correta; pois é uma conduta que nos interessa. Mas nenhum ser humano, em consideração séria, admite essa ideia. Portanto, bens não podem surgir do mal. Pois, se você se opuser, o sacrilégio é um mal pela única razão que traz muito mal, se você absolver o sacrilégio de sua punição e prometer imunidade, o sacrilégio será totalmente bom. E, no entanto, a maior punição para o crime, contudo, reside no próprio crime.

25. Você está enganado, eu afirmo, se propõe reservar suas punições para o carrasco ou a prisão; o crime é punido imediatamente após ser cometido; ou melhor, no momento em que é cometido. Portanto, o bem não brota do mal, não mais do que os figos crescem das oliveiras. As coisas que crescem correspondem à sua semente; e os bens não podem se afastar da sua classe. Como o que é honrável não cresce a partir daquilo que é vil, então tampouco o bem cresce do mal. Pois os honráveis e os bons são idênticos.

26. Certos membros de nossa escola se opõem a esta declaração da seguinte maneira: "Suponhamos que dinheiro obtido de qualquer fonte seja bom, mesmo que seja tomado por um ato de sacrilégio, o dinheiro não por essa razão deriva sua origem do sacrilégio. Você pode entender o que quero dizer através da seguinte ilustração: na mesma botija há um pedaço de ouro e há uma serpente. Se você pegar o ouro da botija, não é apenas porque a serpente também está, eu digo, que a botija me produz o ouro – porque também contém a serpente – mas cede o ouro, apesar de conter a serpente também. Igualmente, ganhos resultam do sacrilégio, não apenas porque o sacrilégio é um ato vil e maldito, mas porque contém ganho também. Como a serpente na botija é um mal, e não o ouro que fica ali ao lado da serpente, então, em um ato de sacrilégio, é o crime, não o lucro, que é o mal".

27. Mas eu me distingo desses homens; pois as condições em cada caso não são iguais. Em um caso, eu posso pegar o ouro sem a serpente, em outro, não posso ter o lucro sem cometer o sacrilégio. O ganho no último caso não está lado a lado com o crime; está indissociavelmente ligado com o crime.

28. "Aquilo que, enquanto desejamos alcançá-lo, envolve-nos em muitos males, não é um bem. Mas enquanto desejamos alcançar riquezas, nos envolvemos em muitos males, portanto as riquezas não são um bem." "Sua primeira premissa", eles dizem, "contém dois significados. Um é: nos envolvemos em muitos males enquanto desejamos alcançar riquezas. Mas também nos envolvemos em muitos males enquanto desejamos alcançar a virtude. Um homem, enquanto viaja para levar a cabo seus estudos, sofre naufrágio e outro é levado em cativeiro."

29. "O segundo significado é o seguinte: aquilo por meio do qual nos envolvemos em males, não é um bem. E não fluirá por lógica do nosso teorema que nos tornamos envolvidos nos males através das riquezas ou do prazer, caso contrário, se é através das riquezas que nos envolvemos em muitos males, as riquezas não só não são boas, mas são positivamente um mal. Você, no entanto, defende apenas que não são um bem. Além disso, o antagonista diz, você concede que as riquezas são de alguma utilidade. Você as conta entre as vantagens; e, ainda assim, não podem ser uma vantagem, pois é através da busca por riquezas que sofremos muitas desvantagens."

30. Alguns homens respondem a esta objeção da seguinte maneira: "Você está enganado se atribuir desvantagens à riqueza. As riquezas não ferem ninguém; é a própria loucura de um homem ou a iniquidade do seu vizinho que o prejudica em cada caso, assim como uma espada por si só não mata; é apenas a arma usada pelo assassino. As próprias riquezas não o prejudicam, apenas por causa da riqueza é que você sofre danos".

31. Eu penso que o raciocínio de Posidônio[132] é melhor: ele sustenta que as riquezas são uma causa do mal, não porque por si mesmas façam algum mal, mas porque encaminham os homens para que estejam prontos para fazer o mal. Pois o motivo eficiente, que necessariamente causa danos de imediato, é uma coisa, e o motivo antecedente é outra. É essa causa antecedente que é inerente às riquezas; elas incham o espírito e engendram o orgulho, elas provocam impopularidade e perturbam a mente até tal ponto que a mera reputação de ter riqueza, embora devesse nos prejudicar, no entanto, oferece prazer.

32. Todos os bens, no entanto, deveriam ser livres de culpa; eles são puros, eles não corrompem o espírito e eles não nos tentam. Eles, de fato, levantam e ampliam o espírito, mas sem inflá-lo. As coisas que são bens produzem confiança, mas as riquezas produzem desprezo. As coisas que são bens nos dão grandeza de alma, mas a riqueza nos dá arrogância. E a arrogância não é senão uma falsa exibição de grandeza.

33. "De acordo com esse argumento", diz ele, "as riquezas não são apenas um não bem, mas são um mal positivo". Agora, elas seriam um mal se elas próprias causassem o mal e se, como observei, fossem causa eficiente inerente a ele; na verdade, no entanto, é a causa antecedente que é inerente às riquezas e, de fato, é essa a causa que, longe de simplesmente despertar o espírito, realmente o arrasta pela força. Sim, a riqueza derrama sobre nós uma aparência de bem, que é como a realidade e ganha credibilidade aos olhos de muitos homens.

34. A causa antecedente também é inerente em virtude; é isso que traz inveja – pois muitos homens se tornam impopulares por causa de sua sabedoria e muitos homens por causa de sua justiça. Mas essa causa, embora seja inerente à virtude, não é o resultado da própria virtude, nem é uma mera aparência da realidade; e, pelo contrário, muito mais similar à realidade é aquela visão que é exibida pela virtude sobre os espíritos dos homens, convocando-os a amá-la e se maravilhar com isso.

35. Posidônio pensa que o silogismo deve ser enquadrado na seguinte forma: "Coisas que não conferem à alma grandeza ou confiança ou liberdade não são bens. Mas a riqueza, a saúde e condições semelhantes não fazem isso, portanto, riquezas e saúde não são bens". Este silogismo, então, continua a se estender ainda mais da seguinte maneira: "As coisas que não conferem à alma nenhuma grandeza ou confiança ou liberdade, mas, por outro lado, criam nela arrogância, vaidade e insolência, são males. As coisas que são presentes da Fortuna nos conduzem a esses caminhos do mal. Portanto, essas coisas não são bens".

36. "Mas", diz o objetor, "por tal raciocínio, as coisas que são presente da Fortuna nem sequer serão vantagens". Não, as vantagens e os bens estão em uma situação diferente. Uma vantagem é aquilo que contém mais utilidade do que inconveniência. Mas um bem deve ser puro e sem nenhum elemento de nocividade. Uma coisa não é boa se contiver mais benefícios do que lesões, mas apenas se não contém nada além de benefício.

37. Além disso, as vantagens podem ser predicados de animais, de homens que são menos do que perfeitos e de tolos. Portanto, o vantajoso pode ter um elemento de desvantagem misturado com ele, mas a palavra "vantajosa" é usada do composto porque é julgada pelo seu elemento predominante. O bem, no entanto, somente pode ser predicado do homem sábio; é obrigado a ser puro, sem mistura.

38. Tenha bom ânimo; há apenas um nó para você desembaraçar, embora seja um nó para um Hércules: "O bem não resulta do mal. Mas as riquezas resultam de numerosos casos de pobreza, portanto as riquezas não são boas". Este silogismo não é reconhecido pela nossa escola, mas os peripatéticos o criaram e deram sua solução. Posidônio, no entanto, observa que esta falácia, que tem sido discutida entre todas as escolas da dialética, é refutada por Antípatro[133] da seguinte maneira:

39. "A palavra 'pobreza' é usada para denotar não a posse de algo, mas a não possessão ou, como os antigos colocaram, privação (pois os gregos usam a frase 'por privação', com o significado de 'negativamente'). 'Pobreza', afirma, não é o que um homem tem, mas o que ele não tem. Consequentemente, não pode haver plenitude resultante de uma infinidade de vazios, muitas coisas positivas, e não muitas deficiências, compõem riquezas". "Você tem", diz ele, "uma noção errada do significado do que é a pobreza. Pois a pobreza não significa a posse de pouco, mas a falta de posse de muito, é usada, portanto, não para o que um homem tem, mas para o que ele não tem."

40. Eu poderia expressar minha tese mais facilmente se houvesse uma palavra em latim que pudesse traduzir a grega que significa "ανύπαρκτο" (inexistência). Antípatro atribui essa qualidade à pobreza, mas, por minha parte, não consigo ver o que mais é a pobreza do que a posse de pouco. Se alguma vez tivermos muito tempo livre, investigaremos a questão: qual é a essência da riqueza e qual a essência da pobreza; mas quando chegar a hora, também devemos considerar se não é melhor tentar mitigar a pobreza e aliviar a riqueza de sua arrogância, do que discutir as palavras como se a questão das coisas já estivesse decidida.

41. Suponhamos que tenhamos sido convocados para uma assembleia; uma lei sobre a abolição das riquezas foi apresentada perante o grupo. Devemos apoiá-la ou nos opor, se usarmos esses silogismos? Será que esses silogismos nos ajudam a fazer com que o povo romano exija e elogie a pobreza – o fundamento e a causa de seu poderio! – e, por outro lado, se encolha com medo da riqueza atual, refletindo que eles descobriram entre as vítimas de suas conquistas, que a riqueza é a fonte da qual a política, o suborno e a desordem irromperam por uma cidade, uma vez caracterizada pelo maior escrúpulo e sobriedade e que, por causa da riqueza, uma exposição muito esbanjadora é feita dos despojos das nações conquistadas. Refletindo, finalmente, que tudo o que um povo arrancou de todo o resto ainda pode ser mais facilmente arrebatado de um indivíduo? Não, seria melhor apoiar esta lei por nossa conduta e subjugar nossos desejos por agressão direta em vez de rodeá-los pela lógica. Se pudermos, falemos com mais ousadia; se não, vamos falar mais francamente.

Mantenha-se Forte. Mantenha-se Bem.

XXIII.
SOBRE ESTUDOS LIBERAIS E VOCACIONAIS

Saudações de Sêneca a Lucílio.

01. Você tem desejado conhecer os meus pontos de vista em relação aos estudos liberais.[134] A minha resposta é a seguinte: não admiro nenhum estudo e não considero nenhum estudo bom, o que resulta na criação de dinheiro. Tais estudos são ocupações condutoras de lucro, úteis apenas na medida em que dão à mente uma preparação e não a ocupam permanentemente. Deve se demorar sobre eles apenas enquanto a mente não se ocupa com nada maior; eles são nosso aprendizado, não nosso trabalho real.

02. Então você vê por que os "estudos liberais" são chamados assim; é porque eles são estudos dignos de um cavalheiro nascido livre. Mas há apenas um estudo realmente liberal, o que dá a um homem sua liberdade. É o estudo da sabedoria, e isso é elevado, corajoso e de grande alma. Todos os outros estudos são insignificantes e pueris. Você certamente não acredita que exista algo bom em qualquer um dos assuntos cujos professores são, como você vê, os homens do selo mais ignóbil e vil? Não devemos estar aprendendo essas coisas, devíamos ter concluído com aprendê-las. Certas pessoas decidiram que o ponto em questão em relação aos estudos liberais é se eles fazem os homens bons; mas eles nem professam ou visam o conhecimento desse assunto em particular.

03. O intelectual[135] se ocupa com investigações sobre o idioma e, se for seu desejo ir mais longe, ele trabalha na história ou, se ele estender seu alcance para os limites mais distantes, sobre a poesia. Mas qual destes abre caminho à virtude? Pronunciando sílabas, investigando palavras, memorizando peças, ou fazendo regras para o exame crítico da poesia, o que existe em tudo isso que livra alguém do medo, refreia o desejo ou elimina as paixões?

04. A questão é: tais homens ensinam a virtude, ou não? Se eles não ensinam, então nem sequer a transmitem. Se ensinam, são filósofos. Gostaria de certificar-se de que eles não tomaram a cátedra com o propósito de ensinar a virtude? Veja como é diferente de seus assuntos; e, no entanto, seus assuntos se assemelhariam se ensinassem a mesma coisa.[136]

05. Pode ser, talvez, que eles façam você acreditar que Homero era um filósofo,[137] embora refutem isso pelos argumentos através dos quais procuram provar isso. Pois às vezes fazem dele um estoico, que não aprova nada além de virtude, evita prazeres e se recusa a renunciar à honra mesmo ao preço da imortalidade;[138] às vezes o fazem um epicurista, louvando a condição de um estado de repouso, que passa seus dias em festa e canção;[139] às vezes um peripatético, classificando o bem de três maneiras[140]; às vezes um acadêmico, afirmando que todas as coisas são incertas. É claro, no entanto, que nenhuma dessas doutrinas deve ser concebida sobre Homero só porque estão todas lá; pois são inconciliáveis umas com as outras. Podemos admitir a esses homens, de fato, que Homero era um filósofo; ainda assim ele se tornou um homem sábio antes de ter algum conhecimento de poesia. Então, vamos aprender as coisas particulares que fizeram Homero sábio.

06. Não é mais importante, claro, que eu investigue se Homero ou Hesíodo era o poeta mais velho, do que saber porque Hécuba[141], embora mais jovem do que Helena, mostrou seus anos tão lamentavelmente. Qual, na sua opinião, eu pergunto, seria o ponto em tentar determinar as respectivas idades de Aquiles e Pátroclo?[142]

07. Você levanta a questão "Por quais regiões Ulysses se extraviou?" em vez de tentar evitar que nos extraviemos a todo momento?[143] Não temos tempo para ouvir palestras sobre se ele se mantinha no mar entre a Itália e a Sicília, ou fora do nosso mundo conhecido (de fato, uma peregrinação tão longa não poderia ter ocorrido dentro de limites tão estreitos). Nós nos encontramos com tempestades do espírito, que nos perturbam diariamente, e nossa depravação nos leva a todos os males que perturbavam Ulysses. Para nós nunca falta a beleza para tentar nossos olhos ou o inimigo para nos assaltar; desse lado estão monstros selvagens que se deleitam com o sangue humano, daquele lado os traiçoeiros encantos de orelha e acolá está o naufrágio e toda variada categoria de infortúnios.

Mostre-me, pelo exemplo de Ulysses, como eu amo meu país, minha esposa, meu pai e como, mesmo depois de sofrer um naufrágio, eu poderei singrar na via da honestidade.

08. Por que tentar descobrir se Penélope era um padrão de pureza ou se ela era motivo de risada de seus contemporâneos? Ou se ela suspeitava que o homem em sua presença era Ulysses, antes que ela soubesse que era ele? Ensine-me, em vez disso, o que é a pureza e quão grande é o bem que temos nela e se está situada no corpo ou na alma.

09. Agora vou transferir minha atenção para o músico. Você, senhor, está me ensinando como os agudos e os graves estão de acordo um com o outro e como, embora as cordas produzam notas diferentes, o resultado seja uma harmonia; em vez disso, coloque a minha alma em harmonia consigo mesmo e não permita que meus propósitos estejam fora de sintonia. Você está me mostrando quais são as teclas lúgubres; mostre-me um pouco como, no meio da adversidade, eu posso evitar de pronunciar uma nota lúgubre.

10. O matemático ensina-me a definir as dimensões dos meus imóveis; mas eu prefiro aprender como descrever o que é suficiente para um homem possuir. Ele me ensina a contar e adapta meus dedos para a avareza; mas eu deveria preferir que ele me ensinasse que não há nenhum sentido em tais cálculos e alguém não é o mais feliz por cansar os contadores com seus bens – ou melhor, como é inútil a propriedade de qualquer homem que acharia a maior desgraça se fosse obrigado a calcular, por sua própria inteligência, o valor de suas participações.

11. O que é proveitoso para mim em saber como lotear um terreno, se eu não sei como dividi-lo com meu irmão? O que há de bom em calcular em minúcia as dimensões de um acre e na detecção do erro se uma pequena parte tiver escapado da minha régua de medição, se eu fico amargurado quando um vizinho mal-intencionado simplesmente arranca um pouco de minha terra? O matemático me ensina como eu não posso perder meus limites; no entanto, eu procuro aprender a perder todos com um coração leve.

12. "Mas", vem a resposta: "Estou sendo expulso da fazenda da qual meu pai e meu avô foram donos!" Sim! Quem possuía a terra antes de seu avô? Você pode explicar que pessoas (eu não direi que pessoa) a mantinham originalmente? Você não entrou como proprietário, mas apenas como inquilino. E quem é seu inquilino? Se sua reivindicação for bem-sucedida, você é inquilino do herdeiro. Os juristas dizem que a propriedade pública não pode ser adquirida por particular por usucapião; ao que você se apega e chama de seu, é propriedade pública – na verdade, ela pertence à humanidade em geral.

13. Oh, que habilidade maravilhosa! Você sabe como medir o círculo; você encontra a área de qualquer forma que esteja desenhada a sua frente; você calcula as distâncias entre as estrelas; não há nada que não chegue ao alcance de seus cálculos. Mas se você é um verdadeiro mestre de sua profissão, meça a mente do homem! Diga-me o quão grande é, ou o quão insignificante! Você sabe o que é uma linha reta, mas como isso o beneficia se não sabe o que é reto na nossa vida?

14. Vamos agora para aquela pessoa que se vangloria de seu conhecimento dos corpos celestes, aquele que sabe

Onde a esmerada estrela de Saturno esconde, E através de qual órbita Mercúrio se afasta.	Frigida Saturni sese quo stella receptet, Quos ignis caeli Cyllenius erret in orbes.[144]

De que benefício será saber isso? Para que eu seja perturbado porque Saturno e Marte estão em oposição, ou quando Mercúrio se instala ao fim da tarde em vista de Saturno, em vez de aprender que essas estrelas, onde quer que estejam, são benignas[145] e que não estão sujeitas a mudanças?

15. Elas são conduzidas por um ciclo infinito de destino, num curso do qual elas não podem se desviar. Elas retornam nas estações indicadas; elas se iniciam ou marcam os intervalos do trabalho de todo o mundo. Mas se elas são responsáveis pelo que quer que aconteça, como isso ajudará você a conhecer os segredos do imutável? Ou se elas apenas dão indicações, o que há de bom em prever do que você não pode escapar? Se você conhece essas coisas ou não, elas acontecerão.

16. Veja o sol fugaz,

> | | |
> |---|---|
> | Se reparar as estrelas que seguem em seu trem, Nunca o amanhã me engana, Ou é enganado por noites serenas. | Si vero solem ad rapidum stellasque sequentes Ordine respicies, numquam te crastina fallet Hora nec insidiis noctis capiere serenae.[146] |

Contudo, foi suficiente e totalmente estabelecido que eu esteja a salvo de qualquer coisa que possa me enganar.

17. "O que", você diz, "o amanhã nunca me enganará. O que acontece sem o meu conhecimento me deixa enganado." Eu, pela minha parte, não sei o que será, mas sei o que pode acontecer. Não terei desconfiança sobre este assunto; aguardo o futuro na sua totalidade; e se houver qualquer redução em sua gravidade, eu aproveito ao máximo. Se o dia seguinte me tratar gentilmente, é uma espécie de decepção; mas não me engana mesmo nisso. Pois eu sei que todas as coisas podem acontecer, então eu sei também, que elas não acontecerão em todos os casos. Estou pronto para eventos favoráveis, mas estou preparado para o pior.

18. Nesta discussão, você deve me suportar se não seguir o curso normal. Pois não aceito admitir a pintura na lista de artes liberais, não mais do que escultura, marmoraria e outras ajudas para o luxo. Também excluo dos estudos liberais a luta livre e todo conhecimento que é composto de óleo e lama; caso contrário, eu seria compelido a admitir perfumistas também, e cozinheiros e todos os outros que prestam sua inteligência ao serviço de nossos prazeres.

19. Qual elemento "liberal" existe nesses tomadores de eméticos[147] vorazes, cujos corpos são alimentados a gordura enquanto suas mentes são magras e estúpidas? Ou acreditamos realmente que o treinamento que eles dão é "liberal" para os jovens de Roma, que costumavam ser ensinados pelos nossos antepassados a ficarem retos e a arremessar um dardo, a empunhar uma lança, a guiar um cavalo e a lidar com armas? Nossos antepassados não costumavam ensinar a seus filhos nada que pudesse ser aprendido enquanto em repouso. Mas nem o novo sistema nem o antigo ensina ou nutre a virtude. Por que qual bem nos faz montar um cavalo e controlar sua velocidade com a guia e depois descobrir que

nossas próprias paixões, totalmente descontroladas, se aferram a nós? Ou vencer muitos oponentes em luta ou boxe e depois descobrir que nós mesmos somos espancados pela raiva?

20. "O que, então," você diz, "os estudos liberais não contribuem com nosso bem-estar?". Muito em outros aspectos, mas nada em termos de virtude. Pois mesmo essas artes das quais eu falei, embora reconhecidamente de baixo grau – dependendo do trabalho feito – contribuem grandemente para a aparelhagem da vida, mas, no entanto, não têm nada a ver com a virtude. E se você perguntar: "Por que, então, educamos nossos filhos nos estudos liberais?" Não é porque eles podem conferir virtude, mas porque preparam a alma para receber a virtude. Assim com esse "curso primário", como os anciãos o chamavam, na gramática, que dá aos meninos o seu treinamento elementar, não lhes ensina as artes liberais, mas prepara o terreno para a aquisição precoce dessas artes, então as artes liberais não conduzem a alma até a virtude, mas simplesmente a apontam naquela direção.

21. Posidônio divide as artes em quatro classes: primeiro temos as que são comuns e baixas, então as que servem para diversão, depois as que se referem à educação dos meninos e, finalmente, às artes liberais. O tipo comum pertence aos trabalhadores e são meros trabalhos manuais; elas estão preocupadas em equipar a vida; não há pretensões de beleza ou honra.

22. As artes da diversão são aquelas que visam agradar os olhos e ouvidos. Para esta classe, você pode atribuir os engenheiros de palco, que inventam andaimes que se vão por conta própria, ou pisos que se elevam silenciosamente no ar e muitos outros dispositivos surpreendentes, como quando os objetos que se encaixam, depois se desmontam ou objetos que são separados e em seguida juntam-se automaticamente, ou objetos que ficam eretos e em seguida colapsam de forma gradual. O olho dos inexperientes é surpreendido por essas coisas; pois tais pessoas se maravilham com tudo o que ocorre sem aviso prévio, porque elas não conhecem as causas.

23. As artes que pertencem à educação dos meninos e são algo similar às artes liberais, são aquelas que os gregos chamam de "ciclo de estudos", mas que nós, romanos, chamamos de "liberal".[148] No entanto, as únicas que realmente são liberais – ou melhor, para dar-lhes um nome mais verdadeiro, "livre" – são aquelas cuja preocupação é a virtude.

24. "Mas," dizemos, "assim como há uma parte da filosofia que tem a ver com a natureza e uma parte que tem a ver com a ética e uma parte que tem que ver com o raciocínio, então esse grupo de artes liberais também reivindicam por si mesmo um lugar na filosofia. Quando se aborda questões que lidam com a natureza, uma decisão é alcançada por meio de uma palavra do matemático. Portanto, a matemática é um departamento desse ramo que auxilia."

25. Mas muitas coisas nos ajudam e ainda não são parte de nós mesmos. Não, se fossem, elas não nos ajudariam. A comida é um auxílio para o corpo, mas não é parte dele. Recebemos alguma ajuda do serviço que a matemática faz; e a matemática é tão indispensável para a filosofia quanto o carpinteiro é para o matemático. Mas o carpinteiro não faz parte da matemática, nem a matemática é parte da filosofia.

26. Além disso, cada um tem seus próprios limites; pois o sábio investiga e aprende as causas dos fenômenos naturais, enquanto o matemático segue e calcula seus números e suas medidas. O homem sábio conhece as leis pelas quais os corpos celestes persistem, quais poderes lhes pertencem e quais atributos. O astrônomo observa apenas as suas idas e vindas, as regras que regem seus nasceres e poentes e os períodos ocasionais durante os quais parecem ficar imóveis embora, de fato, nenhum corpo celestial possa ficar quieto.

27. O sábio saberá o que causa a reflexão no espelho; mas, o matemático pode simplesmente dizer-lhe o quão longe o corpo deve estar da reflexão e que forma de espelho produzirá uma reflexão dada. O filósofo irá demonstrar que o Sol é um corpo grande, enquanto o astrônomo calcula o quão grande, progredindo no conhecimento por seu método de tentativa e experimentação; mas, para progredir, deve convocar certos princípios para ajudar. Nenhuma arte, no entanto, é suficiente para si mesmo, se o fundamento sobre o qual ela se baseia depende de um simples favor.

28. Agora a filosofia não pede favores de nenhuma outra fonte; ela constrói tudo em seu próprio solo; mas a ciência dos números é, por assim dizer, uma estrutura construída sobre a terra de outro homem – ela se baseia

em tudo sobre o solo alheio[149]; aceita os primeiros princípios, e por seu favor chega a conclusões adicionais. Se pudesse marchar sem ajuda para a verdade, se pudesse entender a natureza do universo, devo dizer que isso proporcionaria muita ajuda a nossa mente; pois a mente cresce pelo contato com as coisas celestiais e desenha em si algo de elevado. Há apenas uma coisa que traz a alma à perfeição – o conhecimento inalterável do bem e do mal. Mas não há outra arte que investigue o bem e o mal. Gostaria de passar em revista as várias virtudes.

29. A bravura é um escarnecedor de coisas que inspiram o medo; olha de cima, desafia e esmaga os poderes do terror e tudo que levaria nossa liberdade sob o jugo. Mas os "estudos liberais" fortalecem essa virtude? A lealdade é o bem mais sagrado do coração humano; é impossível ser forçada a traição e não é subornada por nenhuma recompensa. A lealdade clama: "Queime-me, mate-me, destrua-me! Não vou trair a minha confiança, e quanto mais a tortura procurar encontrar o segredo, mais profundo no meu coração, eu o enterrarei!" As "artes liberais" podem produzir esse espírito dentro de nós? A temperança controla nossos desejos; alguns ela odeia e espanta, outros, rege e restaura a uma medida saudável, nem se aproxima de nossos desejos por seu próprio interesse. A temperança sabe que a melhor medida dos apetites não é o que você quer tomar, mas o que você deve tomar.

30. A bondade proíbe que você sobrecarregue seus associados e que seja prepotente. Em palavras e em ações e em sentimentos, ela se mostra gentil e atenciosa com todos os homens. Não contabiliza nenhum mal como outro apenas. E a razão pela qual ela ama o seu bem próprio é principalmente porque algum dia será o bem de outro. Os "estudos liberais" ensinam um caráter desse? Não; não mais do que ensinam simplicidade, moderação e autocontrole, frugalidade e economia, e essa bondade que poupa a vida de um vizinho como se fosse própria e sabe que não é correto o homem desperdiçar o uso de seus semelhantes.

31. "Mas," diz-se, "porque você declara que a virtude não pode ser alcançada sem os 'estudos liberais', como é que você nega que eles ofereçam alguma ajuda à virtude?". Porque você também não pode alcançar a virtude sem comida; e, no entanto, a comida não tem nada a ver com a virtude. A madeira não oferece assistência a um navio, embora um navio não possa ser construído sem madeira. Não há razão, eu digo, para que você pense que qualquer coisa é feita com a assistência daquilo com a qual não possa ser feita.

32. Podemos até mesmo afirmar que é possível alcançar a sabedoria sem os "estudos liberais"; pois, embora a virtude seja uma coisa que deva ser aprendida, não é aprendida por meio desses estudos. Que motivo tenho, no entanto, para supor que alguém que ignore as letras nunca será um homem sábio, já que a sabedoria não pode ser encontrada em letras? A sabedoria comunica fatos e não palavras; e pode ser verdade que a memória é mais confiável quando não tem suporte externo.

33. A sabedoria é uma coisa grande e espaçosa. É necessário muito espaço livre. É preciso aprender sobre coisas divinas e humanas, o passado e o futuro, o efêmero e o eterno; e é preciso aprender sobre o tempo. Veja quantas questões surgem somente sobre o tempo: em primeiro lugar, se é algo em si e por si só; em segundo lugar, se existe alguma coisa antes do tempo ou sem o tempo; e novamente, o tempo começou com o universo ou, porque havia algo antes do início do universo, o tempo também já existia?

34. Há inúmeras questões sobre a alma: de onde vem, qual é a sua natureza, quando começa a existir e quanto tempo existe; se ela passa de um lugar para outro e muda sua habitação, sendo transferida sucessivamente de uma forma de animal para outra ou se é escrava apenas uma vez, vagando pelo universo depois que é liberada; seja ela corpórea ou não; o que será dela quando deixar de nos usar como meio; como usará sua liberdade quando escapar da presente prisão; se esquecerá todo o seu passado e nesse momento começa a se conhecer quando, liberada do corpo, se retira para o céu.

35. Assim, seja qual for a fase das coisas humanas e divinas que você tenha apreendido, você ficará cansado pelo grande número de coisas a serem respondidas e coisas a serem aprendidas. E para que esses sujeitos múltiplos e poderosos possam ter entretenimento gratuito em sua alma, você deve remover de lá todas as coisas supérfluas. A virtude não se renderá a esses limites estreitos; um grande assunto precisa de um amplo espaço para se mover. Deixe que todas as outras coisas sejam expulsas, e deixe o peito ser esvaziado para receber a virtude.

36. "Mas é um prazer estar familiarizado com muitas artes". Portanto, deixe-nos manter apenas o essencial delas. Você considera culpado, o homem que coloca as coisas supérfluas no mesmo pé das coisas úteis, e em sua casa faz uma exibição pródiga de objetos caros, mas não considera errado quem se permitiu absorver o mobiliário do aprendizado inútil? Esse desejo de saber mais do que o suficiente é uma espécie de intemperança.

37. Por quê? Como essa busca indecorosa das artes liberais torna os homens maçantes, prolixos, sem tato, chatos autossatisfeitos, que não conseguem aprender o essencial apenas porque aprenderam o não essencial. Dídimo Calcêntero,[150] o erudito, escreveu quatro mil livros. Eu deveria sentir pena por ele se ele tivesse lido apenas o mesmo número de volumes supérfluos. Nesses livros, ele investiga o local de nascimento de Homero, quem era realmente a mãe de Eneias, se Anacreonte era mais um libertino ou mais um bêbado, se Safo era uma prostituta e outros problemas; as respostas para os quais, se encontradas, eram imediatamente esquecidas. Convenhamos, não me diga que a vida é longa!

38. Não, quando você considera nossos próprios compatriotas também, posso mostrar-lhe muitas obras que deveriam ser cortadas com o machado. É à custa de um vasto gasto de tempo e de grande desconforto para os ouvidos dos outros que ganhamos tanto elogio como este: "Que homem culto você é!" Deixe-nos contentar com esta recomendação, menos urbana que seja: "Que homem bom você é!"

39. Quero realmente dizer isso? Bem, você teria que desenrolar os anais da história do mundo e tentar descobrir quem primeiro escreveu poesia. Ou, na ausência de registros escritos, devo fazer uma estimativa do número de anos entre Orfeu e Homero? Ou devo fazer um estudo sobre as escritas absurdas de Aristarco[151], onde ele plagiou o texto dos versos de outros homens e gastar minha vida nas sílabas? Deveria então revestir-me na poeira dos geômetras?[152] Até agora esqueci essa serra útil? Economizei seu tempo? Preciso saber essas coisas? E o que posso escolher para não saber?

40. Apião, o erudito, que atraiu multidões para suas palestras em toda a Grécia nos dias de Caio César e foi aclamado homérico por todos os estados, costumava defender que Homero, quando terminou seus dois poemas, a *Ilíada* e a *Odisseia*, acrescentou um poema preliminar ao seu trabalho, onde abraçou toda a Guerra de Troia. O argumento que Apião aduziu para provar esta afirmação foi que Homero introduziu intencionalmente na primeira linha duas letras que continham uma chave para o número de seus livros.

41. Um homem que deseja saber muitas coisas deve conhecer coisas como essas e não deve pensar em todo o tempo que perde por saúde, deveres públicos, deveres privados, deveres diários e sono. Aplique a régua aos anos de sua vida; eles não têm espaço para todas essas coisas.

42. Tenho falado até agora de estudos liberais; mas pense quanto de matéria supérflua e pouco prática que os filósofos contêm! Por sua própria conta, eles também se rebaixam para estabelecer boas divisões de sílabas, para determinar o verdadeiro significado de conjunções e preposições; eles têm inveja dos estudiosos, inveja dos matemáticos. Eles passaram a usar em sua própria arte todas as superfluidades dessas outras artes; o resultado é que eles sabem mais sobre falar meticulosamente do que sobre uma vida meticulosa.

43. Deixe-me dizer-lhe quais males são devidos a uma exagerada exatidão, e que inimigo é da verdade! Protágoras declara que se pode tomar qualquer lado em qualquer questão e debatê-la com igual sucesso – mesmo nesta nossa questão, que qualquer assunto pode ser debatido de qualquer ponto de vista. Nausífanes[153] sustenta que, nas coisas que parecem existir, não há diferença entre existência e não existência.

44. Parmênides sustenta que nada existe de tudo isso que parece existir, exceto o universo exclusivamente. Zenão de Eleia removeu todas as dificuldades removendo uma; pois ele declara que não existe nada. As escolas Pirrônica,[154] Megárica,[155] Eretrian[156] e Acadêmica estão empenhadas praticamente na mesma tarefa; elas introduziram um novo conhecimento, o não conhecimento.

45. Você pode varrer todas essas teorias com as tropas supérfluas de estudos "liberais"; uma classe de homens me dá um conhecimento que não servirá de nada, a outra classe acabou com qualquer esperança de alcançar o conhecimento. É melhor, é claro, conhecer coisas inúteis do que não saber nada. Um conjunto de filósofos não oferece luz para que eu possa dirigir meu olhar para a verdade; o outro arranca meus próprios olhos e me deixa cego. Se eu seguir Protágoras,[157] não há nada no esquema da natureza que não seja duvidoso; se eu me segurar com Nausífanes,[158] tenho certeza apenas disto – de que tudo é incerto; com Parmênides,[159] não há nada exceto o uno; com Zenão, não existe nem o uno.

46. O que somos, então? O que se torna de todas essas coisas que nos cercam, nos apoiam, nos sustentam? O universo inteiro é então uma sombra vã ou enganosa. Não posso prontamente dizer se estou mais contrariado com aqueles que querem que não conheçamos nada, ou com aqueles que não nos deixariam até mesmo esse privilégio.

Mantenha-se Forte. Mantenha-se Bem.

XXIV.
SOBRE AS PARTES DA FILOSOFIA

Saudações de Sêneca a Lucílio.

01. É um fato útil que deseje saber, o que é essencial para aquele que busca a sabedoria – mais precisamente, as partes da filosofia e a divisão de seu todo em membros separados. Pois, ao estudar as partes, podemos ser trazidos com mais facilidade a entender o todo. Só desejo que a filosofia possa estar diante de nossos olhos em toda a sua plenitude, assim como toda a extensão do firmamento se mostra para que o possamos contemplar! Seria uma visão muito parecida com a do firmamento. Pois, certamente, a filosofia arrebataria todos os mortais pelo amor por ela; devemos abandonar todas aquelas coisas que, na nossa ignorância do que é excelente, acreditamos ser excelentes. No entanto, como isso não nos é dado graciosamente, devemos ver a filosofia exatamente como os homens contemplam os segredos do firmamento.

02. A mente do sábio, com certeza, abraça toda a estrutura da filosofia, examinando-a com um olhar não menos rápido do que nossos olhos mortais examinam os céus; nós, no entanto, que devemos atravessar a escuridão, nós, cuja visão falha mesmo para o que está próximo, podemos ser apresentados com maior facilidade a cada objeto em separado, apesar de ainda não sermos capazes de compreender o universo. Portanto, cumpro suas exigências e dividirei a filosofia em partes, mas não em migalhas. Pois é útil que a filosofia seja dividida, mas não cortada em pedaços mínimos. Assim como é difícil compreender o que é demasiadamente grande, também é difícil compreender o que é demasiadamente pequeno.

03. As pessoas são divididas em tribos, o exército em centúrias[160]. Tudo o que cresceu a um tamanho maior é mais facilmente identificado se for dividido em partes; mas as partes, como observei, não devem ser incontáveis em número e em tamanho diminuto. Pois a análise excessiva é defeituosa exatamente da mesma forma que nenhuma análise; o que quer que você corte tão bem que se torne pó é tão bom quanto misturado em uma massa novamente.

04. Em primeiro lugar, portanto, se você aprovar, vou traçar a distinção entre sabedoria e filosofia. A sabedoria é o bem perfeito da mente humana; a filosofia é o amor à sabedoria e o esforço para alcançá-la. A última se esforça para o objetivo que a primeira já alcançou. E é claro por que a filosofia[161] é assim chamada, pois reconhece por seu próprio nome o objeto de seu amor.

05. Certas pessoas definem a sabedoria como o conhecimento das coisas divinas e das coisas humanas.[162] Outros ainda dizem: "A sabedoria é saber coisas divinas e coisas humanas e suas causas também".[163] Esta frase adicionada parece-me supérflua, uma vez que as causas das coisas divinas e as coisas humanas fazem parte do sistema divino. A filosofia também foi definida de várias maneiras; alguns a chamaram de "o estudo da virtude", outros se referiram a ela como "um estudo sobre o modo de modificar a mente" e alguns a chamaram de "busca da razão justa".

06. Uma coisa está praticamente resolvida: que há alguma diferença entre filosofia e sabedoria. Também não é possível que o que é procurado e o que procura sejam idênticos. Como há uma grande diferença entre a avareza e a riqueza, sendo uma sujeito do desejo e a outra seu objeto, assim também entre filosofia e sabedoria. Pois uma é um resultado e uma recompensa da outra. A filosofia o faz caminhar e a sabedoria é o seu destino.

07. A sabedoria é aquilo que os gregos chamam de σοφία.[164] Os romanos também costumavam usar essa palavra, *sophia*, no sentido em que eles agora usam a "filosofia" também. Isso é provado pelas nossas antigas peças de teatro de toga,[165] bem como pelo epitáfio que está esculpido no túmulo de Dosseno: "Detenha-se, estranho, e leia de Dosseno a sofia".[166]

08. Certos de nossa escola, embora a filosofia significasse para eles "o estudo da virtude", e embora a virtude fosse o objeto buscado e a filosofia o buscador, sustentavam, no entanto, que as duas não podem ser separadas. Pois a filosofia não pode existir sem virtude, nem virtude sem filosofia. A filosofia é o estudo da virtude, por meio, no entanto, da própria virtude; mas a virtude não pode existir sem o estudo de si mesma, nem o estudo da virtude existe sem a própria virtude. Pois não é como tentar atingir um alvo em um longo ponto, onde c atirador e o objeto a ser atingido estão em diferentes lugares. Nem como estradas que conduzem a uma cidade, nem são as abordagens da virtude situadas fora da própria virtude; o caminho pelo qual se alcança a virtude é por meio da própria virtude; a filosofia e a virtude se mantêm juntas.

09. Os maiores autores e o maior número de autores sustentaram que existem três divisões de filosofia – moral, natural e lógica.[167] A primeira mantém a alma em ordem; a segunda investiga o universo; a terceira desenvolve os significados essenciais das palavras, suas combinações e as provas que impedem que a falsidade se instale e desloque a verdade. Mas também houve aqueles que dividiram a filosofia, por um lado, em menos divisões, por outro lado, em mais.

10. Certos da escola peripatética adicionaram uma quarta divisão, "filosofia política", porque se aplica a uma esfera especial de atividade e está interessada em um assunto diferente. Alguns acrescentaram um departamento para o qual eles usam o termo grego "οικονομία" (economia), a ciência de gerenciar o próprio patrimônio. Ainda outros fizeram um título distinto para os vários tipos de vida. Não há nenhuma dessas subdivisões, no entanto, que não sejam encontradas sob o ramo "moral" da filosofia.

11. Os epicuristas sustentavam que a filosofia era dupla: natural e moral; eles acabaram com o ramo lógico. Então, quando foram compelidos pelos próprios fatos a distinguir entre ideias equívocas e a expor falácias escondidas sob a capa da verdade, eles também introduziram um título para o qual eles dão o nome "forense e reguladora",[168] que é meramente "lógica" sob outro nome, embora considerem que esta seção é suplementar ao departamento de filosofia "natural".

12. A Escola Cirenaica[169] aboliu o departamento natural e lógico, e estava contente com o lado moral sozinho; e, no entanto, esses filósofos também incluem sob outro título o que eles rejeitaram. Pois dividem a filosofia moral em cinco partes: (1) O que evitar e o que procurar, (2) As paixões, (3) Ações, (4) Causas, (5) Prova. Agora, as causas das coisas realmente pertencem à divisão "natural", as provas, à "lógica".

13. Aristo de Quios[170] observou que o natural e a lógica não eram apenas supérfluos, mas também eram contraditórios. Ele até mesmo limitou a "moral", que era tudo o que lhe restava; pois aboliu esse título que abraçou o conselho, sustentando que era o negócio do pedagogo e não do filósofo – como se o homem sábio fosse outra coisa senão o pedagogo da raça humana!
14. Uma vez que, portanto, a filosofia é tripla, primeiro comecemos a definir o lado moral. Foi acordado que esse deveria ser dividido em três partes. Primeiro, temos a parte reflexiva, que atribui a cada coisa sua função particular e pesa o valor de cada uma; é o mais alto em termos de utilidade. Pois o que é tão indispensável como dar a tudo seu valor adequado? O segundo tem a ver com impulso, o terceiro, com ações. Pois o primeiro dever é determinar separadamente o que vale a pena; o segundo, conceber em relação a eles um impulso regulado e ordenado; o terceiro, fazer seu impulso e suas ações se harmonizarem, de modo que sob todas essas condições você possa ser consistente consigo mesmo.
15. Se algum dos três estiver com defeito, há confusão no resto também. Pois que benefício há em ter todas as coisas avaliadas, cada uma em suas relações adequadas, se você ultrapassar seus impulsos? Qual o benefício que existe ao ter controlado seus impulsos e em ter seus desejos sob seu próprio controle se, quando você chegar à ação, você desconhece os horários e as épocas adequadas e se você não sabe quando, onde e como cada ação deve ser realizada? Uma coisa é entender os méritos e os valores dos fatos, outra coisa é conhecer o momento preciso para a ação, e ainda outra refrear os impulsos e prosseguir, em vez de se precipitar, para o que está para ser feito. Por isso, a vida está em harmonia com ela mesma somente quando a ação não abandona o impulso e quando o impulso para um objeto surge em cada caso do valor do objeto, sendo lânguido ou mais ansioso, conforme o caso, de acordo com os objetos que o despertam e valem a pena procurar.
16. O lado natural da filosofia é duplo: corporal e não corporal. Cada um é dividido em seus próprios graus de importância, por assim dizer. O tópico sobre os corpos aborda, primeiro, com estas duas classes: o criativo e o criado; e as coisas criadas são os elementos. Agora, esse mesmo tópico dos elementos, de acordo com alguns escritores, é

integral; com outros, é dividido em matéria, a causa que move todas as coisas e os elementos.

17. Resta para mim dividir a filosofia lógica em suas partes. Toda a fala é contínua ou dividida entre questionador e respondedor. Foi definido que a primeira deveria ser chamada de ῥητορική (retórica), e a última διαλεκτική (dialética). A retórica trata de palavras, significados e arranjos. A dialética é dividida em duas partes: palavras e seus significados, isto é, nas coisas que são ditas, e as palavras em que são ditas. Então vem uma subdivisão de cada uma – e é de grande extensão. Portanto, eu vou parar neste ponto, e

> Percorrer o clímax;   Summa sequar fastigia rerum;[171]

Pois, se eu tivesse vontade de dar as subdivisões, minha carta se tornaria o manual de um debatedor!

18. Não estou tentando desencorajá-lo, excelente Lucílio, de ler sobre este assunto, desde que você esteja pronto para praticar tudo o que ler. É sua conduta que você deve manter sob controle; você deve despertar o que está dormente em você, tencionar rapidamente o que se tornou relaxado, conquistar o que é obstinado, acossar seus apetites e os apetites da humanidade tanto quanto você pode; e para aqueles que dizem: "Por quanto tempo essa conversa sem fim continuará?", responda com as palavras:

19. "Eu é quem deveria estar perguntando: por quanto tempo esses pecados sem fim continuarão?" Você realmente deseja que meus remédios parem antes de seu vício? Mas devo falar mais de meus remédios, e apenas porque você oferece objeções, eu continuarei falando. A medicina começa a fazer o bem no momento em que um toque faz com que o corpo doente arda com dor. Devo pronunciar palavras que ajudarão os homens até mesmo contra a vontade deles. Às vezes, você deve permitir que outras palavras além de elogios atinjam seus ouvidos e se, como indivíduo, você não estiver disposto a ouvir a verdade, ouça coletivamente.

20. Quão longe você estenderá os limites de suas propriedades? Uma fazenda que mantenha uma nação é muito limitada para um único senhor.

Até que ponto você avançará seus campos arados – você que não está contente em confinar a medida de suas fazendas mesmo dentro da amplitude das províncias? Você tem rios nobres que atravessam seus terrenos privados; você tem rios poderosos – fronteiras de nações poderosas – sob seu domínio do início ao fim. Isso também é muito pequeno para você, a menos que também envolva mares inteiros com seus estados, a menos que seu administrador mantenha influência do outro lado do mar Adriático, da Jônia e do mar Egeu, a menos que as ilhas, casas de chefes famosos, sejam contadas por você como o mais insignificante dos bens! Espalhe-os tão amplamente quanto você quiser, se puder ter como "fazenda" o que uma vez foi chamado de império; faça seu o que quiser, desde que seja mais do que o do seu vizinho!

21. E agora por uma palavra contigo, cujo luxo se espalha tão amplamente quanto a ganância daqueles a quem acabei de referir. Para você, eu digo: "Este costume continuará até que não haja lago sobre o qual os pináculos de suas casas de campo não atinjam? Até que não haja um rio cujas margens não sejam limitadas por suas estruturas senhoriais? Onde águas quentes possam surgir, onde as margens se curvem em uma baía, você estará pronto para estabelecer fundações e, não contente com nenhuma terra que não tenha sido trabalhada pela engenharia, você irá trazer o mar dentro de seus limites. De cada lado, deixará suas casas brilharem ao sol, agora colocadas em picos nas montanhas, onde elas procuram uma visão extensa sobre o mar e a terra, agora levantadas da planície até o alto das montanhas, construirá suas múltiplas estruturas, suas imensas pilhas, vocês são, no entanto, apenas indivíduos e insignificantes com isso! O que você ganha em ter várias camas? Você dorme em uma. Nenhum lugar é seu, onde você não esteja".

22. "Em seguida, eu passo para você, cuja boca insaciável e sem fundo explora, por um lado os mares, por outro a terra, com um enorme trabalho, caçando sua presa, agora com anzol, agora com armadilha, agora com redes de vários tipos, nenhum animal tem paz, exceto quando você está empanturrado dele. E quão pequena é uma parte desses banquetes, preparado para você por tantas mãos, que você prova com seu paladar fatigado de prazer! Quão pequena parte de toda essa carne de caça, cuja captura esteve repleta de perigo, o paladar doente e cheio de melindre chega ao estômago? Quão pequena porção de todos os peixes, importados de longe, escorrega por aquela insaciável garganta? Pobres desgraçados, vocês não sabem que seus apetites são maiores que suas barrigas?"

23. Fale assim com outros homens, desde que você, enquanto falar, também escute; escreva assim, desde que, enquanto escreve, leia, lembrando que tudo o que você ouve ou lê, deve ser aplicado para conduzir e para aliviar a fúria da paixão. Estude, não para adicionar nada ao seu conhecimento, mas para melhorar seu conhecimento.

Mantenha-se Forte. Mantenha-se Bem.

XXV.
SOBRE O PAPEL DA FILOSOFIA NO PROGRESSO DO HOMEM

Saudações de Sêneca a Lucílio.

01. Quem pode duvidar, meu querido Lucílio, que a vida é a dádiva dos deuses imortais, mas que viver bem é a dádiva da filosofia? Daí a ideia de que nossa dívida com a filosofia é maior do que a nossa dívida com os deuses, na medida em que uma boa vida é mais benéfica do que a mera vida, não fosse a própria filosofia uma bênção que os deuses nos deram. Eles não deram seu conhecimento a ninguém, mas a faculdade de adquiri-lo foi dada a todos.

02. Pois, se tivessem feito a filosofia também um bem geral e se nós tivéssemos o conhecimento desde nosso nascimento, a sabedoria perderia seu melhor atributo: não ser um dos presentes da Fortuna. Pois a característica preciosa e nobre da sabedoria é que ela não tenta nos encontrar, que cada um precisa se endividar por ela, e que não a buscamos nas mãos dos outros. O que haveria de digno na filosofia, se ela fosse uma coisa que viesse por doação?

03. Sua única tarefa é descobrir a verdade sobre coisas divinas e coisas humanas. Do seu lado, a religião nunca se afasta nem o dever, nem a justiça, nem toda a companhia de virtudes que se apega em comunhão. A filosofia nos ensinou a adorar o que é divino, a amar o que é humano; ela nos disse que com os deuses há autoridade e entre os homens, camaradagem. Esta camaradagem permaneceu intocada por um longo tempo, até que a avareza rasgou a comunidade e se tornou a causa da pobreza, mesmo no caso daqueles que ela mesma havia enriquecido. Pois os homens deixam de possuir todas as coisas da natureza no momento em que desejam coisas particulares para si próprios.

04. Mas os primeiros humanos e aqueles que surgiram deles, ainda intactos, seguiram a natureza, tendo um homem como seu líder e sua lei, confiando-se ao controle de alguém melhor do que eles. Pois a natureza tem o hábito de sujeitar os mais fracos ao mais forte. Mesmo entre os animais brutos, aqueles que são maiores ou mais ferozes dominam. Não é um touro fraco que lidera o rebanho; é aquele que venceu os outros machos por seu poder e músculos. No caso dos elefantes, o mais alto é o primeiro; entre os homens, o melhor é considerado o superior. É por isso que é pela mente que um governante é designado; e por essa razão a maior felicidade recai sobre aqueles povos entre os quais um homem não pode ser o mais poderoso a menos que seja o melhor. Pois este homem pode cumprir com segurança o que ele quer, já que pensa que não pode fazer nada exceto o que deva fazer.

05. Por conseguinte, naquela idade que é considerada como a idade de ouro, Posidônio sustenta que o governo estava sob a jurisdição do sábio. Eles mantiveram suas mãos sob controle e protegiam o mais fraco do mais forte. Eles deram conselhos, tanto para fazer quanto para não fazer; eles mostraram o que era útil e o que era inútil. Sua previdência, garantiu a seus súditos que nada faltasse; sua bravura afastou os perigos; sua bondade enriqueceu e adornou seus súditos. Pois o governo deles era um serviço, não um exercício de realeza. Nenhum governante pôs à prova seu poder contra aqueles a quem devia o início de seu poder; e ninguém tinha a inclinação, ou a desculpa, para fazer o mal, já que o governante governava bem e o súdito obedecia bem, e o rei não poderia proferir nenhuma ameaça maior contra um súdito desobediente do que seu banimento do reino.

06. Mas, uma vez que o vício foi introduzido e os reinados se transformaram em tiranias, surgiu a necessidade de leis, e essas mesmas leis foram, por sua vez, moldadas pelos sábios. Sólon[172], que estabeleceu Atenas em bases firmes por leis justas, foi um dos sete homens[173] reconhecidos por sua sabedoria. Se Licurgo[174] vivesse no mesmo período, um oitavo teria sido adicionado a esse sagrado número sete. As leis de Zaleuco[175] e Carondas são louvadas; não foi no fórum ou nos escritórios de conselheiros qualificados, mas no silencioso e santo retiro de Pitágoras, que esses dois homens aprenderam os princípios de justiça que deveriam estabelecer na Sicília (que na época era próspera) e ao longo de toda Itália grega.

07. Até este ponto, concordo com Posidônio; mas que essa filosofia descobriu as artes úteis à vida em sua ronda diária, eu me recuso a admitir. Também não atribuo a ela uma glória de artesão. Posidônio diz: "Quando os homens estavam espalhados pela terra, protegidos pelas cavernas ou pelo abrigo escavado em um penhasco ou pelo tronco de uma árvore oca, foi a filosofia que os ensinou a construir casas". Mas eu, por minha parte, não considero que essa filosofia concebeu essas habitações astutamente inventadas que se levantam andar sobre andar, onde as multidões da cidade se apinham, não mais do que tenha inventado as conservas de peixe, que são preparadas com o propósito de poupar a gula dos homens de ter que correr o risco de tempestades e, para que, por mais que o mar esteja furioso, o luxo possa ter seus portos seguros para engordar raças extravagantes de peixe.

08. O quê! Foi filosofia que ensinou o uso de chaves e fechaduras? Não, o que foi, exceto dar uma dica para a avareza? Foi a filosofia que construiu todos esses edifícios altos, tão perigosos para as pessoas que habitam neles? Não seria suficiente para o homem proporcionar-se um teto de qualquer possibilidade de cobertura e inventar para si algum retiro natural sem a ajuda da arte e sem problemas? Acredite, essa era uma época feliz, antes dos dias dos arquitetos, antes dos dias dos construtores!

09. Todo esse tipo de coisa nasceu quando o luxo nasceu – essa questão de cortar madeira e criar uma viga com mão inflexível enquanto a serra passa pela linha marcada.

> **O homem primitivo com cunhas dividiu sua madeira branda.**
>
> **Nam primi cuneis scindebant fissile lignum.**[176]

Porque eles não estavam preparando um telhado para um futuro salão de banquete; nem para tal uso, eles carregavam os pinheiros ou os abetos ao longo das ruas trêmulas com uma longa fileira de carroças – apenas para pendurar sobre eles tetos com painéis pesados de ouro.

10. Os mastros bifurcados erguidos em ambas as extremidades apoiam suas casas. Com ramos fechados e com folhas amontoadas e inclinadas, eles conseguiam uma drenagem para as chuvas mais pesadas. Sob essas moradias, moravam, mas moravam em paz. Um telhado de palha cobria um homem livre; sob o mármore e o ouro habita a escravidão.

11. Em outro ponto também eu discordo de Posidônio, quando ele sustenta que ferramentas mecânicas são a invenção dos homens sábios. Pois nessa base, pode-se sustentar que esses eram sábios que ensinavam as artes:

De colocação de armadilhas para caça e galhos de arapuca para os pássaros, e encerrando de matilhas os vales.	Tunc laqueis captare feras et fallere visco Inventum et magnos canibus circumdare saltus.[177]

Foi a engenhosidade do homem, não sua sabedoria, que descobriu todos esses dispositivos.

12. E eu também me distancio dele quando diz que homens sábios descobriram nossas minas de ferro e cobre, "quando a terra, queimada por incêndios florestais, derreteu as veias de minério que se encontravam perto da superfície e provocavam o jorro do metal". Não, o tipo de homem que descobre essas coisas é o tipo de homem que está ocupado com elas.

13. Também não considero essa questão tão sutil quanto Posidônio pensa, ou seja, se o martelo ou a tenaz foi a primeira a entrar em uso. Ambos foram inventados por algum homem cuja mente era ágil e afiada, mas não grande ou elevada; e o mesmo vale para qualquer outra descoberta que só pode ser feita por meio de um corpo curvado e de uma mente cujo olhar está no chão. O homem sábio era simples em sua maneira de viver. E por que não? Mesmo em nossos tempos, ele prefere ser o mais desimpedido possível.

14. Como, pergunto, você pode admirar tanto Diógenes[178] quanto Dédalo?[179] Qual desses dois parece ser um homem sábio – aquele que inventou a serra, ou aquele que, ao ver um menino beber água do oco de sua mão, imediatamente tirou o copo da carteira e quebrou-o, repreendendo-se com estas palavras: "Louco que eu sou, ter transportado bagagem supérflua todo esse tempo!", e então enrolou-se em seu barril e deitou-se para dormir?

15. Nestes nossos tempos, qual homem, lhe pergunto, julga o mais sábio – aquele que inventa um processo para pulverizar perfumes de açafrão a uma altura tremenda por tubos escondidos, que preenche ou esvazia canais por uma súbita onda de águas, que constrói tão habilmente uma sala de jantar com um teto de painéis móveis que apresenta um padrão após o outro, o telhado mudando tão frequentemente quanto os pratos, ou aquele que prova aos outros, bem como a si mesmo, que a natureza não colocou sobre nós nenhuma lei severa e difícil quando ela nos diz que podemos viver sem o cortador de mármore e o engenheiro, que podemos nos vestir sem o uso de tecidos de seda, que podemos ter tudo o que é indispensável para o nosso uso, desde que apenas estejamos contentes com o que a Terra colocou em sua superfície? Se a humanidade estivesse disposta a ouvir esse sábio, ela saberia que o cozinheiro é tão supérfluo quanto o soldado.

16. Aqueles eram sábios, ou pelo menos como os sábios que descobriram que o cuidado do corpo é um problema fácil de resolver. As coisas indispensáveis não exigem esforços elaborados para a aquisição; são apenas os luxos que exigem trabalho. Siga a natureza e você não precisará de artesãos qualificados. A natureza não queria que fôssemos "especialistas". Pois para tudo o que coagiu contra nós, ela nos equipou. "Mas o frio não pode ser suportado pelo corpo nu". O que, então? Não há peles de feras selvagens e outros animais que podem nos proteger bem o suficiente e, mais do que o suficiente, do frio? Muitas tribos não cobrem seus corpos com a casca de árvores? Não são as penas de pássaros costuradas para servir roupas? Mesmo hoje, não existe uma grande porção da tribo Cítia em peles de raposas e camundongos, macias ao toque e impermeáveis aos ventos?

17. "Por tudo isso, os homens devem ter uma proteção mais espessa do que a pele, para evitar o calor do sol no verão." O que, então? A antiguidade não produziu muitos refúgios que, criados pela erosão, pelo tempo ou por qualquer outra ocorrência, se abriram em cavernas? O que, então? Os antigos não pegaram galhos e os teceram à mão em tapetes de vime, esfregando-os com lama comum e, em seguida, com restolho, e com outras gramas selvagens construíram um telhado e assim passavam seus invernos seguros, as chuvas escoadas por meio de espigões inclinados? O que, então? Os povos que estão à beira do golfo de Sirte não habitam em casas escavadas e, de fato, todas as tribos que, por causa do brilho feroz do sol, não possuem proteção suficiente para evitar o calor, exceto o próprio solo ressequido?

18. A natureza não foi tão hostil ao homem que, quando deu a todos os outros animais um papel fácil na vida, tornou impossível para ele viver sozinho sem todos esses artifícios. Nada disso foi imposto por ela; nenhum deles deve ser buscado com dificuldade para que nossas vidas possam ser prolongadas. Todas as coisas estão prontas para nós no nosso nascimento; somos nós que tornamos tudo difícil para nós mesmos, por meio do nosso desdém pelo que é fácil. Casas, abrigo, conforto material, comida e tudo o que agora se tornou a fonte de grandes problemas, estavam prontos, livres de tudo e alcançáveis por pequeno esforço. Pois o limite em todos os lugares corresponde à necessidade; somos nós que fizemos todas essas coisas valiosas, nós que as fizemos admiráveis, nós que as fizemos ser procuradas por dispositivos extensivos e múltiplos.

19. A natureza é suficiente para o que exige. O luxo virou as costas para a natureza; cada dia ele se expande, em todas as épocas ele vem acumulando força e por sua sagacidade promovendo os vícios. No início, o luxo começou a cobiçar o que a natureza considerava supérfluo, então o que era contrário à natureza; e, finalmente, fez da alma um fiador ao corpo, e pediu que fosse uma escrava total das luxúrias do corpo. Todas essas astúcias pelas quais a cidade é patrulhada – ou devo dizer mantida em tumulto – estão envolvidas no negócio do corpo; há tempo todas as coisas eram oferecidas ao corpo tanto quanto a um escravo, mas agora elas são preparadas para o corpo como para um soberano. Consequentemente, daí vieram as oficinas das tecelãs e dos carpinteiros; daí o saboroso cheiro do alimento dos cozinheiros profissionais; daí a despreocupação daqueles que ensinam danças sensuais e cantos lascivos e afetados. Pois essa moderação que a natureza prescreve, que limita nossos desejos por recursos restritos a nossas necessidades, abandonou o campo; agora chegou a isso – querer apenas o que é suficiente é um sinal de grosseria e de absoluta pobreza.

20. É difícil de acreditar, meu querido Lucílio, com que facilidade o encanto da eloquência cativa, mesmo grandes homens, para longe da verdade. Tomemos, por exemplo, Posidônio – que, na minha opinião, é do time daqueles que mais contribuíram para a filosofia – quando deseja descrever a arte de tecer. Ele diz como, primeiro, alguns fios são torcidos e alguns tirados da suave e frouxa massa de lã; em seguida, como a urdidura[180] vertical mantém os fios esticados por meio de pesos pendurados; então, como a linha inserida da estrutura, que suaviza a textura dura da teia que a segura de cada lado, é forçada pelo batente para fazer uma união compacta com a urdidura. Ele sustenta que mesmo a arte do tecelão foi descoberta por homens sábios, esquecendo que a arte mais complicada que ele descreveu foi inventada nos últimos dias – a arte em que

A trama é presa à moldura; distante agora O pente separa a urdidura. Entre as fibras é atirada a textura pelas lançadeiras carregadas; Os dentes bem entalhados do pente largo, em seguida conduzem.	Tela iugo vincta est, stamen secernit harundo, Inseritur medium radiis subtemen acutis, Quod lato paviunt insecti pectine dentes.[181]

Suponhamos ter tido a oportunidade de ver o tear do nosso próprio dia, o que produz as vestes que não esconderão nada, a roupa que proporciona – não vou dizer nenhuma proteção ao corpo, mas nem mesmo a modéstia!

21. Posidônio passa para o fazendeiro. Com menos eloquência, ele descreve o solo que é revolvido e cruzado novamente pelo arado para que a terra, assim afrouxada, possa permitir um desenvolvimento mais livre das raízes; então a semente é espalhada e as ervas daninhas arrancadas à mão, para que nenhum crescimento casual ou planta selvagem se desenvolva e estrague a cultura. Este ofício também, ele declara, é a criação do sábio – como se os cultivadores do solo não estivessem, neste momento, descobrindo inúmeros novos métodos para aumentar a fertilidade do solo!

22. Além disso, não limitando sua atenção a essas artes, ele até degrada o homem sábio enviando-o para o moinho. Pois ele nos diz como o sábio, ao imitar os processos da natureza, começou a fazer pão. "O grão", diz ele, "uma vez que é levado à boca, é esmagado pelos dentes íngremes,

que se encontram de forma hostil, e qualquer que seja o grão que deslize na língua volta para os mesmos dentes. Então é misturado em uma massa para que possa mais facilmente passar pela garganta escorregadia. Quando isso chega ao estômago, é digerido pelo calor uniforme do órgão, então, e só então, é assimilado pelo corpo."

23. Seguindo esse padrão, ele continua, "alguém colocou duas pedras ásperas, uma sobre a outra, imitando os dentes, um dos quais está parado e aguarda o movimento do outro conjunto. Então, ao esfregar a pedra uma contra a outra, o grão é esmagado e trazido de volta uma e outra vez, até que por fricção frequentemente é reduzido a pó. Então este homem polvilhou o repasto com água e com a manipulação contínua subjugou a massa e moldou o pão. Esta massa foi, no início, cozida por cinzas quentes ou por um vaso de barro em brasa; mais tarde, fornos foram gradualmente descobertos e os outros dispositivos cujo calor presta obediência à vontade do sábio". Posidônio chegou muito perto de declarar que mesmo o ofício do sapateiro era a descoberta do homem sábio.

24. A razão, de fato, inventou todas essas coisas, mas não era a razão correta. Foi o homem, mas não o sábio, que as descobriu. Assim também os homens inventaram navios, nos quais atravessamos rios e mares – navios equipados com velas com a finalidade de utilizar a força dos ventos, navios com lemes adicionados na popa para girar o curso do navio em uma direção ou outra. O modelo seguido foi o peixe, que se dirige por sua cauda cujo menor movimento para esse ou aquele lado desvia seu curso rapidamente.

25. "Mas", diz Posidônio, "o homem sábio realmente descobriu todas essas coisas, mas elas eram muito insignificantes para que ele próprio lidasse, e ele as confiou a seus mais desprezíveis assistentes". Não foi assim; essas invenções iniciais não foram pensadas por nenhuma outra classe de homens senão aqueles que as têm sob comando hoje. Sabemos que certos dispositivos surgiram apenas em nossa própria memória – como o uso de janelas que admitem a luz através de telhas transparentes e, como os banhos instalados em estufas, com canos em suas paredes para difundir o calor que mantém a uma temperatura uniforme seus mais baixos, bem como seus mais altos espaços. Por que preciso mencionar o mármore com o qual nossos templos e nossas casas particulares são resplandecentes? Ou as massas arredondadas e polidas de pedra pelas quais erguemos colunatas e edifícios espaçosos o suficiente para multidões? Ou nossos sinais para palavras inteiras,[182] que nos permitem anotar um discurso, por mais rapidamente pronunciado, combinando a velocidade da língua com a velocidade da mão? Todo esse tipo de coisa foi planejado pela mais vil categoria de escravos.

26. O lugar da sabedoria é mais alto; ela não treina as mãos, mas é a amante das nossas mentes. Você saberia o que a sabedoria trouxe à luz, o que ela realizou? Não são as poses graciosas do corpo, nem as variadas notas produzidas por corneta e flauta, por qual a respiração é recebida e, à medida que vaza ou passa, é transformada em voz. Não é sabedoria que inventa armas, ergue muralhas ou cria instrumentos úteis à guerra; a voz dela é para a paz, e ela convoca toda a humanidade para a concórdia.

27. Não é ela, eu mantenho, quem é a artesã de nossos instrumentos indispensáveis ao uso diário. Por que você atribui a ela coisas insignificantes? Você vê nela a especialista em artesanato da vida. As outras artes, é verdade, a sabedoria tem sob seu controle; pois aquele a quem a vida serve é servido também pelas coisas que equipam a vida. Mas o curso da sabedoria é para o estado de felicidade; de lá ela nos guia e abre o caminho para nós.

28. Ela nos mostra quais coisas são do mal e o que é aparentemente mau; ela tira nossas mentes de ilusão vã. Ela nos confere uma grandeza que é substancial, mas ela reprime a grandeza que é orgulhosa e que é vistosa, mas cheia de vazio; e ela não nos permite ignorar a diferença entre o que é ótimo e o que é nada, senão inchado; além disso, ela nos entrega o conhecimento de toda a natureza e de sua própria natureza. Ela nos revela o que são os deuses e de que qualidade eles são; quais são os deuses inferiores, as divindades domésticas e os espíritos protetores; quais são as almas que foram dotadas de vida duradoura e foram admitidas na segunda classe de divindades, onde é a sua morada e quais são suas atividades, poderes e vontade. Tais são os ritos de iniciação da sabedoria, por meio dos quais é desbloqueado, não um santuário de aldeia, mas o vasto templo de todos os deuses – o próprio universo, cujas aparições verdadeiras e aspectos verdadeiros ela oferece ao olhar de nossas mentes, já que nossa visão não alcança um tão grandioso espetáculo!

29. Então ela volta ao começo das coisas, à razão eterna que foi transmitida ao todo e à força que é inerente a todas as sementes das coisas, dando-lhes o poder de modelar cada coisa de acordo com seu tipo. Então a sabedoria começa a indagar sobre a alma, de onde ela vem, onde ela habita, quanto tempo ela permanece, quantas divisões ela tem. Finalmente, ela volta sua atenção do corpóreo para o incorpóreo e examina de perto a verdade e as marcas pelas quais a verdade é conhecida, investigando o seguinte, como aquilo que é ambíguo pode ser distinguido da verdade, seja na vida ou na linguagem; pois ambos são elementos do falso misturado com o verdadeiro.

30. É minha opinião que o homem sábio não se retirou, como Posidônio pensa, das artes que estávamos discutindo, mas que ele nunca as tomou. Pois ele teria julgado que não vale a pena descobrir nada que ele não julgasse valer a pena sempre usar. Ele não aceitaria hoje coisas que devessem ser descartadas amanhã.

31. "Mas Anacársis",[183] diz Posidônio, "inventou a roda do oleiro, cujo turbilhão dá forma aos vasos". Então, como a roda do oleiro é mencionada por Homero, as pessoas preferem acreditar que os versos de Homero são falsos e não a história de Posidônio! Mas eu sustento que Anacársis não foi o criador desta roda; e mesmo que ele fosse, embora fosse um homem sábio quando o inventou, ainda assim ele não inventou isso como "homem sábio" – assim como há muitas coisas que os homens sábios fazem como homens e não como homens sábios. Suponhamos, por exemplo, que um homem sábio seja muito rápido nos pés; ele superará todos os corredores da competição em virtude de ser ligeiro, não em virtude de sua sabedoria. Gostaria de mostrar a Posidônio um soprador de vidro que, por sua respiração, molda o copo em múltiplas formas que mal poderiam ser feitas pela mão mais hábil. Mais que isso, essas descobertas foram feitas desde que nós, os homens, deixamos de descobrir a sabedoria.

32. Mas Posidônio novamente observa. "Dizem que Demócrito descobriu o arco de abóboda,[184] cujo efeito foi que a linha curva de pedras, que gradualmente se inclinam uma para a outra, é unida pela pedra angular." Estou disposto a pronunciar esta declaração falsa. Pois deveria haver, antes de Demócrito, pontes e portais em que a curvatura não começou até o topo.

33. Parece ter fugido de sua memória que este mesmo Demócrito descobriu como o marfim poderia ser amolecido por fervura, como um calhau poderia ser transformado em esmeralda, – o mesmo processo usado até hoje para colorir pedras que são submissas a este tratamento! Pode ter sido um homem sábio que descobriu todas essas coisas, mas não as descobriu por ser sábio; pois ele fez muitas coisas que vemos ser feitas tão bem, ou mesmo com mais habilidade e destreza, por homens totalmente deficientes de sabedoria.

34. Você pergunta o que, então, o sábio descobriu e o que ele trouxe à luz? Antes de tudo, a verdade a respeito da natureza; e a natureza ele não seguiu como fazem os outros animais, com os olhos muito entorpecidos para perceber o divino nela. Em segundo lugar, existe a lei da vida e a vida que ele fez para se adequar aos princípios universais; e ele nos ensinou, não apenas a conhecer os deuses, mas a segui-los e a receber as dádivas do acaso exatamente como se fossem comandos divinos. Ele nos proibiu de prestar atenção a opiniões falsas e ponderou o valor de cada coisa por um verdadeiro padrão de avaliação. Ele condenou os prazeres com os quais o remorso se mistura e elogiou os bens que sempre satisfazem. E ele explicitou a verdade: que é mais feliz aquele que não precisa de felicidade e que é mais poderoso aquele que tem poder sobre si mesmo.

35. Não falo dessa filosofia que coloca o cidadão fora de sua comunidade e os deuses fora do universo e que aceita haver virtude no prazer,[185] mas sim daquela filosofia que não dá valor a nada, exceto ao que é honorável, uma que não pode ser persuadida pelos presentes, tanto do homem como da Fortuna, uma cujo valor é que não pode ser comprada por qualquer valor[186]. Que esta filosofia tenha existido em uma época tão bruta, quando as artes e ofícios ainda eram desconhecidos e quando as coisas úteis só podiam ser aprendidas pela prática – isso eu me recuso a acreditar.

36. Em seguida, veio o período favorecido pela Fortuna, quando as recompensas da natureza se abriram a todos, para o uso indiscriminado dos homens, antes que a avareza e o luxo quebrassem os laços que mantinham os mortais juntos, e eles, abandonando sua existência comunal, se separaram e se tornaram saqueadores. Os homens da segunda era não eram homens sábios, mesmo que fizessem o que os homens sábios deveriam fazer.

37. Na verdade, não há outra condição da raça humana que alguém considere mais altamente; e se Deus ordenasse a um homem para criar criaturas terrestres e conferir instituições aos povos, esse homem não aprovaria nenhum outro sistema que fosse distinto daquele dos homens dessa época, quando

> Nenhum lavrador cultivou o solo, nem estava certo repartir ou delimitar a propriedade. Os homens compartilharam seus ganhos, e a Terra entregava mais livremente Suas riquezas para os filhos que não as procuravam.
>
> Nulli subigebant arva coloni, Ne signare quidem aut partiri limite campum Fas erat; in medium quaerebant, ipsaque tellus Omnia liberius nullo poscente ferebat.[187]

38. Que raça de homens foi mais bem-aventurada do que aquela raça? Eles gozavam de toda a natureza em parceria. A natureza era uma mãe para eles, agora a tutora, assim como antes era a mãe de todos; e este seu presente consistia na posse garantida de cada homem dos recursos comuns. Por que eu não poderia chamar essa raça de a mais rica entre os mortais, já que não conseguiria encontrar uma pessoa pobre entre eles? Mas a avareza invadiu uma situação tão felizmente organizada e, com sua ânsia por tirar algo e transformá-lo em seu próprio uso privado, fez de tudo à propriedade dos outros e reduziu riquezas ilimitadas a uma carestia desmedida. Foi a avareza que introduziu a pobreza e, por desejar muito, perdeu tudo.

39. E, por isso, embora ela tente compensar a perda, embora ela adicione uma propriedade a outra, expulse um vizinho quer comprando-o, quer prejudicando-o, embora ela estenda suas mansões ao tamanho das províncias e defina propriedade como significando uma extensa viagem através da própria propriedade – apesar de todos esses esforços dela, nenhuma ampliação de nossas fronteiras nos trará de volta à condição de onde partimos.

40. O próprio solo era mais produtivo quando não era dividido e produzia mais do que o suficiente para os povos que se abstinham de despojar uns aos outros. Qualquer dádiva que a natureza produzia, os homens obtinham tanto prazer em revelá-la a outro como em tê-la descoberto. Não era possível para nenhum homem superar a outro ou ficar atrás dele; tudo o que havia, era dividido entre os amigos sem discussão. O mais forte ainda não havia começado a colocar as mãos sobre os mais fracos; ainda não havia o avarento, escondendo o que estava diante dele, afastando seu vizinho das necessidades da vida; cada um se importava tanto com o próximo quanto consigo mesmo.

41. A armadura não era usada e a mão não era manchada pelo sangue humano; direcionava toda sua violência contra animais selvagens. Os homens daqueles dias, que haviam encontrado uma proteção densa do bosque contra o sol e a segurança contra o rigor do inverno ou da chuva em seus pobres esconderijos, passavam suas vidas sob os ramos das árvores e passavam noites tranquilas sem um suspiro. O luxo nos irrita em nossas vestes púrpuras e nos afasta de nossas camas com as mais afiadas aguilhoadas; mas quão suave era o sono que a terra dura concedia aos homens daquele dia! Quando não há mais que possamos fazer, devemos possuir muito; mas antes nós possuíamos o mundo inteiro!

42. Nenhuma preocupação constante ou tetos luxuosos pendiam sobre eles, mas quando se deitavam debaixo do céu aberto, as estrelas deslizavam silenciosamente acima deles e o firmamento, o nobre desfile noturno, marchava rapidamente, conduzindo sua poderosa tarefa em silêncio. Pois eles tinham, o dia assim como a noite, as visões desta morada mais gloriosa, livre e aberta. Era sua alegria observar as constelações enquanto se afundavam do meio do céu e outras, novamente, quando se levantavam de suas casas escondidas.

43. O que mais, além da alegria, poderia ser vagar entre as maravilhas que pontilhavam os céus em toda parte? Mas você, da época atual, estremece a cada som que sua casa faz, e enquanto se senta entre seus afrescos, o menor chiado o faz se encolher de terror. Eles não tinham casas tão grandes quanto cidades. O ar, brisas soprando livremente através dos espaços abertos, a sombra flutuante do penhasco ou da árvore, águas cristalinas e córregos não estragados pelo trabalho do homem, seja por tubulações ou por qualquer confinamento, mas correndo à vontade, e prados lindos sem o uso da arte – em meio a essas cenas estavam suas casas rudes, adornadas com mão rústica. Tal moradia estava em conformidade com a natureza; nesse lugar havia alegria de viver, sem temer a própria residência nem por sua segurança. Hoje, no entanto, nossas casas constituem uma grande parte do nosso medo.

44. Mas, por mais que a vida dos homens daquela época fosse excelente e sem censura, eles não eram homens sábios; pois esse título está reservado para a maior conquista. Ainda assim, eu não negaria que eles eram homens de espírito elevado e – eu posso usar a frase – recentemente entregues pelos deuses. Pois não há dúvida de que o mundo produziu uma descendência melhor antes de ser esgotado. No entanto, nem todos foram dotados de faculdades mentais de maior perfeição, embora em todos os casos seus poderes inatos fossem mais vigorosos do que os nossos e mais adequados para o trabalho. Pois a natureza não concede virtude; é uma arte tornar-se bom.

45. Eles, pelo menos, não procuraram na mais baixa escória da terra por ouro, nem ainda por prata ou pedras transparentes; e eles ainda eram misericordiosos mesmo com os animais brutos – tão longe era essa época do costume de matar o homem pelo homem, não com raiva ou com medo, mas apenas para fazer um show![188] Ainda não tinham roupas bordadas nem teciam um pano de ouro; o ouro ainda não era minerado.

46. Qual é, então, a conclusão do assunto? Devido a sua ignorância das coisas, os homens daqueles dias eram inocentes; e faz uma grande diferença se queremos pecar ou se não temos conhecimento para pecar. A justiça era desconhecida, a prudência, desconhecida, desconhecidos também eram o autocontrole e a bravura; mas sua vida rude possuía certas qualidades parecidas com todas essas virtudes. A virtude não é concedida a uma alma, a menos que essa alma tenha sido treinada e ensinada e, pela prática incessante, trazida à perfeição. Para a obtenção desta bênção, mas não na posse dela, nós nascemos; e mesmo no melhor dos homens, antes da iniciação filosófica, se pode haver matéria-prima para a virtude, não existe ainda a virtude.

Mantenha-se Forte. Mantenha-se Bem.

XXVI.
SOBRE A LIÇÃO A SER APRENDIDA DO INCÊNDIO DE LIÃO

Saudações de Sêneca a Lucílio.

01. Nosso amigo Liberal está agora abatido; pois ele acabou de ouvir do fogo que eliminou a colônia de Lião.[189] Tal calamidade pode chatear qualquer um, para não falar de um homem que ama muito seu país. Mas este incidente serviu para fazê-lo se perguntar sobre a força de seu próprio caráter, que ele treinou, suponho, apenas para encontrar situações que concebia como possíveis. Não me pergunto, no entanto, se ele estava preparado para o embate com um mal tão inesperado e praticamente inaudito como este, já que é sem precedentes. Pois o fogo já danificou muitas cidades, mas não aniquilou nenhuma. Mesmo quando o fogo é lançado contra os muros pela mão de um inimigo, a chama morre em muitos lugares e embora continuamente renovada, é raro devorar tão completamente que não deixa nada para a espada. Mesmo um terremoto quase nunca é tão violento e destrutivo que derrube cidades inteiras. Finalmente, nenhuma conflagração já resplandeceu tão selvagemente sobre uma cidade que nada tenha sobrado para uma segunda chance.

02. Tantos edifícios bonitos, um único dos quais faria uma cidade famosa, foram destruídos em uma noite. Em tempo de paz tão profunda, ocorreu um evento pior do que os homens poderiam temer mesmo em tempo de guerra. Quem pode acreditar? Quando as armas estão em repouso e quando a paz prevalece em todo o mundo, Lião, o orgulho da Gália, está desaparecida! A Fortuna geralmente concede que todos os homens, quando os assalta coletivamente, tenham um pressentimento do que estavam destinados a sofrer. Toda grande criação concede um período de indulto antes da sua queda; mas neste caso, apenas uma única noite se passou entre a cidade no seu auge e a cidade inexistente. Em suma, leva-me mais tempo para dizer que pereceu do que demorou para que perecesse.

03. Tudo isso afetou nosso amigo Liberal, dobrando sua vontade, que geralmente é tão firme e ereta em face de suas próprias provações. E não sem razão foi abalado; pois é o inesperado que coloca a carga mais pesada sobre nós. O insólito aumenta o peso das calamidades e cada mortal sente dor maior como resultado daquilo que também traz surpresa.

04. Portanto, nós, estoicos, nunca nos devemos deixar apanhar de improviso. Nossa mente deve ser enviada antecipadamente para atender a todos os problemas e devemos considerar não o que costuma acontecer, mas o que pode acontecer. Pois o que há no mundo que a Fortuna, quando ela quer, não derruba do alto da sua prosperidade? E o que é que ela não ataca mais violentamente quão mais brilhante é? O que é laborioso ou difícil para ela?

05. Ela nem sempre ataca da mesma maneira nem com a mesma força; às vezes, ela convoca nossas próprias mãos contra nós; em outro momento, contente com os próprios poderes, ela não faz uso de nenhum agente para inventar perigos para nós. Nenhuma época está isenta; no meio de nossos próprios prazeres, brotam as causas do sofrimento. A guerra surge no meio da paz e aquilo de que dependemos para proteção é transformado em causa de medo. O amigo se torna inimigo, o aliado se torna inimigo, a calma do verão é agitada por tempestades repentinas mais selvagens do que as tempestades do inverno. Sem inimigos à vista, somos vítimas de destinos como os infligidos pelos inimigos e se outras causas de desastre falham, a boa sorte excessiva os encontra por si só. Os mais comedidos são assolados pela doença, o mais forte, por devastadora doença, o mais inocente, pelo suplício, o mais isolado, pela multidão barulhenta. A Fortuna escolhe uma nova arma para levar sua força contra nós, principalmente quando nos esquecemos dela.

06. Qualquer que seja a estrutura criada por uma longa sequência de anos, ao custo do grande trabalho e pela grande bondade dos deuses, é espalhada e dispersa por um único dia. Não, aquele, que disse "um dia", concedeu um adiamento muito longo ao infortúnio rápido; uma hora, um instante de tempo, basta para a derrubada dos impérios! Seria um consolo para a debilidade de nós mesmos e nossas obras, se todas as coisas perecessem tão devagar quanto demoram para surgir; mas, como é, os ganhos são de crescimento lento, mas o caminho para a ruína é rápido.

07. Nada, seja público ou privado, é estável; os destinos dos homens, nada menos que os das cidades, estão em um redemoinho. Em meio a maior calmaria, o terror surge e, apesar de nenhum agente externo agitar a baderna, ainda assim os males brotam de fontes de onde eram menos esperados. Os tronos que suportaram o choque de guerras civis e estrangeiras caíram ao chão, embora ninguém os tivessem feito instáveis. Quão poucas cidades levaram a boa Fortuna até o fim! Devemos, portanto, refletir sobre todas as contingências e fortalecer nossa mente contra todas as eventualidades.

08. Exílio, tortura por doenças, guerras, naufrágio, devemos pensar nisso. O acaso pode retirá-lo de seu país ou seu país de você, ou pode exilá-lo ao deserto; este mesmo lugar, onde as multidões são sufocantes, pode se tornar um deserto. Possuamos diante dos olhos todos os fatores que determinam a condição humana, consideremos no nosso espírito não a frequência de cada fator, mas sim a intensidade máxima que ele pode nos atingir, a menos que queiramos deixar-nos abater e abrir a boca de espanto ante alguma desgraça menos usual como se ela fosse inédita. Devemos refletir sobre a Fortuna integral e completamente.

09. Com que frequência as cidades da Ásia Menor[190] ou na Acaia,[191] foram destruídas por um único choque de terremoto! Quantas cidades na Síria, quantas na Macedônia, foram engolidas! Quantas vezes esse tipo de devastação colocou Chipre em ruínas! Quantas vezes Pafos[192] entrou em colapso! Não raramente, notícias nos são trazidas da destruição total de cidades inteiras; contudo, quão pequena parte do mundo somos, a quem essas novidades costumam vir! Levantemo-nos, portanto, para enfrentar as operações da Fortuna. E o que quer que aconteça, tenha a certeza de que não é tão grave como o rumor anuncia que seja.

10. Uma cidade rica foi posta em cinzas, a joia das províncias, contada como uma delas e ainda não incluída com elas; por mais rica que fosse, no entanto, estava situada em uma única colina e essa não era muito grande. Mas de todas essas cidades, sobre cuja magnificência e grandeza você ouve hoje, os próprios vestígios serão apagados pelo tempo. Você não vê, na Acaia, que as fundações das cidades mais famosas já desapareceram, de modo que não há nenhum indício para mostrar que elas um dia existiram?

11. Não só o que foi feito pelas mãos cai ao chão, não é só o que foi estabelecido pela arte e os esforços do homem que são derrubados pelos dias que passaram. Além deles, os picos das montanhas se dissolvem, áreas inteiras cedem e lugares que antes estavam longe da vista do mar estão agora cobertos pelas ondas. O grandioso poder das chamas comeu as colinas através de flancos resplandecentes e aterrou picos que eram mais elevados – o consolo do marinheiro e seu farol. As próprias obras da própria natureza são acossadas. Portanto, devemos suportar com espírito tranquilo a destruição das cidades.

12. Elas estão em pé apenas para cair! Esta desgraça as espera, uma e todas; ou porque a força do ar violentamente comprimido no interior da terra, sob a pressão, faz um dia ir pelos ares o terreno que o comprime; ou porque uma torrente arrebenta impetuosa do subsolo destruindo tudo o que encontra; ou porque a violência das chamas provoca largas fendas no solo; ou porque a veemência das chamas estoura a armação da crosta terrestre; ou porque o tempo, do qual nada está protegido, as reduz pouco a pouco; ou porque um clima pestilento afasta seus habitantes e o bolor corrói seus muros desertos. Seria tedioso contar todas as maneiras pelas quais o destino pode vir; mas esta é uma coisa que eu sei: todas as obras do homem mortal são condenadas à mortalidade e no meio das coisas que estão destinadas a morrer, nós vivemos!

13. Daí são pensamentos como esses e desse tipo, que estou oferecendo como consolo para o nosso amigo Liberal, que queima com um amor por sua província que é incrível. Talvez a destruição tenha acontecido apenas para que possa ser levantada novamente a um destino melhor. Muitas vezes, um revés abre espaço para um futuro mais próspero. Muitas estruturas caíram apenas para subir mais alto. Timágenes,[193] que tinha rancor contra Roma e sua prosperidade, costumava dizer que a única razão pela qual se entristece quando incêndios ocorrem em Roma é devido ao seu conhecimento de que surgirão edifícios melhores no lugar daqueles que caem pelas chamas.

14. E, provavelmente, nesta cidade de Lião também, todos os seus cidadãos esforçar-se-ão para que tudo seja reconstruído melhor em tamanho e

segurança do que o que perderam. Pode ser construído para prevalecer e, sob auspícios mais felizes, para uma existência mais longa[194]! Este é, de fato, o centésimo ano desde que essa colônia foi fundada – nem mesmo o limite da vida de um homem. Instituída por Planco, as vantagens naturais de seu sítio tornaram-se fortes e atingiram os números que contém hoje. E ainda quantas calamidades da maior severidade sofreram no espaço da vida de um velho.

15. Portanto, mantenha a mente disciplinada para entender e suportar seu próprio destino e deixar que ela tenha conhecimento de que não existe nada que a Fortuna não se atreva – que ela tem a mesma jurisdição sobre os impérios que sobre os imperadores, o mesmo poder sobre as cidades quanto aos cidadãos que habitam nelas. Não devemos chorar em nenhuma dessas calamidades. Em tal mundo entramos e sob tais leis vivemos. Se você gosta, obedeça; se não, vá embora se quiser. Grite com raiva se forem tomadas medidas injustas contra você individualmente; mas se essa lei inevitável é vinculada do mais alto ao mais baixo, entre em harmonia com o destino, pelo qual todas as coisas são dissolvidas.

16. Você não deve estimar nosso valor por nossas tumbas fúnebres ou por esses monumentos de tamanho desigual que alinham na estrada; suas cinzas nivelam todos os homens! Somos desiguais no nascimento, mas somos iguais na morte. O que eu digo sobre cidades é o que eu também digo sobre seus habitantes. Árdea[195] foi capturada, e também Roma. O grande criador da condição humana não fez distinções entre nós com base em linhagens altas ou de nomes ilustres, exceto enquanto vivemos. Quando, no entanto, chegamos ao fim que espera os mortais, ele diz: "Saia, ambição! Pois sobre todas as criaturas que sobrecarregam a terra, aplique uma mesma lei". Para suportar todas as coisas, somos iguais; ninguém é mais frágil do que outro, ninguém está mais seguro de sua própria vida no dia seguinte.

17. Alexandre, rei da Macedônia, começou a estudar a geometria; homem pequeno, porque ele assim saberia quão insignificante era aquela terra a qual ele havia capturado, apenas uma fração! Homem *pequeno*, repito, porque ele foi obrigado a entender que tinha um título falso. Pois quem pode ser *grande* naquilo que é insignificante? As lições que lhe foram ensinadas eram intrincadas e só podiam ser aprendidas por dedicação assídua; elas não eram do tipo a ser entendidas por um tolo, que deixasse seus pensamentos irem além do oceano. "Ensina-me algo fácil!", ele chora; mas seu professor responde: "Essas coisas são as mesmas para todos, tão difíceis para um quanto para outro".

18. Imagine que a natureza está nos dizendo: "As coisas de que você reclama são as mesmas para todos. Não posso dar nada de mais fácil a nenhum homem, mas quem assim o desejar, vai facilitar as coisas para si mesmo". De que maneira? Pela tranquilidade. Você deve sofrer dor, sede, fome e velhice se uma longa permanência entre os homens lhe for concedida; você deve ficar doente e você deve sofrer perda e morte.

19. No entanto, você não deve acreditar naqueles cujos clamores ruidosos o rodeiam; nenhuma dessas coisas é um mal, nada está além do seu poder de suportar. É apenas por opinião comum que existe algo formidável nelas. Seu medo da morte é, portanto, como seu medo da fofoca. Mas o que é mais tolo do que um homem com medo de palavras? Nosso amigo Demétrio costumava colocar com habilidade quando dizia: "Para mim, a conversa de homens ignorantes é como os ruídos que surgem da barriga", pois, ele acrescenta, "que diferença me faz saber se tais rumores são provenientes de cima ou de baixo?".

20. Que loucura é ter medo de descrédito no julgamento por pessoas desprezíveis! Assim como você não tem nenhuma razão para se encolher de terror com a conversa dos homens, você também não tem nenhuma causa para se encolher dessas coisas, que você nunca teria medo se sua conversa não tivesse forçado o medo sobre você. Será que há prejuízo a um bom homem ser manchado por fofocas injustas?

21. Então, não deixe esse tipo de coisa danificar a morte, em nossa estima a morte também está com mau cheiro. Mas nenhum daqueles que maldiz a morte a provou. Enquanto isso, é imprudente condenar o que você ignora. Esta única coisa, no entanto, você sabe: que a morte é útil para muitos, que ela livra muitos de torturas, doenças, sofrimentos e cansaço. Nós não estamos sob poder de nada quando temos a morte em nosso próprio poder!

Mantenha-se Forte. Mantenha-se Bem.

XXVII.
SOBRE A VIDA FELIZ[196]

Saudações de Sêneca a Lucílio.

01. Você e eu concordaremos, penso eu, que as coisas externas são buscadas para a satisfação do corpo, que o corpo é apreciado por respeito à alma e que na alma existem certas partes que nos auxiliam, permitindo-nos avançar e manter a vida, concedida a nós apenas para o proveito da nossa parte principal.[197] Nesta parte primária, há algo irracional e algo racional. A primeira obedece a última, esta não tem qualquer ponto de referência além de si própria, pelo contrário, ela serve de ponto de referência a tudo. Pois a razão divina também está em comando supremo de todas as coisas e não está sujeita a nada; e até mesmo a razão que possuímos é assim, porque é derivada da razão divina.

02. Agora, se concordarmos neste ponto, é natural que também possamos concordar com o seguinte: a vida feliz depende disso e só disso: da obtenção da razão perfeita. Pois não é nada além disso, que impede a alma de se rebaixar, que luta firme contra a Fortuna; seja qual for a condição de seus negócios, ela mantém os homens sem problemas. E ela sozinha é um bem que nunca está sujeito a deficiências. Esse homem, eu declaro, é feliz, já que nada o faz menos forte; ele se mantém nas alturas, não se apoiando em ninguém senão em si mesmo; pois quem se sustenta por qualquer suporte pode cair. Se o caso for contrário, então as coisas que não dizem respeito a nós começarão a ter uma grande influência sobre nós. Mas quem deseja que a Fortuna tenha vantagem, ou que o homem sensato se orgulhe do que não é dele próprio?

03. O que é a vida feliz? É paz de espírito e tranquilidade duradoura. Isso será seu se você possuir grandeza de alma; será seu se você possuir a firmeza que se apega resolutamente a um bom julgamento recém-atingido. Como um homem atinge essa condição? Ao obter uma visão completa da verdade mantendo, em tudo o que faz, ordem, medida, aptidão e vontade, que é inofensiva e gentil, que é atenta à razão e nunca se afasta dela, que conduz ao mesmo tempo ao amor e à admiração. Em suma, para lhe dar o princípio resumidamente, a alma do sábio deve ser tal como seria apropriada a um deus.

04. O que mais pode desejar alguém que possua todas as coisas honrosas? Pois, se coisas desonestas podem contribuir para um maior patrimônio, então haverá a possibilidade de uma vida feliz em condições que não incluam uma vida digna. E o que é mais vil ou tolo do que conectar o bem de uma alma racional com coisas irracionais?

05. Contudo, existem certos filósofos que afirmam que o Bem Supremo admite aumento, porque não está completo quando as dádivas da Fortuna são adversas. Mesmo Antípatro, um dos grandes líderes da nossa escola, admite que atribui alguma influência aos extrínsecos, embora apenas uma influência muito pequena. Você vê, no entanto, que absurdo é em não se contentar com a luz do dia, a menos que seja aumentada por um pequeno fogo. Qual a importância de uma faísca no meio desta luz solar intensa?

06. Se você não estiver contente apenas com o que é honroso, deve seguir--se que você deseja além disso ou o tipo de tranquilidade que os gregos chamam de "imperturbação" (*aokhlêsia*) ou então prazer. Mas o primeiro pode ser alcançado em qualquer caso. Pois a mente está livre de distúrbios quando é totalmente livre para contemplar o universo e nada a distrai da contemplação da natureza. O segundo, o prazer, é simplesmente o bem dos animais. Estamos apenas acrescentando o irracional ao racional, o desonroso ao honrado. Uma sensação física agradável afeta essa nossa vida.

07. Por que, portanto, você hesita em dizer que tudo está bem com um homem só porque tudo está bem com seu apetite? E você classifica, não vou dizer entre os heróis, mas entre os homens, a pessoa cujo Bem Supremo é uma questão de sabores, cores e sons? Não, deixe-o retirar-se destas fileiras, da classe mais nobre de seres vivos, precedida apenas pelos deuses; deixe-o viver em rebanho com as bestas – um animal cujo prazer está na forragem!

08. A parte irracional da alma é dupla: uma parte é animada, ambiciosa, descontrolada; seu lugar está nas paixões; a outra é rasteira, indolente e dedicada ao prazer. Os filósofos epicuristas negligenciaram a primeira que, ainda que desenfreada, é melhor e certamente é mais corajosa e mais digna de um homem e consideraram a última, que é inútil e ignóbil, como indispensável para a vida feliz.

09. Eles ordenaram a razão a servir esta última; eles fizeram o Bem Supremo da vida mais nobre ser um assunto abjeto e mesquinho e um híbrido monstruoso, também composto de vários membros que harmonizam, mas estão doentes. Pois, como nosso Virgílio, descrevendo Cila,[198] diz:

| Tem forma humana o seu corpo, donzela de peito formoso até à cinta, depois torna-se monstro gigantesco unindo caudas de golfinho ao ventre eriçado de lobos! | Prima hominis facies et pulchro pectore virgo Pube tenus, postrema inmani corpore pistrix Delphinum caudas utero commissa luporum.[199] |

E ainda assim, esta Cila é alinhavada nas formas de animais selvagens, terrível e rápida; mas a partir de que formas monstruosas esses pedantes epicuristas compuseram sabedoria!

10. A arte principal do homem é a própria virtude; unida a ela há uma carne inútil e fugaz, apta apenas a receber alimentos, como observa Posidônio. Esta virtude divina termina em impureza e, nas partes superiores, que são adoráveis e celestiais, está preso um animal lento e flácido. Quanto ao segundo desiderato, calmo, embora de fato não fosse por si mesmo benéfico para a alma, ainda assim aliviaria a alma dos obstáculos; o prazer, pelo contrário, realmente destrói a alma e afrouxa todo o seu vigor. Quais elementos tão desarmoniosos como estes podem ser encontrados unidos? Aquilo que é mais vigoroso é unido ao que é mais lento, ao que é austero, ao que está longe de ser sério, ao que é mais sagrado ao que é destemperado até o ponto da impureza.

11. "O que, então", vem a réplica, "se a boa saúde, o descanso e a imunidade à dor não prejudicam a virtude, você não deve procurar tudo isso?" É claro que eu os procurarei, mas não porque sejam bens; eu os procurarei porque estão de acordo com a natureza e porque serão adquiridos por meio do exercício do bom juízo de minha parte. O que, então, será bom neles? Só isso – é bom escolhê-los. Pois, quando eu coloco um vestuário adequado ou ando como devo ou janto como devo jantar, não é o meu jantar, nem a minha caminhada, nem o meu traje que são bens, mas a escolha deliberada que mostro em relação a eles, como observo, em cada coisa que faço, um meio que está em conformidade com a razão.

12. Permita-me também acrescentar que a escolha de roupas limpas é um objeto apropriado dos esforços de um homem; pois o homem é, por natureza, um animal elegante e bem preparado. Daí a escolha de um traje limpo, e não um traje elegante em si mesmo, é um bem; uma vez que o bem não está no item selecionado, mas na qualidade da seleção. A moralidade está na nossa forma de agir, mas não as coisas reais que fazemos.

13. E você pode assumir que o que eu disse sobre vestes se aplica também ao corpo. Pois a natureza cercou nossa alma com o corpo como com uma espécie de roupa; o corpo é o seu manto. Mas quem computa o valor das roupas pelo guarda-roupa que as contêm? A bainha não faz a espada boa ou ruim. Portanto, no que diz respeito ao corpo, devolver-lhe-ei a mesma resposta, se eu escolher, escolherei saúde e força, mas o bem envolvido será o meu juízo sobre essas coisas e não as próprias coisas.

14. Outra réplica é: "Admitindo que o sábio é feliz, no entanto, ele não alcança o bem supremo que definimos, a não ser que os meios que a natureza oferece para a sua realização estejam a seu alcance. Então, quem possui a virtude não pode ser infeliz, mas não pode ser perfeitamente feliz quem não possui as dádivas naturais como a saúde ou a integridade dos membros".

15. Mas, ao dizer isso, você epicurista admite a alternativa que parece mais difícil de acreditar – que o homem que está em meio a uma dor incessante e extrema não é miserável, ou melhor, é feliz; e você nega o que é muito menos crítico – que ele é completamente feliz. E, no entanto, se a virtude pode evitar que um homem seja miserável, será uma tarefa mais fácil para ela torná-lo completamente feliz. Pois a diferença entre felicidade e felicidade completa é menor do que entre miséria e felicidade. Pode ser possível que uma coisa que seja tão poderosa que retira um homem do desastre e o coloca entre os felizes, também não possa

realizar o que falta e torná-lo extremamente feliz? A sua força falha no fim da subida?

16. Há coisas da vida que são vantajosas e desvantajosas, ambas além do nosso controle. Se um bom homem, apesar de ser castigado por todos os tipos de desvantagens, não é miserável, como não é extremamente feliz, não importa se não possui certas vantagens? Pois, como não é levado à miséria por seu fardo de desvantagens, então não é afastado da suprema felicidade por falta de vantagens; não, ele é tão supremamente feliz sem as vantagens, assim como ele está isento da miséria, apesar da carga de suas desvantagens. Caso contrário, se o seu bem pode ser reduzido, pode também ser retirado completamente.

17. Num trecho acima, observei que um pequeno fogo não aumenta a luz do sol. Pois, devido ao brilho do sol, qualquer outra luz que não seja a luz solar é apagada. "Mas," pode-se dizer, "há certos objetos que bloqueiam o caminho mesmo da luz solar." O sol, no entanto, não é prejudicado mesmo em meio a obstáculos e, embora um objeto possa intervir e cortar nossa visão, o sol adere-se ao seu trabalho e segue seu curso. Sempre que ele brilha dentre as nuvens, não é menor nem menos pontual, do que quando está livre de nuvens; uma vez que faz uma grande diferença se existe apenas algo no caminho de sua luz ou algo que interfira com o seu brilho.

18. Da mesma forma, os obstáculos não retiram nada da virtude; não fica menor, mas simplesmente brilha com menos esplendor. Em nossos olhos, talvez seja menos visível e menos luminosa do que antes; mas, no que se refere a si mesma, é inalterada e, assim como o sol quando está eclipsado, ainda continua produzindo sua força, embora em segredo. Desastres, e portanto perdas e ofensas, têm apenas o mesmo poder sobre a virtude que uma nuvem tem sobre o sol.

19. Encontramos com uma pessoa que sustenta que um homem sábio que se encontre com infortúnio corporal não é nem miserável nem feliz. Mas ele também está errado, pois está colocando os resultados do acaso em uma paridade com as virtudes e atribui a mesma influência tanto a coisas que são honrosas quanto a coisas desprovidas de honra. Mas o que é mais detestável e mais indigno do que colocar coisas desprezíveis na mesma classe de coisas dignas de reverência! Pois reverência é devida à justiça, dever, lealdade, bravura e prudência; pelo contrário, esses atributos são inúteis, pois homens mais desprezíveis são muitas vezes abençoados com os quais em maior medida, como uma perna robusta, ombros fortes, bons dentes e músculos saudáveis e sólidos.

20. Novamente, se um homem sábio de corpo enfermo não for considerado nem miserável nem feliz, mas deixado em uma espécie de posição a meio caminho, sua vida também não será desejável nem indesejável. Mas o que é tão tolo quanto dizer que a vida do homem sábio não é desejável? E o que está tão além dos limites da credibilidade quanto a opinião de que qualquer vida não é desejável nem indesejável? Novamente, se os males corporais não tornam um homem miserável, eles, consequentemente, permitem que ele seja feliz. Pois coisas que não têm poder para mudar sua condição para pior, também não têm o poder de perturbar essa condição quando está no seu auge.

21. "Mas", alguém vai dizer, "sabemos o que é frio e o que é quente, uma temperatura morna se encontra no meio. Da mesma forma, A é feliz, e B é miserável, e C não é nem feliz nem miserável". Desejo examinar esta ilustração, que é colocada em jogo contra nós. Se eu adicionar à sua água morna uma quantidade maior de água fria, o resultado será água fria. Mas se derramar uma quantidade maior de água quente, a água finalmente ficará quente. No caso, no entanto, do seu homem que não é miserável nem feliz, não importa o quanto eu adicione aos seus problemas, ele não será infeliz, de acordo com sua argumentação; daí que sua ilustração não oferece analogia.

22. Mais uma vez, suponha que eu coloque diante de você um homem que não é miserável nem feliz. Eu acrescento cegueira a seus infortúnios; ele não está ficando infeliz. Eu o mutilo; ele não está ficando infeliz. Eu acrescento aflições que são incessantes e severas; ele não está ficando infeliz. Portanto, aquele cuja vida não se torna miserável por todos esses males também não é arrastado da vida feliz por eles.

23. Então se, como você diz, o sábio não pode cair da felicidade para a miséria, ele não pode cair na falta de felicidade. Pois, alguém que começou a escorregar, consegue parar em qualquer lugar particular? O que o impede de escorregar para o fundo o mantém em pé. Por que, você

insiste, uma vida feliz não pode ser destruída? Nem sequer pode ser desarticulada; e por isso a própria virtude é suficiente para a vida feliz.

24. "Mas", é dito, "o homem sábio não é mais feliz se viver mais tempo sem ser importunado por qualquer dor, do que alguém que sempre foi obrigado a lidar com a má Fortuna?" Me responda agora, este é melhor ou mais honrado? Se não é, então também não é feliz. Para viver mais felizmente, ele deve viver com mais justiça; se não pode fazer isso, então também não pode viver mais feliz. A virtude não pode ser mais forte e, portanto, assim também a vida feliz, que depende da virtude. Pois a virtude é um bem tão forte que não é afetada por assaltos tão insignificantes como a vida curta, a dor e as várias vexações corporais. Pois o prazer não é coisa para que a virtude se digne sequer olhar.

25. Agora, qual a coisa principal na virtude? É a qualidade de não precisar de um único dia além do presente e de não contar os dias que são nossos; no menor momento possível, a virtude completa uma eternidade de bem. Esses bens nos parecem incríveis e transcendem a natureza do homem; pois medimos sua grandeza pelo padrão de nossa própria fraqueza e chamamos nossos vícios pelo nome da virtude. Além disso, não parece tão incrível que qualquer homem em meio ao sofrimento extremo possa dizer: "Eu estou feliz!"? E, no entanto, essa expressão foi ouvida no próprio laboratório do prazer[200], quando Epicuro disse: "Este é o meu dia mais feliz, o meu último dia, também!" Embora em um caso ele fosse torturado por estrangúria[201] e, no outro, pela dor incurável de um estômago ulcerado.

26. Por que, então, os bens que a virtude nos concede são incríveis à nossa vista, que cultiva a virtude, quando são encontrados mesmo naqueles que reconhecem o prazer como sua amante? Estes também, ignóbeis e rasteiros como são, declaram que, mesmo no meio de dor excessiva e infortúnio, o sábio não será nem miserável nem feliz. E, no entanto, isso também é incrível, o que é ainda mais incrível do que o outro caso. Pois não entendo como, se a virtude cai de suas alturas, ela pode impedir de ser levada até o fundo. Ela deve preservar alguém na felicidade ou, se expulsa dessa posição, não conseguirá impedir que nos tornemos infelizes. Se a virtude se mantém firme, ela não pode ser expulsa do campo; ela deve conquistar ou ser conquistada.

27. Mas alguns dizem: "Somente para os deuses imortais é dada virtude e a vida feliz, podemos alcançar apenas a sombra e a semelhança de bens como os deles. Nós nos aproximamos deles, mas nunca os alcançamos". A razão, no entanto, é um atributo comum a deuses e homens; nos deuses já está aperfeiçoada, em nós é capaz de ser aperfeiçoada.

28. Mas são os nossos vícios que nos deixam desesperados; pois a segunda classe dos seres racionais, o homem, é de ordem inferior – um guardião, por assim dizer, que é muito instável para manter o que é melhor, seu julgamento ainda é vacilante e incerto. Ele pode exigir as faculdades de visão e audição, boa saúde, um exterior corporal que não seja repugnante e, além disso, maior duração de dias ungidos de saúde intacta.

29. Embora, por meio da razão, possa levar uma vida que não traga arrependimentos, ainda reside nesta criatura imperfeita, o homem, um certo poder que faz mal, porque ele possui uma mente que se move facilmente para a perversidade. Suponha, no entanto, que a maldade que está em plena visão, seja removida; o homem ainda não é um bom homem, mas ele está sendo moldado para o bem. Alguém, no entanto, em quem falte qualquer qualidade que traga a bondade, é mau.

30.

Mas aquele em cujo corpo a virtude está presente em corpo e espírito	Sed Si cui virtus animusque in corpore praesens,[202]

é igual aos deuses; consciente de sua origem, ele se esforça para voltar para lá. Nenhum homem erra ao tentar recuperar as alturas das quais ele desceu. E por que você não deve acreditar que existe algo de divino em alguém que faz parte de Deus? Todo esse universo que nos engloba é um e é Deus; somos associados de Deus; nós somos seus membros. Nossa alma tem capacidades e é transportada para lá, se os vícios não a impedem. Assim como a natureza dos nossos corpos é se manter ereto e olhar para o céu, então a alma, que pode alcançar o máximo que desejar, foi moldada pela natureza para esse fim, que desejasse a igualdade com os deuses. E se faz uso de seus poderes e se estende acima em sua própria região, não é por nenhum caminho desconhecido que luta em direção às alturas.

31. Seria uma grande tarefa abrir caminho para o céu; a alma, apenas retorna para lá. Quando uma vez encontra a estrada, ela marcha com audácia, desdenhosa de todas as coisas. Ela se lança, sem olhar para a riqueza; ouro e prata – coisas que são totalmente dignas da escuridão de onde saíram – não valem pelo brilho que ferem os olhos dos ignorantes, mas pela lama dos dias passados, de onde a nossa ganância primeiro os destacou e cavou. A alma, afirmo, sabe que as riquezas são armazenadas em lugar diferente do que os cofres dos homens; é a alma que deve ser preenchida e não o cofre.

32. É a alma que os homens podem colocar em domínio de todas as coisas e podem empossar como dona do universo, para que eles limitem suas riquezas somente pelos limites do Oriente e do Ocidente e, como os deuses, possam possuir todas as coisas; e que, com seus próprios recursos vastos, olhe para os ricos, nenhum dos quais se alegra tanto em sua própria riqueza como se ressente da riqueza de outro.

33. Quando a alma se transporta para este alto sublime, também considera o corpo, uma vez que é um fardo que deve ser suportado, não como algo para amar, mas como uma coisa para supervisionar; nem é subserviente àquilo sobre o qual está configurado em seu domínio. Pois nenhum homem é livre, se é escravo do seu corpo. Na verdade, excluindo todos os outros mestres que são trazidos devido ao cuidado excessivo pelo corpo, o poder que o próprio corpo exerce é capcioso e enfadonho.

34. Por este corpo, a alma emerge, agora com espírito imperturbável, agora com exultação e, uma vez que surgiu, não pergunta qual será o fim do dia desperto. Não; assim como não pensamos nas aparas de cabelo e da barba, da mesma forma a alma divina, quando está a ponto de emergir do homem mortal, considera o destino de seu vaso terrestre – quer seja consumido pelo fogo, ou fechado por uma pedra, ou enterrado na terra, ou rasgado por bestas selvagens – como não sendo mais preocupante para si mesmo do que as secundinas[203] para uma criança que nasceu. E se este corpo deve ser jogado fora e picado em pedaços por pássaros, ou devorado quando

| Dado aos cães marinhos como presa, | Canibus data praeda marinis,[204] |

como isso diz respeito a quem não é nada?

35. Mesmo quando está entre os vivos, a alma não teme nada que possa acontecer ao corpo após a morte; pois, embora tais coisas possam ter sido ameaças, não foram suficientes para aterrorizar a alma antes do momento da morte. Ela diz: "Não estou assustada com a espada do carrasco, nem com a mutilação revoltante do cadáver que estará exposto ao desprezo daqueles que testemunharão o espetáculo. Não peço a nenhum homem que realize os últimos ritos para mim, confio meus restos mortais a ninguém. A natureza providenciou para que ninguém fosse deixado sem um enterro. O tempo vai consumir aquele corpo que a crueldade gerou." Estas foram palavras eloquentes que Mecenas[205] pronunciou:

| Eu não quero tumba. Pois a natureza irá prover. | Nec tumulum curo. Sepelit natura relictos. |

Você imaginaria que este foi o ditado de um homem de princípios rígidos e pronto para a luta.[206] Ele era realmente um homem de nobres e robustos dons, mas em prosperidade ele comprometeu esses dons por permissividade.[207]

Mantenha-se Forte. Mantenha-se Bem.

· NOTAS

1. NT: Trecho de *Eneida*, de Virgílio, v, 334. O sentido da palavra *"virtus"* no texto de Virgílio não é virtude, mas sim coragem física, valor.
2. Sêneca não está falando aqui das três virtudes genéricas (físicas, éticas, lógicas) nem dos três tipos de bens (baseados na vantagem corporal) que foram classificados pela escola peripatética. Ele só está falando de três tipos de circunstâncias sob as quais o bem pode se manifestar. E no § 36 e seguintes ele mostra que considera apenas as duas primeiras classes como bens reais.
3. NT: O exército de Cipião montou dois acampamentos e construiu uma muralha de circunvalação à volta da cidade espanhola com sete torres a partir das quais seus arqueiros podiam atirar por cima da muralha numantina. Ele também represou o pântano vizinho e criou um lago entre a muralha da cidade e sua própria muralha. Para proteger seus acampamentos, Cipião construiu também muralhas exteriores (cinco no total). Para completar o cerco, Cipião isolou a cidade do rio Douro: nos pontos onde o rio entrava e saía da cidade, pares de torres foram construídas e, entre os pares, cabos com lâminas foram estendidos através do rio para evitar a passagem de barcos e nadadores.
4. Touro de Fálaris foi uma das mais cruéis máquinas de tortura e execução, cujo invento é atribuído a Fálaris, tirano de Agrigento. O aparelho era uma esfinge de bronze oca na forma de um touro mugindo, com duas aberturas, no dorso e na parte frontal localizada na boca. Após colocada a vítima em seu interior, a entrada da esfinge era fechada e posta sobre uma fogueira. À medida que a temperatura aumentava no interior do Touro, o ar ficava escasso e o executado procuraria meios para respirar, recorrendo ao orifício na extremidade do canal. Os gritos exaustivos do executado saíam pela boca do Touro, fazendo parecer que a esfinge estava viva.
5. Aqui, Sêneca está lembrando Lucílio, como muitas vezes faz nas cartas anteriores, que a evidência dos sentidos é apenas um degrau para ideias superiores – um princípio do epicurismo.

6. NT: Ver *Epicuro, Cartas e Princípios*.

7. NT: Ver Diógenes Laércio, *Vidas e doutrinas dos filósofos ilustres*, livro X.

8. Caio Múcio Cévola (em latim: *Gaius Mucius Scaevola*). Logo depois da fundação da República Romana, Roma se viu rapidamente sob a ameaça etrusca representada por Lar Porsena. Depois de rechaçar um primeiro ataque, os romanos se refugiaram atrás das muralhas da cidade e Porsena iniciou um cerco. Conforme o cerco se prolongou, a fome começou a assolar a população romana e Múcio, um jovem patrício, decidiu se oferecer para invadir sorrateiramente o acampamento inimigo para assassinar Porsena. Disfarçado, Múcio invadiu o acampamento inimigo e se aproximou de uma multidão que se apinhava na frente do tribunal de Porsena. Porém, como ele nunca tinha visto o rei, ele se equivoca e assassina uma pessoa diferente. Imediatamente preso, foi levado perante o rei, que o interrogou. Longe de se intimidar, Múcio respondeu às perguntas e se identificou como um cidadão romano disposto a assassiná-lo. Para demonstrar seu propósito e castigar o próprio erro, Múcio colocou a mão direita no fogo de um braseiro aceso e disse: "Veja, veja que coisa irrelevante é o corpo para os que não aspiram mais do que a glória!" Surpreso e impressionado pela cena, o rei ordenou que Múcio fosse libertado. Como reconhecimento, Múcio confessa que trezentos jovens romanos haviam jurado, assim como ele, estar prontos a sacrificar-se para matá-lo. Aterrorizado por esta revelação, Porsena teria baixado suas armas e enviado embaixadores a Roma.

9. Marco Atílio Régulo (299 a.C. – 246 a.C.; em latim: *Marcus Atilius Regulus*). Conta a tradição que os cartagineses teriam enviado o ilustre prisioneiro a Roma para que ele convencesse seus concidadãos a cederem à paz. O combinado era que, se ele não conseguisse fazê-lo, deveria retornar a Cartago para ser executado. Régulo, em vez de defender a paz, revelou aos romanos as condições político-econômicas dos inimigos exortando-os a tentarem um último esforço, pois Cartago não conseguiria resistir à pressão da guerra e seria derrotada. Ao término de seu discurso, honrando a sua palavra, retornou para Cartago e foi torturado e executado. Aparentemente, a tortura infligida a Régulo, que teve as pálpebras cortadas, foi ser rolado morro abaixo dentro de um barril cheio de pregos.

10. Trecho de *Eneida*, de Virgílio, I, 94.

11. NT: O "ócio" para os romanos, e principalmente Sêneca, significa o abandono das ocupações públicas e da participação na vida política. Não se confunde com "ociosidade". Ver tratado *Sobre o ócio*.
12. NT: Os fundadores do estoicismo antigo aconselhavam aos seus discípulos a participação na vida política da cidade, embora nenhum deles tivesse tido qualquer ação relevante como político. No entanto, Zenão concordou com um pedido de Antígono Gónatas e enviou à corte o seu discípulo Perseu. Veja *Diógenes Laércio, Livro* VII. A esta relativa contradição entre os preceitos e a prática dos mestres estoicos alude Sêneca em *Sobre a Tranquilidade da Alma*, I, 10: "(Zenão, Cleantes, Crisipo): nenhum deles participou na vida política, mas todos incitaram os seus discípulos à participação". E também em *Sobre o ócio*, III, 2, onde resume concisamente a oposição entre epicuristas e estoicos a respeito desta questão: "Epicuro diz que o sábio não participará na vida política senão em circunstâncias excepcionais. Para Zenão, o sábio deve participar na política, a menos que a gravidade da situação disso o impeça".
13. O estoicismo pregava "cidadania mundial" e isso foi interpretado de várias maneiras em diferentes períodos. Os professores da Grécia viram nela uma oportunidade para uma cultura mais ampla. Os romanos, uma missão mais prática, ou seja, atividade política.
14. Cadeira curul é um tipo de cadeira famosa por seu uso tradicional na Roma Antiga e na Europa até o século XX. Em Roma, era o símbolo de poder político ou militar. Foi adotada posteriormente por reis de toda a Europa.
15. NT: Isto é, os que sofrem de gota.
16. Símbolo de poder estatal, cargo público relevante.
17. Talvez a ideia inversa de "viver a própria vida". Significa "morrer quando chega o devido tempo", ou "morrer de morte natural" e é o argumento do homem comum contra o suicídio. Entretanto, talvez sugira o assunto da próxima carta.
18. Trecho de *Eneida*, de Virgílio, III, 71.
19. Telésforo de Rodes, ameaçado pelo tirano Lisímaco, é citado como um exemplo extremo de punição cruel no texto *Sobre a Ira* III, XVII, mas é usado aqui para ilustrar a covardia de qualquer vítima que não prefere a morte a uma vida desonrada.

20. NT: Libão, um parente remoto da família imperial, foi acusado de planejar uma conspiração contra Tibério e condenado formalmente à morte. Sua tia Escribonia, a penúltima esposa de Augusto e a mãe de sua única filha, Júlia, tomou a linha de que o suicídio (como era esperado nessas circunstâncias) seria poupar a seu executor a responsabilidade de matá-lo. Ver a história de Druso Libão em Tácito, Anais, LI, 27-32.
21. Catão tentou o suicídio cortando seu abdômen com sua espada. Não obtendo êxito, arrancou com a própria mão o intestino.
22. Espetáculo oferecido por Nero. Ver Suetônio, Nero, XII.
23. NT: Lucílio foi procurador da ilha da Sicília durante o reinado de Nero.
24. NT: Referência aos três principais teatros da guerra civil de César. Ver textos de Júlio César: *De Bellum Africum, De Bellum Alexandrinum e De Bellum Hispaniense*.
25. Membros da Academia de Platão.
26. Um remo submerso, apesar de reto, apresenta aparência de estar dobrado.
27. NT: Os Medos foram uma das tribos de origem ariana que migraram da Ásia Central para o planalto iraniano durante a Antiguidade. No final do século VII a.C. fundaram o Império Medo centrado na cidade de Ecbátana.
28. NT: Atual Turcomenistão.
29. NT: O livro da época era um rolo de pergaminho, que se ia desenrolando à medida que prosseguia a leitura; por isso a metáfora.
30. Nossas vidas são meramente emprestadas para nós. A natureza retém o *dominium*. Compare também a figura frequente por Sêneca de que a vida é como uma pousada, em contraste com uma casa da qual se é proprietário.
31. Professor de Sêneca. Átalo foi um filósofo estoico atuante no reinado de Tibério. Ele foi defraudado de sua propriedade por Sejano e exilado, onde foi reduzido a cultivador do solo. Sêneca, o velho, o descreve como um homem de grande eloquência e, de longe, o filósofo mais perspicaz de sua época. Ele ensinou a filosofia estoica a Sêneca, que o cita com frequência e fala dele nos mais altos termos. Veja também carta CVIII (Volume III).
32. NT: O vazio (oco), ou espaço infinito, em contraste com os átomos que formam novos mundos em sucessão contínua. Ver *Epicuro, Cartas e Princípios*.
33. Esta carta é especialmente interessante por causa de suas sugestões autobiográficas e sua relação com os próprios esforços de Sêneca para se livrar da vida na corte e buscar o tempo livre de um sábio.

34. Sêneca refere-se à estabilidade política e econômica bem como à segurança pública trazida pelo Estado.
35. A saída do Senado, da ordem e assuntos do Estado foi o que Sêneca fez a partir de 62, havendo antes tido uma longa conversa com Nero a fim de lhe dar conta da sua resolução. Veja a narração do caso em Tácito, *Anais*, XIV, 52-56.
36. Durante certos festivais, carne cozida ou crua era distribuída entre as pessoas.
37. Trecho de *As Éclogas*, de Virgílio. Virgílio deve uma dívida ao imperador e considera-o como um "deus" por causa da doação da felicidade terrena. Quão grande é a dívida do filósofo, que tem a oportunidade de estudar coisas celestiais!
38. Trecho de *As Éclogas*, de Virgílio.
39. Quinto Séxtio, o Velho (em latim: *Quinti Sextii Patris* – c. 70 a.C.) foi um filósofo cujas ideias combinavam o pitagorismo com o estoicismo, professor de Sêneca em sua adolescência.
40. NT: Distribuição de moedas etc. nos jogos públicos. A comida também era distribuída para a população em ocasiões similares.
41. Carta LXXI, §4 neste volume.
42. Ver carta LXXIV neste volume.
43. Para a distinção entre o bem geral e o bem moral, ver carta CXVIII (Volume III).
44. Ver Carta LXXIV (Volume I).
45. Trecho de *Eneida*, de Virgílio. A resposta de Eneias à profecia de Sibila.
46. NT: Puteoli, na baía de Nápoles, foi o quartel-general na Itália do importante comércio de grãos com o Egito, no qual os magistrados romanos contavam para alimentar a população.
47. Trecho de *Eneida*, de Virgílio.
48. O dórico ou dório era um dialeto do grego antigo. Suas variantes eram faladas no sul e no leste da península do Peloponeso, em Creta, Rodes e em algumas ilhas do sul do mar Egeu, em outras cidades na costa da Ásia Menor.
49. Sêneca pode estar evocando a morte do imperador Cláudio. Ver Sêneca, *A Apocoloquintose do divino Cláudio*.

50. Exemplo tradicional de velhice, mencionado por Marcial e por Plínio, o velho.
51. Compare as últimas palavras do imperador Augusto: *amicos percontatus ecquid iis videretur mimum vitae commode transegisse* (Suetônio, Augusto, 99).
52. A tal ponto que Calígula, inimigo de Sêneca, se absteve de executá-lo, com o pretexto de que logo morreria. Ver Francis Holland, *Sêneca, Vida e Filosofia*.
53. Referência a sua condenação por Calígula e posterior perdão: ele havia falado no Senado na presença do imperador com tanta expressividade e sucesso que o ciúme de Calígula foi despertado, e o orador teria pago a pena extrema por seu triunfo se nenhuma de suas amantes imperiais tivesse persuadido o imperador de que Sêneca estava em um processo de rápida doença e que, de qualquer maneira, morreria em breve. Francis Holland, *Sêneca, Vida e Filosofia*.
54. Trecho de *Eneida*, por Virgílio.
55. NT: Lago de Lucrino é um lago de água salgada da Campânia, no sul da Itália. Nos dias romanos, sua pescaria era importante e suas ostras muito apreciadas – como são ainda hoje.
56. Caríbdis era uma criatura marinha protetora de limites territoriais no mar. Em outra tradição, seria um turbilhão criado por Poseidon. Homero posicionou-a como entidade mitológica. Na tradição mitológica grega, Caríbdis era habitualmente relacionada a Cila, outro monstro marinho. Os dois moravam nos lados opostos do estreito de Messina, que separa a península Itálica da Sicília, e personificavam os perigos da navegação perto de rochas e redemoinhos. Três vezes por dia, sorvia as águas do mar e três vezes por dia tornava a cuspi-las.
57. Taormina é uma cidade no topo da colina na costa leste da Sicília. Fica perto do Monte Etna, um vulcão ativo com trilhos até ao cume. A cidade é conhecida pelo Teatro Antico di Taormina, um antigo teatro greco-romano que ainda está em funcionamento. Perto do teatro, os penhascos debruçam-se sobre o mar e formam grutas com praias arenosas.
58. O Etna é um vulcão ativo situado na parte oriental da Sicília, entre as províncias de Messina e Catânia. É o mais alto vulcão da Europa e um dos mais

altos do mundo, atingindo aproximadamente 3.350 metros de altitude, variando devido às frequentes erupções.
59. Lícia era o nome de uma região da antiga Ásia Menor (Anatólia) onde hoje estão localizadas as províncias de Antália e Muğla, na costa sul da moderna Turquia.
60. Provavelmente uma disputa em que os participantes juntaram pesos de chumbo às mãos para aumentar a força dos golpes.
61. Cangalha, Canga ou Jugo: artefato de madeira ou ferro, que se apõe ao lombo das cavalgaduras para pendurar carga de ambos os lados. Também triângulo de madeira que se coloca no pescoço de animais para impedir que fucem canteiros ou fujam de cercados.
62. NT: Atual Dardanelos, é um estreito no noroeste da Turquia ligando o mar Egeu ao mar de Mármara.
63. Autoria desconhecida.
64. NT: Uma pequena moeda de prata que era a de maior circulação no Império Romano. É geralmente aceito que no fim da República e no início do Principado, um denário correspondia ao salário diário de um trabalhador. Com um denário era possível comprar em torno de 8 quilos de pão.
65. NT: Menelau, na mitologia grega, foi um rei lendário de Esparta, irmão mais novo de Agamémnon. O rapto da sua mulher (Helena) por Alexandre, deu origem à Guerra de Troia.
66. NT: Na tradução para o inglês o título usado é *"On Benefits"* (*Sobre os Benefícios*).
67. *Sobre os Benefícios*, *De Beneficiis*, é uma obra de Sêneca, composta de sete livros. É parte de uma série de tratados sobre fenômenos naturais e ensaios morais que exploram questões filosóficas como a providência, a perseverança, a raiva, o lazer, a tranquilidade, a brevidade da vida, o perdão, a felicidade e a troca de presentes.
68. Professor de Sêneca. Átalo foi um filósofo estoico atuante no reinado de Tibério. Ele foi defraudado de sua propriedade por Sejano e exilado, onde foi reduzido a cultivador do solo. Sêneca, o velho, o descreve como um homem de grande eloquência e, de longe, o filósofo mais perspicaz de sua época. Ele ensinou a filosofia estoica a Sêneca, que o cita com frequência e fala dele nos mais altos termos. Ver Francis Holland, *Sêneca, Vida e Filosofia*. Veja também carta CVIII (Volume III).

69. NT: Criminosos condenados eram mortos e seus corpos arrastados com ganchos e jogados no rio Tibre.
70. NT: Sobre a importância do conhecimento da natureza para o autoconhecimento veja o prefácio das *Naturales Quaestiones* que Sêneca dedicou ao seu amigo Lucílio.
71. Trecho de *Eneida*, de Virgílio.
72. Veja Diógenes Laércio, *Vidas e Doutrinas dos Filósofos Ilustres*, livro VII.
73. Adiáfora (em grego antigo: ἀδιάφορα adiaforon) é uma palavra de uso polissêmico, tendo sido utilizada primeiramente pelos estoicos como algo que não era nem obrigatório nem proibido. Em outros contextos, possui também um sentido de "insignificante". Sendo assim, são classificados adiáforos os assuntos que não alteram nem para mais nem para menos a essência de algo.
74. NT: Mais uma vez, o célebre exemplo de Rutílio.
75. Presumivelmente, D. Junius Brutus, que finalmente incorreu na inimizade de Otavio e Antônio. Ele foi vergonhosamente morto por um gaulês enquanto fugia para se juntar M. Brutus na Macedônia.
76. Trecho invertido de *Eneida*, de Virgílio. Sêneca citava de cor, daí a falha. O "porteiro do Orco" é Cérbero, o cão infernal de três cabeças.
77. Também em *As Troianas*, tragédia escrita por Sêneca, ele chama às tradicionais descrições do mundo infernal de "ocos boatos, palavras sem sentido, fábulas semelhantes a pesadelos". Mostrando o completo acordo entre estoicos e epicuristas neste ponto.
78. Trecho de *Eneida*, de Virgílio, VI, 95-6.
79. NT: Os Fábios eram os membros do clã Fábia, uma das mais antigas gentes patrícias da Roma Antiga. Tiveram um papel muito importante logo depois da fundação da República Romana. A casa dos Fábios derivou seu maior prestígio por sua coragem patriótica pelo trágico destino de 306 de seus membros na Batalha do Crêmera, em 477 a.C.
80. NT: A Batalha das Termópilas foi travada no contexto da Segunda Guerra Médica entre uma aliança de pólis gregas lideradas pelo rei de Esparta Leônidas I e o Império Aquemênida de Xerxes I. A batalha durou três dias e se desenrolou no desfiladeiro das Termópilas em agosto ou setembro de 480 a.C.

81. Hades, na mitologia grega, é o deus do mundo inferior e dos mortos. Seu nome era usado frequentemente para designar tanto o deus quanto o reino que governa, nos subterrâneos da Terra.
82. Calpúrnio, na Sicília, durante a primeira guerra púnica.
83. Mó (do latim mola) é cada uma do par de pedras duras, redondas e planas com as quais, nos moinhos, se trituram grãos.
84. Sovela é uma ferramenta utilizada em curtumes e marcenarias para fazer um furo no couro.
85. Não significa que passou metade do dia a dormir, pois ele necessitava pouco do sono (§ 6). O leito de que se trata aqui, portanto, é uma espécie de divã no qual se reclinava para meditar quando não estava à mesa de trabalho.
86. *Pharius*.
87. NT: Inverno no Hemisfério Norte.
88. Construído por Marcos Agripa; atualmente Fonte de Trevi.
89. O preciosismo de Sêneca é necessário porque Caio César era o nome comumente usado para designar Calígula.
90. A Trácia é uma região histórica do sudeste da Europa. Antiga região da Macedônia, atualmente é dividida entre a Grécia, a Turquia e a Bulgária.
91. Clito, o Negro foi um oficial do exército macedônio liderado por Alexandre, o Grande. Ele salvou a vida de Alexandre na Batalha do Grânico. Clito foi, mais tarde, morto pelas mãos do próprio Alexandre durante uma bebedeira.
92. NT: Há uma versão, não confirmada, de que Alexandre teria morrido após beber da "Taça de Hércules" em uma sessão de forte bebedeira.
93. NT: Por ordem de Marco Antônio, a cabeça de Cícero foi pregada na Rostra no Fórum Romano. Segundo Dião Cássio, a esposa de Antônio, Fúlvia, pegou a cabeça de Cícero, arrancou sua língua e a espetou repetidas vezes com um grampo de cabelo, uma vingança final contra o poder da oratória do inimigo de seu marido.
94. Uma planta que possuía propriedades catárticas e era amplamente utilizada pelos antigos. Também aplicada em casos de perturbação mental.
95. Sêneca viajava de liteira, ou seja, na realidade, quem fazia exercício eram os escravos que o carregavam. Veja carta LV (Volume I), em que Sêneca cita até que ponto um passeio de liteira pode equivaler a um exercício físico para um homem de idade.

96. Trecho de *Eneida*, de Virgílio, I, 432-3.
97. Cana de açúcar é originária da Índia e, posteriormente, foi levada para a Europa e Américas.
98. NT: Sovela é uma ferramenta utilizada em curtumes e marcenarias, usada para fazer um furo no couro, por onde posteriormente uma linha com agulha será adentrada para costura. Alusão à arma não apropriada para a batalha em questão.
99. Membros da Escola Peripatética, um círculo filosófico da Grécia Antiga que basicamente seguia os ensinamentos de Aristóteles, seu fundador. "Peripatético" (em grego, περιπατητικός) é a palavra grega para "ambulante" ou "itinerante". Peripatéticos (ou "os que passeiam") eram assim chamados em razão do hábito do filósofo de ensinar ao ar livre, caminhando enquanto lia e dava preleções.
100. NT: Ladas de Aegio foi um antigo atleta grego listado por Eusébio de Cesareia como vitorioso na corrida de estádios da 125ª Olimpíada (280 a.C.).
101. Trecho de *Eneida*, VII, 808-811 de Virgílio. As linhas descrevem Camilla, a guerreira-caçadora dos Volscos.
102. Xenócrates (406 a.C. – 314 a.C.) foi um filósofo grego discípulo de Platão, a quem acompanhou à Sicília, sucedendo Espeusipo, após o suicídio deste.
103. Espeusipo (408 a.C. – 339 a.C.) foi um filósofo grego, sobrinho de Platão, a quem sucedeu na direção da Academia.
104. Ver carta LXXI, §18 neste volume.
105. Jugo, parelha ou canga é uma peça de madeira encaixada sobre a cabeça dos bois para que possam ser atrelados a uma carroça ou a um arado.
106. Além dessa definição (padrão estoico) da terceira virtude cardinal, também encontramos "conhecimento sobre o que escolher e o que evitar", "saber suportar as coisas" e, finalmente, "a vontade de empreender grandes feitos".
107. A figura do piloto é frequente na filosofia, de Platão em diante. Veja Sêneca, carta XXX (Volume I). O mesmo argumento, aplicado ao músico, é encontrado na carta LXXXVII neste volume.
108. Fídias foi um célebre escultor da Grécia Antiga. Sua biografia é cheia de lacunas e incertezas, e o que se tem como certo é que ele foi o autor de duas das mais famosas estátuas da Antiguidade, a Atena Partenos

e o Zeus Olímpico e que, sob a proteção de Péricles, encarregou-se da supervisão de um vasto programa construtivo em Atenas, concentrado na reedificação da Acrópole, devastada pelos persas em 480 a.C.

109. Veja Carta LI, *Cartas de um estoico,* volume I – Públio Cornélio Cipião Africano (m. 183 a.C.; em latim: *Publius Cornelius Scipio Africanus Maior*), mais conhecido apenas como Cipião Africano, foi um político da família dos Cipiões da gente Cornélia da República Romana, eleito cônsul por duas vezes, em 205 e 194 a.C. Um dos maiores generais romanos de toda a história, derrotou Aníbal na Batalha de Zama, encerrando a Segunda Guerra Púnica. Quando Cipião morreu em meio a acusações de seus rivais de ter aceitado suborno do rei da Síria selêucida, Antíoco III, a quem havia derrotado na Ásia Menor, autoexilado em sua vila na Campânia, teria dito: "Minha pátria ingrata não terá meus ossos antes de morrer".

110. NT: Cambises foi imperador da Pérsia pertencente à dinastia Aquemênida, que reinou entre 580 e 559 a.C.

111. NT: Até então, ao longo da história de Roma a cidade só fora conquistada uma única vez, durante as invasões gaulesas na guerra de 390-383 a.C.

112. Numídia é o antigo nome de uma região do norte da África localizada no território onde hoje estão a Argélia e, em menor proporção, a Tunísia ocidental. O nome foi utilizado pela primeira vez por Políbio e outros historiadores durante o século III a.C. para indicar o território a oeste de Cartago.

113. Tasos, Tasso ou Tassos (grego: Θάσος, transl. Thássos;) é uma ilha grega no mar Egeu, próxima à costa da Macedônia. Era famosa devido a suas minas de ouro e mármore.

114. NT: Sobretudo no tempo do imperador Cláudio, os escravos libertos, em especial os do imperador, adquiriram uma enorme importância política e social e acumularam fortunas consideráveis. O imperador Cláudio manteve quatro libertos com ministros de estado. O comportamento de "novos ricos" dos libertos ficou imortalizado na literatura pelo Trimalquião de Petrónio (Satiricon, XXVI, 7). Uma das ações conduzidas pela classe senatorial no início do governo de Nero consistiu em reduzir a influência enorme desses. O próprio Sêneca escreveu no ano 44 uma carta de consolação ao liberto Políbio, na tentativa de escapar do exílio; ver *Consolação a Políbio.*

115. Houve uma profusão de balneários no reinado de Augusto: em 33 a.C. uma contagem efetuada por Agripa recenseava, só em Roma, 170 banhos públicos.
116. Na Roma Antiga, Edil era um funcionário ou magistrado responsável por assegurar o bom estado e funcionamento dos edifícios, dos bens e dos serviços públicos.
117. A gente cornélia (em latim: *gens Cornelia*; pl. *Cornelii*) foi a mais distinta de todas as gentes da Roma Antiga, especialmente por ter produzido a maior quantidade de pessoas ilustres entre todas as grandes casas de Roma. Juntamente com os Fábios e Valérios, os Cornélios competiam pelos cargos mais altos da magistratura romana do século III a.C. em diante e muitos dos grandes generais romanos também eram Cornélios.
118. Quinto Horácio Flaco, em latim *Quintus Horatius Flaccus* (65 a.C. – 27 de novembro de 8 a.C.), foi um poeta lírico e satírico romano, além de filósofo. É conhecido por ser um dos maiores poetas da Roma Antiga.
119. Ver Horácio, *Sátiras*, I, 2, 27.
120. Trecho de Virgílio *Geórgicas*, v. II, 58.
121. Trecho de Virgílio *Geórgicas*, v. I, 215-216.
122. O milhete, milho-miúdo, milho-alvo ou painço são denominações dadas a várias espécies cerealíferas produzidas um pouco por todo o mundo para alimentação humana e animal. Estas espécies não formam um grupo taxonômico, mas antes um grupo agronômico, baseado em características e usos similares.
123. Isto é, na minha jornada, viajei com equipamento quase tão escasso como os de um náufrago.
124. NT: Carripana, veículo velho ou de má qualidade.
125. NT: Sêneca está longe de considerar a si mesmo um sábio (*sapiens*); com modéstia ele se considera um homem que sabe qual a meta ideal a atingir e caminha neste rumo com empenho, sabendo que ainda falta muito a percorrer. Ele tem-se por *proficiens*.
126. NT: É a região mais oriental da Itália. A sua parte mais ao sul, a península de Salento, constitui o chamado "salto da bota italiana".
127. Trecho de Virgílio, *Eneida*, VII, descrevendo os presentes enviados pelo rei Latinus.

128. NT: Ou seja, atuar como gladiador ou caçador de feras. Crítica de Sêneca à sociedade da época: não era raro aristocratas que, por esnobismo, decidiam exibir-se no circo (ver, carta XCIX, §13 – Volume III). A paixão pelos espetáculos levou Nero a atuar no Circo Máximo como condutor de quadrigas (Suetônio, Nero XXII e Juvenal, II, 143). Até as mulheres participavam por vezes, como a Mévia, que caçava javalis na arena, conforme diz o mesmo Juvenal (I, 22-3).
129. Do latim *impedimenta*, cujo significado literal é bagagem.
130. Moeda de baixo valor.
131. Trecho de *Geórgicas*, I, 53-58, de Virgílio.
132. Posidônio (c. 135 a.C. – c. 51 a.C.) foi um político, astrônomo, geógrafo, historiador e filósofo estoico grego. Ver Diógenes Laércio, *Vidas e doutrinas dos filósofos ilustres* – Livro VII.
133. Antípatro de Tarso (em grego: Ἀντίπατρος; morto em 130/129 a.C.) foi um filósofo estoico, discípulo e sucessor de Diógenes da Babilônia na escola estoica, além de professor de Panécio de Rodes.
134. O círculo regular de educação, incluindo gramática, música, geometria, aritmética, astrologia e certas fases de retórica e dialética, é colocado em contraste com estudos liberais – aqueles que têm como objeto a busca da virtude. Sêneca interpreta "*studia liberalia*" em um senso superior do que o esperado por seu contemporâneo.
135. NT: *Grammaticus* em grego clássico significa "um que está familiarizado com o alfabeto"; na era de Alexandre, um "aluno da literatura"; na era romana, o equivalente a *litteratus*. Sêneca usa aqui como "especialista em ciência linguística".
136. Ou seja, a filosofia.
137. Esta teoria foi aprovada por Demócrito, Hípias de Élis e os intérpretes alegóricos; Xenófanes, Heráclito e Platão condenaram Homero por suas supostas fabricações não filosóficas.
138. Referência ao episódio em que Calipso oferece a Ulisses a imortalidade, que o herói rejeita. Ver *Odisseia*, V, 206
139. A ilha de Calipso seria um verdadeiro "jardim de Epicuro" (*Odisseia*, V, 63.); assim como a vida no palácio de Alcínoco (*Odisseia*, IX, 5).
140. "Tripartição dos bens" é mencionada em *Ilíada*, XXIV, 376-7: entre bens do corpo, bens do espírito e bens externos.

141. NT: Hécuba, na mitologia grega e romana, é mulher de Príamo e mãe de dezenove filhos, entre os quais se contam Heitor, Páris e Cassandra.
142. NT: Pátroclo ou Pátroklos (em grego: Πάτροκλος, "glória do pai") é um dos personagens centrais da *Ilíada*, primo e às vezes considerado amante de Aquiles.
143. Referência entre o saber das Musas e a ignorância dos homens na Ilíada, LI, 485.
144. Trecho de *Geórgicas*, v. I, de Virgílio.
145. Saturno e Marte eram consideradas estrelas desafortunadas. Astrologia, que remonta além de 3000 a.C. na Babilônia, foi desenvolvida pelos gregos da era de Alexandre e conseguiu um ponto de apoio em Roma, floresceu no século II a.C.
146. Trecho de *Geórgicas*, v. 1, de Virgílio. "*Ignis cæli Cyllenius*" é o planeta Mercúrio.
147. NT: Medicamento usado para provocar o vômito. Os eméticos servem para que o estômago se livre de venenos ou de alimentos que o estejam irritando. Eram usados após banquetes em Roma.
148. Referidas por Sêneca no início da carta, ou seja, gramática, música, matemática e astronomia.
149. De acordo com o direito romano, *superficies solo cedit*, "o prédio vai com o solo".
150. Dídimo Calcêntero ou Dídimo de Alexandria (em grego: Διδύμος χαλκέντερος) foi um gramático grego que viveu em Alexandria. Junto a outros gramáticos de Alexandria, nomeadamente Aristônico, Seleuco e Filoxeno, dedicou-se ao estudo dos textos de Homero.
151. Aristarco da Samotrácia (falecido c. 144 a.C.) foi um gramático e filólogo da Grécia Antiga, pertencente à escola alexandrina; o mais célebre dos seus gramáticos alexandrinos, autor de edições famosas de Homero, Hesíodo e outros poetas.
152. NT: Os geômetras resolviam os seus problemas desenhando numa superfície coberta de areia as figuras que estudavam.
153. NT: Nausífanes (c. 325 a.C.), nativo de Téos, era ligado à filosofia de Demócrito e seguidor de Pirro de Élis. Tinha um grande número de seguidores e foi particularmente famoso como retórico. Epicuro foi um

dos seus ouvintes, mas, insatisfeito com ele, teve uma posição hostil nos seus escritos.

154. NT: Pirronismo, também conhecido como ceticismo pirrônico, foi uma tradição da corrente filosófica do ceticismo fundada por Enesidemo de Cnossos no século I d.C. e registrada por Sexto Empírico no século III. Toma o seu nome de Pirro de Élis, um cético que viveu cerca de 360 a 270 a.C. "Nada pode ser conhecido, nem mesmo isto."

155. NT: Escola Megárica foi uma escola filosófica fundada por Euclides de Mégara, combinava as teorias do eleatas e dos socráticos.

156. NT: A escola de filosofia Eretriana era originalmente Escola de Elis, que havia sido fundada por Fédon de Elis. Foi posteriormente transferida para Eretria por seu aluno Menedemus.

157. NT: Protágoras (em grego clássico: Πρωταγόρας; c. 490 a.C. – c. 415 a.C.) foi um sofista da Grécia Antiga, célebre por cunhar a frase: "O homem é a medida de todas as coisas, das coisas que são, enquanto são, das coisas que não são, enquanto não são."

158. NT: Nausífanes (em grego: Ναυσιφάνης; viveu c. 325 a.C.), nativo de Téos, era ligado à filosofia de Demócrito, foi particularmente famoso como retórico. Epicuro foi um dos seus ouvintes, mas, insatisfeito com ele, teve uma posição hostil nos seus escritos.

159. NT: Parmênides (em grego clássico: Παρμενίδης ὁ Ἐλεάτης) (530 a.C. – 460 a.C.) foi um filósofo grego natural de Eleia. O único trabalho conhecido de Parmênides é um poema, sobre a natureza, que sobreviveu apenas na forma de fragmentos. O poema representa uma revelação divina dividida em duas partes: No "caminho da verdade" (primeira parte do poema), ele trata da realidade ("o que é") e expõe vários argumentos que demonstram seus atributos. A existência é atemporal, uniforme, engendrada, necessária e indestrutível, enquanto a mudança é impossível. Desta forma, nega a existência do nada ou "não ser".

160. Centúria era uma unidade de infantaria do exército romano, que continha oitenta legionários, correspondendo a dez contubérnios (a unidade mínima do exército romano, constituída de oito a dez soldados).

161. Pitágoras foi, segundo Diógenes de Laércio, o primeiro a utilizar a palavra "filosofia", que é decomposta em duas: *filo* (amizade) e *sofia* (saber); o

filósofo é, portanto, o amigo ou o amante do saber – esta é a significação com que a palavra aparece também em Sócrates e Platão.
162. "Θείων τε καὶ ἀνθρωπίνων ἐπιστήμη", citado por Plutarco.
163. Ver Cícero, *De Officiis, Sobre os Deveres*, II, II, 5.
164. NT: "*sofia*" equivalente em grego (Σοφία).
165. NT: *Fabula togata*, comédia "de toga", distingue-se da comédia de imitação grega, *fabula palliata*, apenas na atuação, o local e os personagens são romanos, ao contrário do que sucede com a *palliata*, em que se conservam os nomes gregos e a ação ocorre em locais vários do mundo grego.
166. *Hospes resiste et sophian Dossenni lege.*
167. Também traduzido como ética, física e lógica.
168. Sêneca usa o termo latino *de iudicio* traduzindo o adjetivo grego δικανικός, "aquilo que tem a ver com os tribunais", e por *de regula* a palavra κανονικός, "aquilo que tem a ver com regras", aqui as regras da lógica. Os Epicuristas usavam para a lógica κανονική, em contraste com Aristóteles e seus sucessores, que usaram λογική. No latim, *racionalis* é uma tradução deste último.
169. Aristipo de Cirene foi o fundador da Escola Cirenaica de filosofia, assim denominada devido à cidade de Cirene na qual foi fundada, floresceu entre 400 a.C. e 300 a.C., e tinha como a sua característica distintiva principal o hedonismo, ou a doutrina de que o prazer é o bem supremo. Como os cínicos se desenvolveram para os estoicos, assim os cirenaicos se desenvolveram para os Epicuristas.
170. Aríston ou Aristo de Quios foi um filósofo estoico e discípulo de Zenão de Cítio. Esboçou um sistema de filosofia estoica que esteve, em muitos aspectos, mais próximo da anterior filosofia cínica. Rejeitou o lado lógico e físico da filosofia aprovada por Zenão e enfatizou a ética.
171. Trecho de *Eneida*, I, 342, de Virgílio.
172. NT: Sólon (grego Σόλων, translit. Sólōn; (Atenas, 638 a.C. – 558 a.C.) foi um estadista, legislador e poeta grego antigo. Foi considerado pelos gregos como um dos sete sábios da Grécia Antiga e, como poeta, compôs elegias morais-filosóficas. Em 594 a.C., iniciou uma reforma das estruturas social, política e econômica da pólis ateniense.
173. No texto atribuído a Caio Higino, os sete sábios são: Pítaco de Mitilene, Periandro de Corinto, Tales de Mileto, Sólon de Atenas, Quílon de

Esparta, Cleóbulo de Lindos e Bias de Priene. Plutarco lista os sete sábios como Tales, Bias, Pítaco, Sólon, Quílon, Cleóbulo e Anacarses. Platão, no diálogo intitulado Protágoras, expõe a seguinte lista: Tales, Pítacos, Bias, Sólon, Cleóbulo, Mison e Quílon.

174. NT: Licurgo foi um lendário legislador da pólis de Esparta. Nada se sabe seguramente sobre a existência deste personagem. Heródoto fala dele em meados do século V a.C., mas a vida do legislador deve ter decorrido no século VIII a.C., mas a sua memória seria correntemente mencionada na Esparta do século V, pois os seus habitantes nessa época sentiam a necessidade de atribuir a organização estatal que os regia a um ser humano e não ao acaso. A organização estatal atribuída a Licurgo se compunha de rígido regime de formação, possuía um caráter de obrigação social e imposição estatal, com o objetivo primordial de treinar cidadãos masculinos à vida militar espartana.

175. NT: Zaleuco de Locros (Locros, século VII a.C.) foi um legislador do Período Arcaico da Magna Grécia. Zaleuco, sendo o primeiro legislador conhecido, promulgou c. 644 a.C. um código de leis, usualmente designado por Código de Zaleuco.

176. Trecho de *Geórgicas*, v. I, 144 de Virgílio.

177. Trecho de *Geórgicas*, v. I, 139-140 de Virgílio.

178. NT: Diógenes de Sinope, também conhecido como Diógenes, o Cínico, foi um filósofo da Grécia Antiga.

179. Dédalo, na mitologia grega, é um personagem natural de Atenas e descendente de Erecteu. Notável arquiteto e inventor, cuja obra mais famosa é o labirinto que construiu para o rei Minos, de Creta, aprisionar o Minotauro.

180. Conjunto de fios de mesmo comprimento reunidos paralelamente no tear por entre os quais se faz a trama.

181. Trecho de *Metamorfoses*, de Ovídio.

182. Suetônio nos diz que um certo Ênio, um gramático da era de Augusto, foi o primeiro a desenvolver a estenografia em uma base científica e que Tiro, o escravo liberto de Cícero, inventou o processo. Ele também menciona Sêneca como a autoridade mais científica e enciclopédica no assunto.

183. Anacársis foi um filósofo cita que viajou de sua terra natal na costa norte do Mar Negro até Atenas no início do século VI a.C. e causou grande

impressão como um "bárbaro" franco, sincero, aparentemente um precursor dos cínicos, embora nenhum de seus trabalhos tenha sobrevivido.

184. NT: A abóbada é uma construção em forma de arco com a qual se cobrem espaços compreendidos entre muros, pilares ou colunas. Compõe-se de peças lavradas em pedra especialmente para este fim, denominadas aduelas, ou de tijolos apoiados sobre uma estrutura provisória de madeira, o cimbre. Embora de uso generalizado no Império Romano, a construção de abóbadas constituiu o principal problema arquitetônico da Idade Média europeia. O desafio de construí-las foi um dos fatores que impulsionou a evolução da arquitetura ocidental.
185. Referência ao Epicurismo
186. Em oposição, Sêneca apresenta síntese das posições estoicas.
187. Trecho de *Geórgicas*, v. I, de Virgílio.
188. Referência aos jogos de gladiadores.
189. NT: Lião, colônia romana na Gália, lá teria nascido o imperador Cláudio.
190. NT: Ásia Menor é conhecida hoje como península da Anatólia, situada entre o mar Negro e o mar Mediterrâneo e corresponde aproximadamente ao território da Turquia, Armênia e Curdistão. Na Antiguidade, era designada por Ásia Menor, mas durante o Baixo Império começou a ser apelidada de Anatólia pelos bizantinos e pelos turcos.
191. NT: Acaia é uma região da Grécia, na costa norte do Peloponeso. Foi também a denominação de uma antiga província romana.
192. NT: Pafos (ou Paphos) é uma cidade portuária no sudoeste da ilha de Chipre.
193. NT: Timágenes de Alexandria foi um historiador grego do primeiro século A.D. Ele foi levado para Roma como prisioneiro em 55 d.C., compôs uma História da Gália e uma História dos Reis, que se perderam.
194. NT: Mais uma vez Sêneca se prova visionário, a cidade de Lião existe até hoje, Lyon, em francês, é a terceira maior cidade da França.
195. NT: Ardea é uma das cidades mais antigas da Europa ocidental, fundada durante o século VIII a.C. Segundo a tradição, era a capital dos rútulos e é descrita como tal na *Eneida* de Virgílio.
196. Sêneca escreveu sobre este tópico tratado em maior extensão ao seu irmão Gálio no livro *A Vida Feliz – De Vita Beata*.

197. Ou seja, a alma. Veja Aristóteles, *Ética a Nicômaco*, 1. 13: "É afirmado que a alma tem duas partes, uma irracional e outra dotada de razão". Aristóteles subdivide a parte irracional em (1) o que faz crescer e aumentar, e (2) desejo (que irá, no entanto, obedecer à razão). Nesta passagem, Sêneca usa "alma" em seu sentido mais amplo.

198. Cila (em grego: Σκύλλα, transl.: Skýlla), na mitologia grega, conforme Homero e Ovídio, era uma bela ninfa que se transformou em um monstro marinho.

199. Trecho de *Eneida*, de Virgílio.

200. Sêneca se refere ao Jardim de Epicuro com "laboratório do prazer".

201. NT: Estrangúria é a eliminação lenta e dolorosa de urina em consequência de espasmo uretral ou vesical. Veja também carta LXVI.

202. Trecho de *Eneida*, de Virgílio.

203. NT: Placenta e membranas da mulher expelidas na fase terminal do parto.

204. Trecho de *Eneida*, de Virgílio.

205. NT: Mais sobre Mecenas nas cartas XIX (Volume I) e CXX (Volume III).

206. Literalmente. "Um homem que tem o cinto bem apertado" de modo a erguer as roupas e facilitar os movimentos, para a corrida ou para a luta (*alte cinctum*).

207. A mesma imagem, literalmente, "lhe tivesse desapertado o cinto" deixando, portanto, que as vestes soltas o incapacitassem de lutar.

LEIA TAMBÉM

SÊNECA

CARTAS DE UM RESILIENTE

PERCEBER O MUNDO E NÃO SER CONTROLADO POR ELE

LEIA TAMBÉM

ASSINE NOSSA NEWSLETTER E RECEBA INFORMAÇÕES DE TODOS OS LANÇAMENTOS

WWW.FAROEDITORIAL.COM.BR

Há um grande número de portadores do vírus HIV e de hepatite que não se trata. Gratuito e sigiloso, fazer o teste de HIV e hepatite é mais rápido do que ler um livro.

Faça o teste. Não fique na dúvida!

CAMPANHA

ESTE LIVRO FOI IMPRESSO EM FEVEREIRO DE 2022